行为金融学通识
理解投资者和市场的行为

[美]迈尔·斯塔特曼 —— 著
贺京同 高 林 —— 译

FINANCE
FOR NORMAL
PEOPLE

MEIR STATMAN

北京大学出版社
PEKING UNIVERSITY PRESS

著作权合同登记号 图字：01-2018-1673

图书在版编目（CIP）数据

行为金融学通识 /（美）迈尔·斯塔特曼（Meir Statman）著；贺京同，高林译 . —北京：北京大学出版社，2020.10
ISBN 978-7-301-30290-3

Ⅰ. ①行… Ⅱ. ①迈… ②贺… ③高… Ⅲ. ①金融行为—基本知识 Ⅳ. ①F830.2

中国版本图书馆CIP数据核字(2020)第094194号

© Meir Statman 2017.

Finance for Normal People was originally published in English in 2017. This translation is published by arrangement with Oxford University Press. Peking University Press is solely responsible for this translation from the original work and Oxford University Press shall have no liability for any errors, omissions or inaccuracies or ambiguities in such translation or for any losses caused by reliance thereon.

Finance for Normal People 英文版于 2017 年出版。此翻译版经牛津大学出版社授权出版。北京大学出版社负责原文的翻译，牛津大学出版社对于译文的任何错误、漏译或歧义不承担责任。

书　　　名	行为金融学通识 XINGWEI JINRONGXUE TONGSHI
著作责任者	〔美〕迈尔·斯塔特曼（Meir Statman）著　　贺京同　高林 译
编　　　辑	裴　蕾
标 准 书 号	ISBN 978-7-301-30290-3
出 版 发 行	北京大学出版社
地　　　址	北京市海淀区成府路205号　100871
网　　　址	http://www.pup.cn
微信公众号	北京大学经管书苑（pupembook）
电 子 信 箱	编辑部em@pup.cn　总编室zpup@pup.cn
新 浪 微 博	@北京大学出版社　@北京大学出版社经管图书
电　　　话	邮购部010-62752015　发行部010-62750672　编辑部010-62752926
印 刷 者	涿州市星河印刷有限公司
经 销 者	新华书店 730毫米×1020毫米　16开本　21.5印张　523千字 2020年10月第1版　2024年9月第5次印刷
定　　　价	69.00元

未经许可，不得以任何方式复制或抄袭本书之部分或全部内容。

版权所有，侵权必究

举报电话：010-62752024　电子信箱：fd@pup.cn

图书如有印装质量问题，请与出版部联系，电话：010-62756370

译者序

《行为金融学通识》是一部以行为金融学为主题,视角全新的通识论著,亦是一部逻辑清晰、匠心独运的行为金融学教科书。作者迈尔·斯塔特曼(Meir Statman)是行为金融学领域公认的"先驱者"和"领路人"之一。

行为金融学与标准金融学同源异流,至今已成为金融学的学科前沿。行为金融学自20世纪80年代以来得到了迅速发展,涌现了多位极富创见的行为金融学家和诺贝尔经济学奖获得者,包括赫什·谢夫林(Hersh Shefrin)、罗伯特·席勒(Robert Shiller,2013年诺奖获得者)、理查德·塞勒(Richard Thaler,2017年诺奖获得者)以及本书作者迈尔·斯塔特曼等。标准金融学是建立在五大基准之上的:1.人们是理性的;2.人们如均值-方差资产组合理论所描述的那样构建资产组合,即人们的资产组合要求的只是高期望收益与低风险;3.人们如标准生命周期理论所描述的那样储蓄与支出,即人们认为很容易就能找到储蓄与支出的正确方式并遵守它;4.投资的期望收益由标准资产定价理论解释,其中,期望收益的差异仅由风险差异决定;5.市场是有效的,因为价格等于市场价值,并且市场难以战胜。然而,随着社会的发展,标准金融学理论与证据之间出现了较大的裂隙——异象,现在的标准金融学已经不再统一与包容了。在此背景下，现代行为金融学家重塑了金融学的基石，吸收了标准金融学的某些部分，扬弃了其他部分，为理论、证据和实践之间搭起了桥梁。现代行为金融学将金融学的分析前提推进至"现实人"（本书作者斯塔特曼称之为"普通人"）的异质性认知层次，认为个体会出现系统性地偏离新古典均衡的"异象"。

更具体地说，至今行为金融学的发展可划分为两个阶段。第一代行为金融学始于20世纪80年代早期，普遍接受标准金融学对人们的欲望（wants）的看法："理性"欲望——限定在功利性收益范围内，即高收益低风险。这一代行为金融学通常将人描述为"非理性的"——屈服于认知型和情绪型错误，在满足其理性欲望的过程中受到误导。第二代行为金融学即现代行为金融学，也是本书独到的理论视角，将人描述为普通人（因而本书书名的直译为"适合普通人的金融学"），即现实人。现代行为金融学首先承认人们有完整系列的普通欲望，承认其带来的功利性、表达性和情感性收益，并将普通欲望与错误区分开来，指导人们在满足普通欲望的过程中使用捷径并避免错误。除了人们的认知型和情绪型捷径与错误，人们的普通欲望更构成了金融学重要问题的基础，这些问题包括储蓄与支出、资产组合构建、资产定价和市场效率等。

与标准金融学的五大基准不同，第二代行为金融学提出了其替代性的基准，融入了关于人们的欲望，以及其认知型和情绪型捷径与错误方面的知识，构建成第二代行为金融学的基石：1.人们都是普通人；2.人们如行为资产组合理论所描述的那样构建资产组合，即人们对资产组合的要求超越了高期望收益和低风险，例如，要求社会责任和社会地位；3.人们如行为生命周期理论所描述的那样储蓄与支出，即一些障碍，例如薄弱的自我控制能力，使得人们难以找到储蓄与支出的正确方式并遵守它；4.投资的期望收益由行为资产定价理论解释，其中，期望收益的差异并非仅由风险差异决定，还要由社会责任担当度和社会地位等决定；5.从价格等于市场价值来看，市场并不是有效的，但从难以战胜角度来看，市场是有效的。

通过这本书，作者希望人们能看清自己，并学会识别自己的欲望、纠正自己的错误并改善自己的金融行为。不论是对金融专业人士、大学生还是大众读者，行为金融学都会给他们带来很多金融学上的启示。实际上，金融专业人士之所以不同于业余人士就在于其获得了更多的行为金融学给予的启示。行为金融学给予的启示指导我们更深入地了解自己的欲望。它还教授我们关于金融事实和人类行为的知识，其中，包括采用认知型和情绪型捷径以及会犯的相应错误。而且，在我们满足自身欲望的过程中，它还指导我们平衡自身欲望并纠正认知型和情绪型错误。

为此，我为读者隆重推荐本书。本书是至今为止第一部基于第二代行为金融学理论体系的行为金融学著作或教程。与第一代行为金融学相较，本书提供了一个统一的框架结构，并融合了标准金融学的某些部分，替换了其他部分，并且将理论、证据和实践联系在一起。相比行为金融学的普通人，将标准金融学的理性人放进优雅的模型中更容易，但是，模型应该顺应人，而不是用人来顺应模型。"普通人要比理性人更加复杂，然而，我们都是普通人——通常是中度无知的，有时是中度愚蠢的，但是，总是能够变成中度有知的，会提高聪明行为相对于愚蠢行为的比重的"（迈尔·斯塔特曼，2017）。

在翻译出版过程中，我们得到了北京大学出版社的大力支持与帮助，在此特别由衷地要感谢裴蕾编辑。自我着手译著以来，她一如既往地信任、理解和襄助。虽然，我们付出了艰辛的努力，但难免因才识有限，翻译过程中可能存在一些不当甚至错误之处，还请读者谅解并指正。

本书还得到了教育部人文社会科学研究规划基金项目"发挥有效投资对优化供给结构的关键作用研究"（项目号：19YJA790025）、国家社会科学基金重大项目"经济稳定增长前提下优化投资与消费的动态关系研究"（项目号：12&ZD088）以及中国特色社会主义经济建设协同创新中心的大力支持，在此致以谢忱。

贺京同
己亥季春于南开八里台园

引言

什么是行为金融学？

你正在考虑送一件礼物给你的挚爱，思忖是送一支价值10美元的红玫瑰，还是直接送10美元比较好。你是一个理性的人，懂点儿金融学，因此，你是这么想的：一支玫瑰不会带来什么功利性（utilitarian）收益——对她而言，玫瑰既不能吃，也不能喝。并且，送玫瑰也是一种浪费。几天后，当花瓣枯萎凋落时，她就会将其扔掉。

现在，考虑直接送10美元。你的爱人可能将这10美元存入储蓄账户，这笔钱会随着利息收入而增值，当她变老时，可用这笔钱支付养老院的费用。但如果她现在就想花掉这10美元，那么对于她的偏好或经济学家所谓的效用函数，你又了解多少呢？或许使其效用函数达到最大的是一瓶醋。

我们——这些普通人——知道直接送10美元或许是理性的，但是也知道这是相当愚蠢的。遵循这种原则，必定会让你失去所爱。普通人知道玫瑰不会带来什么功利性收益，但是，它们更多地会带来表达性（expressive）和情感性（emotional）收益。一支玫瑰诉说着："我爱你！"一支玫瑰诉说着："我是一个体贴周到的人——和我结婚肯定错不了。"相反，在情人节，若你在挚爱之人家门前，拿着10美元作为礼物，请你想象一下后果吧。

好吧，你说，这是一个好故事，但它和金融学有什么关系呢？我会说有很大的关系，因为股票、债券，以及所有其他金融产品和服务与玫瑰、手表、汽车、美味佳肴一样，都会提供功利性、表达性和情感性收益。当我们认为金融产品和服务只能提供功利性收益时，那么对于我们的理财行为和金融市场行为，很多深刻的见解就会被忽略掉。

行为金融学是写给如你我一样的普通人（normal people）的金融学。普通人不是非理性的。实际上我们很有头脑，并且我们通常是"中度聪明的（normal-smart）"。我们不会特别无知，并且，在犯认知型（cognitive）和情绪型（emotional）错误方面也不是特别离谱。相反，在这些方面我们是正常的，我们用自己的方式来寻求并获得功利性、表达性和情感性收益。然而，有时我们是"中度愚蠢的（normal-foolish）"，受认知型错误（例如后见之明和过度自信）和情绪型错误（例如过度的恐惧和不合实际的希望）的误导。

这本书是一本关于行为金融学的书——是写给普通人，且关于普通人的金融学。本书将给出以下几个问题的答案：当进行金融选择时，我们——普通的消费者、储蓄者、投资者和经理人——想要些什么？对于金融选择，我们的所思所感是些什么？我们将做出哪些行为？我们的行为如何影响金融市场，如何反映在金融市场中？

本书呈现的行为金融学是第二代行为金融学。第一代行为金融学始于20世纪80年代早期，普遍接受标准金融学对人们的欲望的看法："理性"欲望——限定在功利性收益范围内，即高收益低风险。这一代行为金融学通常将人描述为"非理性的"——屈服于认知型和情绪型错误，在满足其理性欲望的过程中受到误导。

第二代行为金融学将人描述为普通人。其首先承认人们有完整系列的普通欲望，承认其带来的收益（功利性、表达性和情感性收益），并将普通欲望与错误区分开来，指导人们在满足普通欲望的过程中使用捷径并避免错误。除了人们的认知型和情绪型捷径与错误，人们的普通欲望更是构成了金融学重要主题的基础，这些主题包括储蓄与支出、资产组合构建、资产定价和市场效率。所有这些主题本书都会涉及。

除了财富的功利性收益，我们还想从我们的投资中获得更多东西。我们想从以下方面获得表达性和情感性收益：致富的愿望、免受贫困之苦、养家糊口、忠于自己的价值观、获得较高社会地位、玩游戏并获胜等。

玩投资游戏并从中获胜产生的表达性和情感性收益，不仅吸引了亿万富翁级的投资专业人士，而且也吸引了业余的短线交易者和所有其他人。瞧一瞧Paulson&Co.对冲基金的约翰·保尔森（John Paulson），在2008—2009年金融危机期间，他因为从抵押贷款支持型证券中获利数十亿美元而闻名。和许多同龄人一样，保尔森并不打算很快退休，虽然他拥有几辈子也花不完的财富。他说："你知道，我还算年轻，才56岁。你看看乔治·索罗斯，我猜他都81岁了。沃伦·巴菲特，他也81岁了。卡尔·伊坎多大岁数来着？"

保尔森很清楚投资是一种游戏，他坦诚了自己从参与并获胜中获得表达性和情感性收益的欲望。"一些人喜欢下棋，一些人喜欢玩西洋双陆棋。这就像一场游戏，玩游戏很有趣。"他补充道："当你获胜时更有趣。"[1]

我们经常听到，行为金融学不外乎是一系列关于非理性人的故事，他们受到认知型和情绪型错误的误导；它缺乏标准金融学所具有的统一结构。然而，现在的标准金融学已经不再统一了，因为其理论与证据之间出现了较大的裂隙。本书为行为金融学提供了统一的结构，吸收了标准金融学的某些部分，扬弃了其他部分，为理论、证据和实践之间搭起了桥梁。

标准金融学建立在以下五大基石之上：

1. 人们是理性的。

2. 人们如均值-方差资产组合理论所描述的那样构建资产组合，即人们对资产组合的要求仅为高期望收益与低风险。

3. 人们如标准生命周期理论所描述的那样储蓄与支出，即人们很容易就能找到储蓄与支出的正确方式并遵守它。

4. 投资的期望收益由标准资产定价理论解释，其中，期望收益的差异仅由风险差异决定。

5. 市场是有效的，因为价格等于市场价值，并且市场难以被战胜。

对于标准金融学的五大基石，行为金融学都提出了替代性的基石，融入了人们的欲望，以及其认知型和情绪型捷径与错误方面的知识。行为金融学

建立在以下五大基石之上:

1. 人们是普通人。

2. 人们如行为资产组合理论所描述的那样构建资产组合,即人们对资产组合的要求超越了高期望收益和低风险,例如,要求社会责任和社会地位。

3. 人们如行为生命周期理论所描述的那样储蓄与支出,即存在一些障碍,例如薄弱的自我控制力,使人们难以找到储蓄与支出的正确方式并遵守它。

4. 投资的期望收益由行为资产定价理论解释,其中期望收益的差异并非仅由风险差异决定,还由社会责任担当度和社会地位等决定。

5. 从价格等于市场价值来看,市场并不是有效的,但从难以战胜角度来看,市场是有效的。

标准金融学,也被称为现代金融学或现代资产组合理论,可以追溯到20世纪50年代末、60年代初。莫顿·米勒(Merton Miller)和弗朗科·莫迪利安尼(Franco Modigliani,二者都曾荣获诺贝尔经济学奖)在1961年将投资者描述为理性人。[2]尤金·法玛(Eugene Fama,也曾荣获诺贝尔经济学奖)在1965年对有效市场进行了描述。[3]1952年,[4]哈里·马科维茨(Harry Markowitz,另一位诺奖获得者)给只关心资产组合期望收益与风险的投资者开出了一个"处方",即初始形式的均值-方差资产组合,1959年[5]他为此类资产组合规定了更详尽的形式。威廉·夏普(William Sharpe)(又是一位诺奖获得者)采纳了马科维茨的均值-方差资产组合"处方",认为其描述了投资者的实际选择,并于1964年提出了资本资产定价理论(CAPM)。[6]根据该理论,期望收益的差异由风险差异决定。

我们可以将标准金融学之前的金融学称为"原始行为金融学(proto-behavioral finance)",称其之后的(始于20世纪80年代早期)为行为金融学。原始行为金融学是金融学的"丰满"时期,它承认想获得功利性、表达性和情感性收益的普通欲望,描述普通行为。这种普通行为受认知型和情绪型捷径引导,并受认知型和情绪型错误误导。但是,原始行为金融学结构较为凌乱,并不好用,甚至常常直接通过奇闻轶事得出一般性结论。

标准金融学统治了金融学的"厌食"时期,其倡导者们忙着将金融领域的问题排除在外,而非解答它们。赫什·谢夫林和我是较早的行为金融学的倡导者,在1984年的文章中我们主张,投资者的欲望,以及认知型和情绪型捷径与错误会影响他们对特定股票的偏好。[7] 莫顿·米勒(标准金融学的创立者之一)在1986年的文章中作了下述回应:

"股票通常并非仅仅是经济模型中抽象的'收益束(bundles of return)'。每一个组合背后都有一个故事——关于家族企业、家庭纷争、遗产遗赠、离婚协议以及其他一系列故事,它们与我们的资产组合选择理论毫不相关。我们之所以在建模时抽象掉了所有这些故事,不是因为这些故事太无趣,而是因为它们太有趣,因而会分散我们对普遍的市场力量的注意力,而后者才是我们应该主要关注的。"[8]

然而,关于家族企业、家庭纷争、遗产遗赠、离婚协议的影响问题是金融学问题。这些问题背后是人们想获得功利性、表达性和情感性收益的欲望,是采用认知型和情绪型捷径的本能,是认知型和情绪型错误的陷阱。我们或许会挥霍掉父母遗赠给我们的钱,但同时又觉得必须留给儿女们一部分钱作为遗产。我们或许不愿卖掉股票,但却乐意花掉红利。此外,市场的主要力量是由我们的行为驱动的。如果我们不了解这些行为,就没有希望了解市场的力量。

现在,我们在为"强健且适用的(muscular and fit)"金融学而奋斗,而行为金融学也仍然处于建设过程中,它描述了影响普通人行为并反映在金融市场上的欲望、捷径以及错误。行为金融学会涉及对以下方面的探索:我们的欲望(除了高利润带来的功利性收益,还想获得投资带来的表达性和情感性收益);在满足欲望的过程中我们采用的捷径,以及所犯的认知型和情绪型错误;我们如何构建资产组合;为什么某些投资产生的收益会比其他投资高;我们是否有希望击败市场。同时,对于努力使其自身从无知转变到有知,并提高其聪明行为对愚蠢行为比例的人而言,行为金融学还会给他们提供可以借鉴的经验。

目 录
CONTENTS

第一编
行为科学中的人是普通人

第 1 章	普通人	003
第 2 章	想获得功利性、表达性和情感性收益的欲望	011
第 3 章	认知型捷径与错误	033
第 4 章	情绪型捷径与错误	063
第 5 章	纠正认知型和情绪型错误	084
第 6 章	体验幸福、生活总体评价与选择：期望效用理论和前景理论	105
第 7 章	行为金融谜团：红利谜团、意向谜团、定期定额投资谜团与时间分散化谜团	124

第二编
行为金融学与资产组合、
生命周期、资产价格、市场效率

第 8 章	行为资产组合理论	163
第 9 章	储蓄与支出的行为生命周期	206
第 10 章	行为资产定价理论	238
第 11 章	行为有效市场	270
第 12 章	行为金融学的启示	318

参考文献   327

第一编 / PART ONE
行为科学中的人是普通人
Behavioral People Are Normal People

CHAPTER 1
Normal People

第 1 章
普通人

正如经济学家所描绘的那样,"理性"人的头脑是绝不会被填满的。他们不会犯认知型和情绪型错误,并且能够快速、准确地处理海量信息。而普通人的头脑经常是满满的,就像加里·拉森(Gary Larson)的漫画《远端》(Far Side)所画的那样,一位学生举手询问:"奥斯本老师,我可以离开一会儿吗?我的脑子已经被塞满了。"

莫顿·米勒和弗朗科·莫迪利安尼在1961年关于红利的那篇文章中,对理性投资者进行了描述。[1] 他们写道,理性投资者"总是偏爱更多财富,而非更少;并且特定的财富增量是以现金形式支付,还是表现为所持股份市场价值的增加,对投资者而言是无差异的。"就标准金融学对理性投资者的描述而言,这是一个好的开端。

可以将标准金融学中的理性人更全面地描述为这样的人——其不会犯任何认知型和情绪型错误。另外,理性人会将其投资者和消费者的角色分开。作为投资者,理性人仅关心功利性收益,主要是高收益和低风险。作为消费者,理性人也会关心表达性和情感性收益。

理性投资者"总是偏爱更多财富,而非更少"。他们绝不会以牺牲高财富水平所带来的功利性收益为代价来换取低财富水平,即使后者会带来表达性和情感性收益(例如,由社会地位和承担社会责任所带来的收益)。并且理性投资者认为"无论特定的财富增量是以现金形式支付,还是表现为所持股份市值的增加,两者是无差异的"。他们不会犯框定型(framing)错误,该类错误会让人觉得1美元的现金红利,比股票市值的等额上升要多。

除了框定型错误,理性人也不会犯认知型和情绪型错误。理性人绝不会犯下述类型的认知型错误,例如后见之明型(hindsight)错误,这会误导人们得出以下结论:就像其事后能看清过去一样,在事前展望未来时,他们也会看清未来;又如证实型(confirmation)错误,这会误导他们只寻找证实其观点的证据,而忽视证伪性证据。并且,理性人绝不会犯情绪型错误,例如,过度恐惧和不切实际的希望。

考虑某个有50 000美元财富的理性人,其财富由100股公司股票构成,当前股价为每股500美元。他不受框定型错误影响(该错误使得公司支付的1美元现金红利,看起来比股票市值上升的1美元要多)。无论是收到公司支付的3%的现金红利,还是未收到该1 500美元红利,对他而言都是无差异的。之所以无差异是因为在无税和无交易费用的条件下,一旦支付红利,股票价值将下降3%,变为48 500美元,此时,其财富总值仍为50 000美元,与公司不支付红利的情况是一样的。

然而,对于以资本形式存在的财富和等量的由资本和红利构成的财富,普通人并非总是感觉无差异的。将财富分成不同的心理账户——盛放资本的"桶"和盛放红利的"桶",可以在普通人自我控制力薄弱、无法抵挡支出诱惑时,帮助他们控制支出。普通人控制支出时,会采用下述原则:"花掉红利,但不动用资本"。理性人不会使用这种原则,一是因为他们不受框定型错误影响,他们知道财富增量无论是以红利形式还是以资本形式存在都一样;二是因为完美的自控力会保护他们免受支出诱惑的影响。

》认知型和情绪型捷径与错误

今晚的晚餐选择哪家餐厅?当我们选择餐厅时,会关心一系列的收益和成本,包括菜肴价格(例如高、中或低),菜肴质量(例如一星、三星还是五星),以及距离(例如1英里、2英里还是6英里)。

理性人的头脑绝不会被"填满"。他们能够根据收益和成本,快速且准确地对所有餐厅进行排序,然后,选择最好的。但是,根据三组收益和成本对所有餐厅进行排序十分复杂,而普通人的头脑经常是满满的。开始选择时,我们会利用认知型捷径来简化问题,例如,不再考虑星级,将距离限定在1

英里范围内，价格限定在中等水平。我们或许还会利用情绪型捷径，使得今晚意大利菜比法国和日本菜更具吸引力。那么今晚我们会在一家好餐厅（即使不是最好的餐厅）用餐——距离1英里、价位中等的意大利餐厅。

好的捷径让我们更接近最佳选择、解决方案和答案。如果我们没有将搜寻限定在1英里范围内，则距离1.5英里的一家意大利餐厅或许是最佳选择。但是选择距离1英里的意大利餐厅，非常接近我们的最佳选择。

当认知型和情绪型捷径让我们远离最佳选择时，其就会变为错误。新烤制的饼干的香气引发的情绪型捷径，会诱使我们购买正在烘焙饼干的房子，而忽略不稳的地基或有点儿漏雨的屋顶。当股票经纪人向我们提出购买100股还是200股的问题时，简化选择的认知型捷径会诱使我们选择购买100股股票，而若给出的选择中有不购买选项，我们本会选择一股也不买。

》系统1和系统2

反映在认知型和情绪型捷径中的直觉，在多数时候使我们生活得很好。但是，当直觉误导我们时，深思熟虑会使我们生活得更好。心理学家基思·斯坦诺维奇（Keith Stanovich）和理查德·韦斯特（Richard West）以及诺贝尔奖得主——心理学家丹尼尔·卡尼曼（Daniel Kahneman）描述了我们头脑中的两个系统——系统1和系统2。² 系统1是直觉型（intuitive）的"眨眼"系统，不自觉、快速且不费精力；而系统2是深思型（reflective）的"思考"系统，受控、缓慢且耗费精力。

我们或许会以系统1的直觉型断言或假说作为开始，例如，断言慷慨支付红利的公司股票要比不支付红利的公司股票收益高。然后，我们会将此论断提交给深思型系统2，在一个受控、缓慢且耗费精力的过程中，利用科学工具——逻辑和实证证据对其进行验证。

> **概念1-1　系统1和系统2**
>
> 系统1是直觉型的"眨眼"系统，不自觉、快速且不费精力。

> 系统 2 是深思型的"思考"系统，受控、缓慢且耗费精力。

当时间充裕时，使用系统 2 相对容易。当系统 1 做出的糟糕选择后果严重时，使用系统 2 最有好处。当侍者催促我们，并且就餐伙伴急不可耐时，通过系统 1 的直觉选择什么鱼作为主菜，是一种好的认知型和情绪型捷径。对于扔过来的橡胶蛇，通过系统 1 的直觉选择猛退亦是如此。但是，不使用系统 2 思考就选择买下房产则是一种错误；放弃分散化我们的资产组合，也是一种错误。

思考以下认知反应测试（cognitive reflection test，CRT）题：[3] 如果 5 台机器制作 5 件产品需要花 5 分钟，则 100 台机器制作 100 件产品，要花多少时间？由系统 1 处理得到的直觉型答案是 100 分钟，但由系统 2 处理得到的深思型答案是 5 分钟。[4]

当直觉型系统 1 产生误导的时候，理性人会使用系统 2。然而，一旦用系统 1 找到答案，普通人通常就不再深思熟虑。而普通人是千差万别的，他们位于从无知到有知区间的不同点上。在系统 1 误导我们时，有知识的人已经学会了使用系统 2，虽然这个系统还不完美且要耗费大量精力。

三类知识

在金融背景下，我们可以将知识分为三类：金融事实类知识、人类行为类知识和信息类知识。

金融事实类知识包括关于下述事实的知识：金融市场；股票、债券和其他投资；分散化投资的好处、投资佣金的弊端以及战胜市场的困难等等。

人类行为类知识是关于我们的欲望、我们采用的认知型和情绪型捷径、我们所犯错误的知识。人类行为类知识包括关于欲望的知识，比如对致富、社会地位和坚持价值观的需要。它还包括关于认知型捷径和错误的知识，例如框定型、后见之明型和证实型；关于情绪型捷径和错误的知识，例如在希望、恐惧、自豪和后悔情绪中出现的捷径和错误。

信息类知识包括三类：单独可得、部分人可得和广泛可得。我们也称单独可得信息为私人或内幕信息，称广泛可得信息为公众信息。单独可得信是单个人可得的信息，例如，公司首席执行官（CEO）可得的。部分人可得信息是两人、三人或几十人可得的信息，这些人可以是公司高管、分析师，或者适合行业或技术专家阅读的公开出版物的读者。这两种信息包括还未公告且不广为人知的公司盈利信息、联邦储备银行计划但未公开的未来行动信息，以及下述人员拥有的信息：高技能型金融分析师、基金经理、能够将广泛可得信息与部分人可得信息组合成清晰的信息"马赛克拼图"的人。在以后的章节中，我还会使用马赛克拼图这个比喻。

广泛可得信息是每个人都可以获得的。其包括主要报纸（比如，《华尔街日报》和《纽约时报》）、受众广泛的网站（比如，彭博资讯）和观众众多的财经类电视节目（比如，由美国全国广播公司财经频道（CNBC）播出的节目）重点报道的信息。虽然广泛可得信息每个人都可获得，但是这并不意味着每个人都真正了解这些信息。

在部分人可得信息与广泛可得信息之间，并没有明确的划分界限。我们可以对信息可得性进行更细的分级，区分极少部分人可得信息（例如，只有公司内部人可得）与少部分人可得信息（例如，一些分析师也可获得的信息）。我们也可区分广泛可得信息（例如，《纽约时报》商业版上的信息）和极广泛可得信息（例如，《纽约时报》头版上的信息）。

》从无知到有知

经济学和金融学教师指导学生搜寻和应用金融事实类、人类行为类和信息类知识。他们指导学生忽略沉没成本，即已经发生且不能被挽回的成本。但是，认知型和情绪型错误会促使他们不如此行事。事实上，除了投资，他们在生活中也会应用沉没成本原则。对于令人失望的电影，经济学教授有可能比生物学和人类学教授更早退场；前者知道最好忽略花在糟糕电影前半部分上的沉没时间，因为，花掉的这些时间已经无法被挽回，并且，只有中途离场，才不会投入更多本可挽回的时间。[5]

经验也可以是好老师。人们可以学习在资产组合中加入国际性股票的好处。[6]随着时间流逝，老年人和年轻人的资产组合中，国际性股票的比例都会增加。另外，相比受教育程度较低的人，拥有金融事实类知识的受教育程度较高的人，会将更多资产分配在国际性股票上。

还有相当比例的受教育程度较低的人未学会超越直觉型系统1，这些人通常不相信金融事实类知识。一个调查询问经济专家和普通美国人是否同意某些论断，例如"股票价格难以预测"。对此问题，100%的经济专家表示同意，而只有55%的普通美国人表示同意。调查还发现，当被告知经济专家都同意该论断时，认为股价难以预测的普通美国人的比例却从55%下降到42%，这更凸显了普通美国人对金融事实类知识的怀疑态度。[7]

事实上，有大量证据表明股价难以预测，这些证据使得这种困难足以成为金融事实。无论是业余投资者、财经记者还是华尔街的战略家都不擅长预测股价。实际上，在做出高于平均收益的预测后，实现的收益往往会低于平均水平；而在做出低于平均收益的预测后，实现的收益通常高于平均水平。[8]

然而，与系统1相比，虽然系统2通常会让我们得到更好的答案，但是它也未必总是让我们得到确定和正确的答案。大约39%的经济专家认为CEO们的薪酬过高，但是大部分其他专家对此表示不同意或不确定。大约95%的经济专家认为，《北美自由贸易协定》（Nerth American Free Trade Agreement，NAFTA）增加了经济福利，但是也有少数专家对此表示不同意或不确定。并且，认为美国2009年刺激计划的收益超过成本的经济专家比例，只稍微高于不同意或不确定的专家比例。

对于任何活动，例如，与药品、驾驶或投资有关的活动，当我们从无知转变为有知时，都要花费金钱、时间和精力（既有物质上的，也有精神上的）。当我们用深思型系统2代替直觉型系统1时，也要花费金钱、时间和精力。当收益超出成本时，这种转换是值得的。对于美国人而言，花成本使自己转变成有靠马路右侧行驶知识的司机，通常是值得的。但花成本使自己转变成有靠马路左侧行驶知识（例如在英国、澳大利亚和南非）的司机，通常并不值得。无论是美国人、英国人、澳大利亚人还是南非人，使自己从无知的投资者转变成有知的投资者都是值得的。

在我的学生时代，米勒和莫迪利安尼的文章——"红利政策、增长与股票估值"（Dividend Policy, Growth, and the Valuation of Shares）使我对红利的认识开始从无知向有知转变。开始读此文章时我是无知的，认为以公司红利形式获得的美元与售出股票得到的美元，不仅在表述形式上有差别，而且在实质上也有差别——混淆了表述形式和实质。特别地，我认为两者之间有差异是因为，以公司红利形式获得的美元倾向于年年稳定，因而风险较小，而通过售出股票得到的美元由于股价每天大幅波动，风险较大。米勒和莫迪利安尼的阐释使我发生了转变。

大约59%的抵押贷款借款者犯了再融资①错误——52%选择的抵押贷款利率不是最优的，17%等待过长时间再融资，且10%的人同时犯了上述两种错误。有知识的借款者会犯最少的错误，再融资利率接近于最优利率水平，且在贷款利率变低后等待更短的时间。另外，在了解了其再融资所犯错误后，借款者会从无知向有知转变，第二次再融资时要比第一次犯更少的错误。[9]

人们仍然广泛缺乏金融事实类知识。美国金融业监管局（Financial Industry Regulatory Authority，FINRA）发现仅有37%的人有较高金融素养，即在5个题目的金融知识测验中，他们能答对4个或更多。[10]我们需要不断学习，不断检查自己的所知。

>> 结 论

在日常用语中，我们使用的"理性"一词等价于"中度聪明的"。然而，金融经济学家在其作品和模型中，更狭义地使用该词。理性人只要求从投资中获得功利性收益，大部分是财富形式的；而普通人还要求表达性和情感性收益，例如，从社会责任和社会地位中获得的收益。理性人要么不会犯认知型和情绪型错误，要么能很容易地克服它们。然而，普通人容易犯认知型和情绪型错误，且并不总是能够克服它们。

捷径是我们普通头脑中的直觉型"眨眼"系统1，大多时候它会得出好的选择。但当捷径误导我们做出糟糕选择时，其就会变成错误。系统2是我们头脑中的深思型"思考"系统，在系统1出现误导时，其会做出更好的选择。

---

① 译者注：再融资（refinancing）是指终止目前正在实施的房屋贷款方案，根据原贷款房屋的现有价值提供一个新的贷款方案。

但我们并不是注定无知或注定被系统1误导的。我们可以学习并使自己从中度无知转变为中度有知。通过系统2我们已经知道地球是圆的,虽然系统1告诉我们地球是平的;通过系统2我们也能明白预测股价是困难的,即使系统1告诉我们这很容易。

CHAPTER 2
Wants for Utilitarian, Expressive, and Emotional Benefits

第 2 章
想获得功利性、表达性和情感性收益的欲望

我们想要从所有产品和服务（包括金融产品和服务）中得到三种类型的收益——功利性、表达性和情感性收益（参见概念2-1）。[1] 功利性收益回答以下问题："对我和我的钱包，某事物做了些什么？"一辆汽车的功利性收益是将我们从一个地方运送到另一个地方，投资的功利性收益是增加我们的财富。

表达性收益向我们自己和他人传达我们的价值观、品味和社会地位。它们回答以下问题："关于自身，某事物向他人和自己说了些什么？"一辆环境友好型的普锐斯（Prius）混合动力车，就像环境型共同基金一样，表达了环境责任感。而豪华的宾利车，就像对冲基金一样，表达了较高的社会地位。

情感性收益回答以下问题"某事物让自己感觉如何？"普锐斯和有社会责任感的互助基金让我们感觉品行高洁，而宾利和对冲基金让我们感觉自豪。

概念 2-1　功利性、表达性和情感性收益

功利性收益回答以下问题："对我和我的钱包，某事物做了些什么？"
表达性收益回答以下问题："关于自身，某事物向他人和自己说了些什么？"
情感性收益回答以下问题："某事物让自己感觉如何？"

钻石提供不了多少功利性收益，但它们满载着表达性和情感性收益。对于半克拉的钻石，人们宁愿支付高达18%的溢价也不买稍小一些的；对于一

克拉的钻石，人们愿意支付 5% 到 10% 的溢价。这种偏好是因为新郎们用订婚钻戒的大小来传达其情感，表达其作为伴侣的合意性。[2]

当两项投资产生的报酬相等时，其功利性收益是相等的，但它们产生的满意度（反映在表达性和情感性收益上）会因报酬的产生路径不同而有所不同。当投资的价值先下降，而后反弹时，投资者最为满意，而当投资收益路径相反时，他们最为不满。不论两项投资的等量报酬是正还是负，偏好都是如此。另外，投资者的满意度会影响风险偏好、对收益的信念以及最终的交易决策。[3]

我们的欲望包括下述事物带来的功利性、表达性和情感性收益：富有且免于贫困、扶养我们的孩子和家人、展示自己的能力、玩游戏并获胜、坚守自己的价值观、享受熟悉性带给我们的安逸和爱国主义的热情、获得较高社会地位、促进公平、不纳税等等。

对于我们的欲望，我们面临权衡和抉择，例如，在更多财富带来的功利性收益与坚持价值观带来的表达性和情感性收益之间进行权衡。这种权衡在实验中很明显，实验通过强调每小时工资量及其功利性收益诱导一部分受实验者认为时间就是金钱，而并不诱导另一部分受实验者。相比后者，前者从听舒畅的音乐中获得的情感性收益更少。他们表现得更缺乏耐心，体验到的愉悦感更少。[4]

我们同样面对着自身欲望和他人欲望之间的冲突。这些冲突包括公司经理人与股东、基金经理与其投资者、财务顾问与其客户想获得功利性、表达性和情感性收益的欲望之间的冲突。

我们想富有且免于贫困的欲望

富有可以带来功利性、表达性和情感性收益，避免贫困同样如此。在 20 世纪 90 年代末的股市繁荣中，一家网上经纪公司的广告很好地表达了我们想富有的欲望，广告说"一定会有人中彩，但那个人却不是你。"它极力鼓动投资者去交易股票。[5]

2008 年金融危机期间，一家保险公司的广告同样阐明了我们想避免贫困的欲望。广告中财务顾问对其客户说："你会得到有保障的收入，一辈子都会。"客户说:"有保障的,我喜欢这个词。"6

希望富有促使我们将全部资产组合投资在股票和彩票上。《迪肯森报告》(Dickenson Report)——其被认为是导致出台《1934年证券法案》(the 1934 Securty Act)的部分原因——指出:"必须时刻意识到,参与这种或那种形式的赌博,是普通人与生俱来的本能。它被认为是一种社会恶习,从很早的时候起就一直被猛烈抨击。在与此恶习的斗争中,还没有什么方法完全成功过。"7

对贫困的恐惧促使我们将全部资产投资于政府债券上,并坚守社会保障体系。富兰克林·罗斯福总统在推行社会保障体系时,曾说道:

"我们无法针对生活中所有的伤害和变迁为百分之百的人提供保障,但我们已尽力制定了这样一项法律,它会为普通公民及其家庭提供某些保护措施,应对失业和一贫如洗的老年生活。"8

通过将资金划拨到资产组合金字塔的不同层,即部分资金用于致富的愿望,其余用来避免贫困带来的恐惧,我们可以平衡两类欲望。我们将债券和支付年金的有保证型收入放在金字塔的底层,旨在让我们免受贫困带来的恐惧,而将股票和彩票放在金字塔的上层,旨在给我们致富的希望。

》我们想要扶养孩子和家人的欲望

父母总是会在孩子身上投资。1929年的一个银行广告展示了一位坐在扶手椅上的父亲,脚边有两个小孩在玩玩具火车。广告说:"今天为他们的未来投资。你能留给后代最可靠、最令人安心的收入来源之一就是好的证券。"9

最近某共同基金公司所做的广告展示了一位站在股票行情收报器下面的父亲,抱着孩子,孩子趴在他的肩头熟睡,收报器打印出的纸带上显示着股票代码、有升有降的股价以及一个单词"当务之急(priorities)"。广告说:"随着时间流逝,我们的金融投资会为我们提供享受最珍视事物的机会。"10

投资孩子的教育、帮助他们组建家庭,父母对这些问题都异常关心。一项对学术机构雇员的调查发现,86%的父母认为应该为孩子的教育做准备,

85% 考虑帮助孩子组建家庭。但只有 60% 的人认为留给孩子遗产是重要的。计划留遗产给孩子的父母要比无此打算的父母花费更少,并且他们会积累更多储蓄。[11]

父母希望孩子在成年后能够财务独立。孩子们也想这样。一位年轻女性说:"我或许是在 20 岁左右的时候开始认为自己是个成年人的。嗯,从搬离父母家并自己支付账单后真正开始。"[12]

然而,财务独立并不容易做到。在相当数量的美国中产阶级和上层阶级家庭中,其子女在 30 岁后仍然会得到父母的财务资助。[13]孩子们在 18—34 岁时,父母给他们的财务资助额平均为每年 2 200 美元,并且许多年轻成年人即使在就业后,仍然会得到父母的财务支持。一个女孩在大学毕业后身负 50 000 美元的债务,但只找到一个临时性的工作。她和她的未婚夫住在曼哈顿的一间公寓,其父母每月为她支付 1 300 美元的房租。她说:"有他们的支持,我真的很幸运。我认识的一些朋友,他们的父母在他们毕业后便中断了财务支持,这使他们有一段时间生活很是艰难。"[14]

我们想玩游戏并获胜的欲望

交易会因更多财富带来功利性收益,但许多人是受玩游戏并获胜所带来的表达性和情感性收益吸引才进行交易的。一家网上经纪公司的广告标题是:"努力赚钱只是其中一半乐趣。不是……是几乎全部的乐趣。"[15] 标题下的图片都是关于乐趣的,展现的是在交易间中欢快嬉闹的交易者。

彼得·米尔曼(Peter Millman)是一名短线交易者,他在《纽约客》杂志的采访中谈到了交易的情感性收益,该采访被放在了 YouTube 视频网站上:"我热爱我的职业,这是我梦想的工作……真正重要的事情是第二天你可能一无所有。它是肾上腺素吗?是毒品吗?它令人上瘾吗?我认为绝对是的……即使在我们度假时,也难以真正抛开它。你不停地查看新闻:我错过什么消息了吗?CNBC 报道了什么?这非常容易上瘾。你一旦踏入,就难以离开。并且,即使你金盆洗手,也还会想再回来。"[16]

Motif 投资公司为投资者提供一系列具有共同主题的投资组合——宠物热

组合、瘦身减肥组合或者安息组合（一系列临终护理和葬礼服务公司的股票集合）。彭博资讯的记者本·史蒂夫曼（Ben Steverman）写道："Motif 投资的核心顾客多是这样的人——他们至少部分是出于乐趣而投资的。"他描述了一名投资者，其尝试投资了 Wealthfront——一家在线智能投顾公司，为投资者提供买入并持有型的分散化投资组合——但他感觉"有些无趣"。对于 Motif 投资，他说："你可以购买你真正关心的东西。"于是该投资者将其对中国熊市主题的小额投资加倍，恰好赶上了中国股市下跌。但他将一半资产组合投入了太阳能股票主题，最终亏损了 33%。[17]

交易者偏爱与彩票类似的股票，这类股票的收益分布偏向高收益，这满足了交易者通过玩游戏并获胜得到功利性、表达性和情感性收益的欲望。场外交易类公司股票就属于此类股票，交易者支付了过高的价格，就像赌徒对彩票支付了过高的价格一样。场外交易类公司股票的平均收益率为 -40%，和彩票的平均收益率差不多。[18]

在对大脑的功能核磁共振成像（functional magnetic resonance imaging，fMRI）研究中，我们发现了玩游戏并获胜带来的情感性收益。当人们考虑具有相等期望值和方差的对称和非对称赌局时，①后者会使大脑的前脑岛反应更强烈。相比负偏赌局（偏向低收益的赌局），人们在考虑正偏赌局（偏向高收益的赌局）时，大脑的伏隔核（nucleus accumbens，NAcc）反应更强烈。与等期望值和方差的对称赌局相比，正偏赌局更多会引发正向唤起（positive arousal），负偏赌局更多会引发负向唤起（negative arousal）。伏隔核活动和唤起度的差异反映了对有偏赌局的偏好差异。[19]

》我们想要展示自己的能力的欲望

浪费时间求解报纸上的纵横填字谜游戏是不是很蠢？毕竟在下一期报纸上，你就能轻松地找到谜题的答案。浪费时间和金钱来求解股票谜题同样也

---

① 译者注：对称赌局指输赢概率相等（即各占一半）的赌局；非对称赌局指输赢概率不等的赌局，包括以较小概率获得大额收益的正偏赌局和以较小概率面临大额亏损的负偏赌局。

很蠢。尤其是当证据表明，根据业余的股票解决方案进行交易更有可能亏损的时候。求解谜题投入的时间和金钱会产生功利性成本，但是，某些人也会从中得到情感性收益，因为这向他人和自己展示了其能力。

考虑一付 20 张洗好的正面朝下的牌。你知道其中有 10 张红色，10 张黑色。再考虑第二付 20 张洗好的正面朝下的牌。你知道所有 20 张要么是黑色，要么是红色。如果抽到红色牌就赢。你偏爱从哪付牌中抽牌？

如果你从概率上考虑，意味着你对从哪付牌中抽牌的感觉应该是无差异的——从第一付牌中抽到红色牌的概率是 50%，从第二付中抽到的概率也是 50%。然而，我们大多厌恶从第二付全红或全黑的牌中抽牌。我们称这种类型的厌恶为模糊厌恶（ambiguity aversion）。

模糊厌恶可能源自通过向他人和自己展示自身能力而获得的表达性和情感性收益。心理学家奇普·希斯（Chip Heath）和阿莫斯·特韦尔斯基（Amos Tversky）写道，打赌的后果不仅涉及货币收益，也涉及"从自我评价和他人评价中……获得的精神收益（满足还是尴尬）。"[20]

在一项实验中，他们提供了以下两个赌局供人们选择。

1. 从《华尔街日报》上随机选取一只股票。你猜一猜明天它是会涨还是会跌。如果猜对，你赢 5 美元。

2. 从《华尔街日报》上随机选取一只股票。你猜一猜昨天它是涨还是跌。如果猜对，你赢 5 美元。

2/3 的人偏爱第一个赌局，很可能是由于相对实验者而言，被实验者并未处于能力劣势地位，因为他们和实验者都不知道正确答案。然而，第二个赌局却将他们置于能力劣势地位，实验者更有可能知道正确答案。该结果与下述发现是一致的：人们偏爱在事前而非事后猜测掷骰子的结果、孩子的性别或足球比赛的胜者。事前猜测正确会令人满意，猜测错误也不会引起太多不适。

展示能力对我们十分重要，进一步的证据来自其对交易频率的影响。男性投资者、投资额较大或受教育程度较高的投资者感觉自己更有能力，而女性投资者、投资额较小或受教育程度较低的投资者感觉自己能力较低。感觉事情，也能显示某人的财务和受教育状况。"[28]

电影是地位投资，能带来表达性和情感性收益，也有希望带来功利性收益。Media Society 是韦德·布拉德利（Wade Bradley）管理的一家公司，招徕富有人士投资独立电影，投资额不低于 15 万美元。投资者分享利润（如果有的话）带来的功利性收益，并且享受以下事项带来的表达性和情感性收益，例如，以资助人身份参加圣丹斯电影节、奥斯卡舞会并参观电影拍摄片场等。某投资者是一家工程公司的高级主管，他参观了电影 *Big Stone Gap* 的拍摄片场并会见了其中的电影明星。"能让才干如乌比·戈德堡①似的人物感谢我们让电影成为现实，绝对是令人过瘾的事。"[29]

油画和电影一样会带来表达性和情感性收益。的确，油画和其他收藏品通常被称为"情感性资产"，它们会带来"情感性红利"。平均而言，收藏品提供的功利性的价格升值空间并不大，特别是在考虑了其高昂的交易费用后。然而，有些人认为大量表达性和情感性收益足以补偿低功利性收益。[30]

对硅谷初创企业的投资具有高风险，但也能带来社会地位。Apptimize 公司的南希·华（Nancy Hua）从所谓天使投资人这些富有阶层筹集了 200 万美元的种子投资。她不得不拒绝想加入的其他天使投资人。一家创业公司孵化器的总裁山姆·奥特曼（Sam Altman）说："种子投资是硅谷的身份象征。很多人不想要法拉利，他们想要的是成功的种子投资。"[31]

Angel Lab 是这样一家公司，它为有兴趣进行天使投资的投资者组织研讨会。伊斯坦布尔证券交易所的私募市场主管雷杰普·比尔迪克（Recep Bildik）主持了一场由 Angel Lab 组织的 70 人会议。他说："对于很多此类投资人而言，他们想要成为创业过程的一部分，感受创造某样新东西的快乐。这要比期望的收益更有价值。"[32]

当经理人为广受公众赞誉的公司工作时，他们可以从高社会地位中获得表达性和情感性收益。此类公司的董事会，可以让经理人在功利性收益上让步，接受较低的工资。在《财富》杂志的调查中，管理美国最受尊敬公司的 CEO 们的平均薪酬较低。[33]

---

① 编者注：乌比·戈德堡（Whoopi Goldbeng），美国著名女演员，曾出演《修女也疯狂》《人鬼情未了》等影片。

》我们想要公平的欲望

一家投资公司做了一个商业广告来抗议某类投资公司的不公平做法,广告中,一个此类投资公司的雇员说:"好了,小子们,这是今天的魔力股——在这只股票上我们会大赚一笔,所以赶紧去打电话——告诉你的客户这只股票炙手可热……只是别提基本面——它会让人感觉糟糕……我们给这头猪抹点口红。开工吧,年轻人。"[34]

我们想要公平,但对于什么是公平,我们有着不同的看法。公平可以被看做一种权利,包括免受胁迫的权利(the right to freedom from coercion),以及权力平等权(the right to equal power)。例如,当盗贼偷窃我们的财产时,或者我们被强迫禁止与有交易意向的交易者(不管他们是否有内幕信息)进行交易时,我们免受胁迫的权利就被侵犯了。当收入不平等程度很高时(例如,当支付给公司 CEO 们的工资是员工的很多倍时),或者当某交易者可获得内幕信息而其他人无法获得时,权力平等权就被违反了。[35]

由于思想意识和自身利益不同,人们对公平权的分等定级也有不同意见。考虑以下关于内幕交易的公平问题:保罗·邦德(Paul Bond)是 Brown & Long 事务所的一名律师。在其办公室门口,他无意中听到公司的另一名律师约翰·格兰德(John Grand)正在与其助手谈论他的一项工作——与 Down 公司以 120 美元每股的价格提议收购 Pillow 公司有关。保罗·邦德在此项对 Pillow 公司的收购提议中不承担任何工作,并且 Brown & Long 仅代表 Down 公司,并不代表 Pillow 公司。随后保罗·邦德以 70 美元每股的价格购买了 1 000 股 Pillow 公司的股票。请为保罗的行为评级:

A. 完全公平或可接受
B. 不公平或非常不公平

此情节中的保罗·邦德对应的人物是詹姆斯·奥哈根(James O'Hagan)。他被美国最高法院判处内幕交易罪名成立。法官鲁斯·巴德·金斯伯格(Ruth

Bader Ginsburg）在法院判决中对公平做了如下陈词："面对拥有重要且非公开信息的信息窃取者，投资者的信息劣势源自欺骗性的谋划，而非运气。这种劣势无法通过研究和技能克服。"³⁶

金斯伯格法官在其论据中将两种公平的概念合并到了一起。首先，内幕交易不公平是因为内幕信息是被盗用（窃取）的，这违反了免受胁迫的权利。其次，内幕交易不公平是因为内部人以信息优势的形式拥有某种权利，这种优势"无法通过研究和技能克服"，这违反了权力平等权。

公平概念会因文化而异。在美国和荷兰，仅有5%的专业人士认为邦德的行为是完全公平或可接受的；随后是澳大利亚和以色列，有16%做出同样判断；在突尼斯、意大利、印度和土耳其，该比例要高很多。法律知识和律师身份会抑制内幕交易。相比无法律学位的内部人，有法律学位的内部人购买股票所获收益率更低。并且，有法律学位的内部人在证券交易委员会执法活动过后会进行更少的交易。³⁷

CEO们和其他公司高管的薪酬比普通雇员要高很多，这会导致收入不平等，但是，他们的高薪酬是不公平的吗？一项研究尝试消除人们认为CEO薪酬不公平的感觉。它注意到CEO们按绩效获取薪酬，会因糟糕的绩效受到惩罚。³⁸然而，另一项研究发现高管们的股票和股票期权奖励、工资和奖金是刚性的，难以减少。³⁹

对高管不公平薪酬的公众感知会影响薪酬的水平和结构。媒体对CEO薪酬的负面态度在1992—2008年期间有非常大的变化，其中，股票期权是最具争议性的部分。在负面新闻报道过后，公司减少了期权奖励，增加了工资等争议性较少的薪酬类型，而薪酬总量并没有变化。⁴⁰一些CEO注意到了这种感知（即认为他们的高薪酬不公平），于是以1美元年薪工作。然而，1美元薪水很可能只是转移公众愤怒的一种策略。1美元薪水的CEO们获得的薪酬和其他CEO们一样多，只不过是用更具隐蔽性的基于股票的补偿和其他福利来弥补可见的薪水损失。⁴¹

》我们想要不纳税的欲望

税务律师大卫·哈里顿（David Hariton）说："避税是假装非常傻的聪明人所进行的交易。"美国前总统乔治·W. 布什说："总之，富裕阶层的人了解如何避税。"喜剧演员戴夫·巴里（Dave Barry）总结道："我们会尽全力与国税局合作，作为公民，我们觉得不进监狱是一种强烈的爱国责任。"[42]

少交税会带来功利性收益——交给国税局的少一点，留给自己的就多一点。但是，除了功利性收益，节税策略也会带来表达性和情感性收益，它表明我们自己是高收入的投资者，高纳税等级意味着高社会地位。想要聪明就得装傻：要避税就要耍这种计谋。确实，人们会很快移民到能节税 4 000 美元的国家，而不是移民到能减少 5 000 美元食物成本的国家。[43]

当由客户所有的公司（其股份不能在股票市场上交易）转变为股份可交易的上市公司时，环境就发生了转变。这种转变使很多人涉入股票市场并曝光了他们的财富，这增强了人们避税的愿望（而美国偏左翼政党主张征税）。有研究表明股市参与率每提高 10%，偏右翼政党获得的投票比例便会增加 1.4%—3.2%。[44]

在 2012 年的《美国纳税人救济法》（American Taxpayer Relief Act）和 2010 年的《卫生保健与教育调整法》（the Health Care and Education Reconciliation Act）生效导致税负增加之前，有节税意识的高管人员通过变现资本收益来避免纳税。他们在个税上的避税额接近 7.41 亿美元，还帮助股东避税接近 7 亿美元。[45] 由于保留了更多收入，避税增加了功利性收益，但避税也会减少功利性收益。进行避税的公司会支付更高的银行贷款利率。此类公司还会面临更严苛的贷款条件。[46]

一些美国人利用瑞士银行账户对美国税务人员隐瞒巨额资金。某些银行将资金放在无法被追踪的客户借记卡上。在另一些银行，想要转移现金的客户会使用行话，比如"你能为我们下载一些'音乐（tunes）'吗？"某银行允许客户将瑞士法郎转成黄金，然后，将这些黄金储存在一名亲属的银行保管箱中。[47]

对于描写这些避税行为的文章,并非所有读者都义愤填膺。一位读者写道:"偷税漏税吗?我不这么看,我宁愿说是资产保护。"另一位读者抗议道:"你是真的在为这些偷税漏税的家伙辩解吗?"而另外一位读者用其幽默的反击表达了愤怒的情绪:"我辛苦提高自己的薪资,却只能接受这样的事实,即我交的税要为那47%的纳税为'零'的人买单,我真是欠他们的。"

常见欲望列表参见概念2-2。

概念 2-2 常见欲望

我们想要富有且免于贫困的欲望

我们想要扶养孩子和家人的欲望

我们想要玩游戏并获胜的欲望

我们想要享受熟悉性和表现爱国主义的欲望

我们想要展示自己能力的欲望

我们想要坚守自己的价值观的欲望

我们想要高社会地位的欲望

我们想要公平的欲望

我们想要不纳税的欲望

》我们的欲望千差万别

由于个性品质(例如责任感)、价值观(例如保护环境)、宗教、背景(例如财富量)、文化(例如是亚裔还是欧裔美国人)以及社会阶层不同,我们的欲望也千差万别。

欲望会因社会阶层而不同。上层人士可以从自己动手(do it yourself,DIY)项目中获得表达性和情感性收益,展现自己作为能工巧匠的能力,并作为摆脱脑力劳动的放松性疗法。底层人士也可以从自己动手项目中获得表达性和情感性收益,表现自己作为家庭多面手的身份,或显示自己与其女性配

偶的身份有所区别。⁴⁸

欲望会因身份（例如专业人士身份）而不同。在一项实验中，实验者让一家大型跨国银行的雇员抛掷一枚硬币10次，并在网上报告结果。每扔到指定面便可得20美元。当实验前的访谈询问他们的职业，凸显其银行业者的专业人士身份时，他们会更加不诚实。⁴⁹

欲望会因文化而不同。一位女士参与了一项关于亚裔与欧裔美国家庭文化差异的网上讨论。她的男友及其父母是亚裔美国人，而她是欧裔美国人。这位女士表示，除非父母需要，她从未考虑过给父母钱；而她的男友从未考虑过接受父母给的钱，除非他自己需要。⁵⁰

所有人都想要高社会地位带来的好处，但在不同国家，地位象征会因文化而异。中国生意人的地位象征是豪华轿车和海外不动产。波斯湾的年轻富人以拥有狮子、猎豹和其他大型猫科动物来显示高社会地位。而日本高管通过有临窗美景的办公桌获得高社会地位。⁵¹

拥有高社会地位的欲望迫使中国投资者承担了更多风险。1998—2009年间，相比不发达省份，中国的发达省份经历了更快的收入增长。在发达省份，为了在地位竞争中不落后于左邻右舍，投资者增加了股票投资。⁵²

欲望会因政治取向而不同。具有民主党文化的公司成为环境、劳工或公民权利类诉讼对象的可能性较小。这与民主党提倡的机会平等、人道主义以及保护环境的核心价值观相一致。具有共和党文化的公司成为证券欺诈和违反知识产权类诉讼对象的可能性较小。这与共和党支持企业自力更生、保护知识产权、主张市场约束和有限政府管制的核心价值观相一致。⁵³

欲望会因宗教而不同。伊斯兰教徒贷款的违约率不到传统贷款违约率的一半。在斋月期间以及在宗教性政党所获选票比例较高的地区，伊斯兰教徒贷款的违约现象尤其少见。这些发现表明，根植于宗教的价值观在贷款违约中扮演重要角色。⁵⁴

在错过到期还款日一天之后，某印尼银行的所有信用卡欠款客户都会收到一条必要的提醒，要求其偿还债务。在一项实验中，一些欠款客户还收到一条引用伊斯兰教教义的短信："有能力偿债的人不偿还债务是不正当的。"这条短信使得达到最低还款要求的客户比例增加了近20%。相反，仅简单提醒或者发送与债务偿还无关的伊斯兰教引文未产生影响。此外，客户对道德要求的反应要比对大额财务激励的反应强烈。相比提供相当于最低还款额50%的现金折扣，收到宗教信息改善还款的效果更好。[55]

》我们作为投资者和消费者的欲望

在是否愿意将投资者角色和消费者角色分开方面，理性投资者不同于普通投资者（不管普通投资者是无知型的还是有知型的）。作为投资者，理性投资者仅关心财富生产。作为消费者，他们关心财富消费所得的所有收益：功利性、表达性和情感性收益。标准金融学只关注财富的生产及其功利性收益，将财富消费的表达性和情感性收益研究留给了其他学科，例如，市场营销与消费者行为。

有时财富的生产与消费是有可能被分开的，功利性成本与收益和表达性、情感性成本与收益同样也可分开。桑福德·I."桑迪"威尔（Sanford I. "Sandy" Weill）作为花旗集团的首CEO和主席，积累了大量财富，可享受其带来的大量功利性收益，同样，更有可能享受其带来的表达性和情感性收益。最近，桑迪·威尔和他的妻子琼·威尔提起了一项交易，放弃2 000万美元财富的功利性收益以换取表达性和情感性收益，将他们的名字加到一所大学上——也就是将保罗·史密斯学院（Paul Smith's College）改成琼·威尔–保罗·史密斯学院（Joan Weill-Daul Smith's College）。然而，某法官裁定这所学校的名称不能更改，于是该项交易泡汤了。[56]

但更多时候，财富的生产与消费不能分开，功利性成本与收益和表达性、情感性成本与收益同样也不能分开。不可分导致人们需要在功利性、表达性和情感性收益之间进行权衡抉择，这在查理·芒格（Charlie Munger，伯克希尔–哈撒韦公司副主席）与比尔·阿克曼（Bill Ackman，领导着对冲基金潘兴广场（Pershing Square）资本管理公司）之间的论战上表现得最为明显。

芒格谴责阿克曼放弃道德带来的表达性和情感性收益，以换取利润带来的功利性收益，认为阿克曼大量持有威朗（Valeant）股票的做法"极度不道德"。

威朗是一家制药公司，其因为买入专利到期药品的生产销售权并大幅提高价格而遭受千夫所指。① 阿克曼进行了反击，将可口可乐公司（伯克希尔－哈撒韦公司资产组合中股票持有量最大的公司之一）描述为这样一家公司，其"在全世界范围内制造肥胖症和糖尿病，世界上任何其他公司可能都无法与之媲美。"57

一位读了芒格与阿克曼之间口水战文章的读者写了一条网上评论："如果阿克曼真的那么有道德的话，他应该关心在 Allergan–Activists–Valeant② 这个长篇故事中被解雇的所有科学家们。阿克曼先生，请不要再给我讲大道理了。"另一名读者写道："我认为道德与否取决于观者的眼光。长久以来，芒格一直是堕胎行业的支持者（并给予了大量资金支持）。"而另一名读者竭力主张功利性、表达性和情感性收益的分离，极力倡导对功利性收益的专门追求。他写道："对冲基金是要赚钱的。就是这样！"

房产既是投资，也是消费。当我们的房产升值时，我们强调它们是投资；当房产贬值时，我们认为它们是消费。并且，房产既带来功利性收益，也带来表达性和情感性收益。它们通过为我们遮风挡雨提供功利性收益，通过显示社会地位与品位提供表达性收益，通过拥有房屋的自豪感提供情感性收益。

---

① 译者注：其商业模式之一为买入专利到期但几乎没有仿制药竞争的产品，然后，大幅提价以获得商业利益最大化。

② 译者注：疑有误，此处应该为 Allergan-Actavis-Valeant。长篇故事是这样的：Allergan 公司以制造肉毒杆菌及其他抗皱药物而闻名，是全球化妆品行业的领导者。2014年早些时候，阿克曼的潘兴广场资本联手自己持股的加拿大威朗制药公司向 Allergan 发出460亿美元的收购要约，随后，将收购价不断加码至530亿美元，不过这些"要约"被视为恶意收购，都被 Allergan 公司明确拒绝。最后，Allergan 找到另一家公司——Actavis 制药公司来收购自己，后者以高出近百亿美元的价格击败阿克曼和威朗，完成了收购。此前，有专家认为威朗制药的商业模式总是靠激进的收购行动来使资产负债表看上去很健康，并且一旦收购了对手公司，便会大幅削减该公司的研发经费，在这次竞购中，其提案将削减 Allergan 9亿美元的研发费用。最终成功完成收购的的 Actavis 制药公司仅将 Allergan 的研发支出削减了4亿美元。这就是正文中提到的科学家遭受解雇的原因。

另外一个富有戏剧性的情节是，阿克曼为了竞购 Allergan 已经暗中吸筹其股票，在威朗公司提出收购报价方案前，将其对冲基金30%的资金投资于 Allergan，持有 Allergan 近10%的股权。之后，Allergan 的股价大涨65%，阿克曼在半年多时间赚进23.8亿美元。阿克曼也因此受到了内幕交易的指控，SEC 也介入了调查。但"股神"巴菲特认为："阿克曼在做这笔交易之前肯定把法律上的问题都想清楚了……"

在巴黎的热点地区，特别是在繁荣时，非居民外国购房者会挤出当地居民。这些外国购房者在购买房屋时会出更高的价格，再售出时实现的资本收益较低，这表明他们愿意牺牲功利性收益来换取表达性和情感性收益。[58]

在购买和拥有住房方面，富有财务经验的人（由教育和工作经历反映）较少犯金融类错误。他们支付过高抵押贷款利率的可能性更小，当再融资在财务上更有利时，他们更有可能进行再融资。但是，这些富有财务经验的人也更愿意牺牲功利性收益，来换取表达性和情感性收益。他们更有可能出过高的价格买房，当出现严重资不抵债时，他们更少进行策略性违约。[59]

和房产一样，艺术品既是投资也是消费，既带来功利性收益，也带来表达性和情感性收益。当油画升值时，我们强调它们是投资；当其贬值时，我们认为它们是消费，继续享受它们带来的表达性和情感性"红利"。彩票、老虎机和其他类型的赌博，同样既是投资也是消费，同样既带来功利性收益，也带来表达性和情感性收益。赢了之后，我们恭贺自己做了一项明智的投资，享受功利性收益；输了之后，我们对自己说："我们获得了极大乐趣"，将我们的注意力集中在表达性和情感性收益上。

》我们的欲望和错误

人们在满足对功利性、表达性和情感性收益的欲望时，若能避免认知型错误，就会表现良好。欲望和错误之间的区别并非总是很清晰，但还是可以弄清楚的。

考虑彩票。认知型错误（夸大获胜概率）或许会诱使人们购买彩票。然而，假设我们提供确实的获胜概率信息，如果人们停止购买彩票，我们就能得出结论说，是认知型错误诱使人们购买彩票。但是，人们也可能因下述原因而继续购买彩票——想要获得心怀希望所带来的表达性和情感性收益，以及机会渺小的大奖所带来的功利性收益。面对他人甚至自己，他们或许不愿承认，他们的获胜概率确实如事实所表明的那么小。

无论是开快车还是频繁交易，其中的刺激感进一步阐明了欲望和错误之间的差别。我们可以将寻求刺激者分成两类：无知型寻求刺激者和有知型寻求刺激者。对自身驾驶能力和交易能力的过度自信可能会导致错误,无知型寻求刺激者看不到这些错误。他们想要刺激感,但并不清楚代价。而有知型寻求刺激者意识到他们可能过度自信了。他们想要刺激感并愿意支付代价。

在芬兰,频繁交易者往往是开快车者,他们累积了大量超速罚单。其中有一些是无知型寻求刺激者,他们对自己的交易能力过度自信,就如同他们对自己在超高速状态完成急转弯的能力过度自信一样。然而,其他的则是有知型寻求刺激者。他们并未受过度自信的影响,了解频繁交易和开快车的代价,并且愿意支付这些代价。

频繁交易者更有可能亏损。他们的平均收益少于低频交易者,而低频交易者的平均收益少于不进行交易的投资者。前面提到的短线交易者彼得·米尔曼(Peter Millman),若发现自己在以牺牲功利性收益为代价来换取表达性和情感性收益,可能并不会感到吃惊。但并非所有交易者都是有知型的,并非所有交易者都愿意承认自己是因为希望获得表达性和情感性收益而进行交易的。

满足欲望的行为可能与认知型和情感型错误纠缠在一起,但也并非总是这样。考虑某个人,他的两张信用卡上都有债务余额。第一张的债务量大且利率高,而第二张的债务量小且利率低。现在假定此人有足量现金可全额清偿低利率信用卡上的小额债务,但还不足以全额清偿高利率信用卡上的大额债务。想获得功利性收益的欲望会指引此人减少高息信用卡上的债务余额。的确,我们会将先清偿低息信用卡债务的决策视为一种认知型或情绪型错误。然而,这并不是错误,因为通过清偿低息信用卡债务牺牲短期功利性收益,可能增加长期功利性收益。全额清偿低息债务的小小胜利所带来的表达性和情感性收益,可能会鼓励他锲而不舍地清偿大额高息债务。

在一项实验中,实验者将一个令人不悦的任务分解成多个组成部分,用以考察小型胜利策略。实验表明,相比由大到小的安排,当分解任务按照规模由小到大进行组织,让小型任务提供表达性和情感性收益时,人们完成总任务的速度更快。[60]

第 2 章 想获得功利性、表达性和情感性收益的欲望

≫ 我们的欲望和理智

理性人可以化解欲望与理智（shoulds）之间的冲突，而普通人则难以免俗。欲望说："我现在要吃美味的汉堡，"但理智说："你应该选择健康的沙拉。"欲望是直觉型的，而理智是推理型的。欲望的收益在现在，而理智的收益通常在未来。欲望让我们关注表达性和情感性收益，而理智通常聚焦于功利性收益。投资建议充满了理智：多储蓄、少支出、分散化、购买并持有。

大量食用不健康但美味的食品是欲望，由直觉型系统1推动；而适量食用健康但不怎么美味的食品是理智，由深思型系统2推动。饥饿是直觉型系统1的一部分，其对生存至关重要，因为它推动我们吃东西。然而，若系统2不介入，饥饿会推动我们食用大量不健康的食品。当询问饥饿的人他们现在想吃什么时，他们会选择不健康的食品。即使询问他们下一周想吃什么，他们仍然会选择不健康的食品。[61] 对大量不健康但美味的食品的欲望明显会增加肥胖率。

信息会影响系统2的使用，帮助人们远离欲望并转向理智。星巴克菜单上的卡路里信息帮助就餐者平均每餐减少6%的卡路里摄入量。[62] 但当欲望比理智更令人愉悦时，使用系统2并非总是好事。卡路里信息会降低人们从食用非健康食品中获得的享受。

此外，推动人们消费健康食品的尝试并非总能成功。事实上，此种尝试往往事与愿违。将食品描述成健康食品会使人们推断它们不好吃。相反，被描述为不健康的食品会使之更受欢迎，人们会觉得它们更好吃。[63] 当快餐店宣称提供健康食品时，人们更有可能低估主菜的卡路里含量，并选择高卡路里的配菜、饮料和甜点。[64]

≫ 功利性、表达性和情感性收益在个体身上的冲突与抉择

租房获得的功利性收益通常会超过自有住房，但是，拥有住房可享受表达性和情感性收益，包括拥有房屋的自豪感以及免受房东摆布。1996年，一

项对瑞士人的调查发现，83% 的受访者偏爱自己拥有住房胜过租房，然而仅有 1/3 的瑞士人拥有自己的住房，而 2/3 的美国人拥有自己的住房。房屋自有率的这种差异大部分可被功利性收益之间的差异解释。在瑞士，房产所有人居住于自有房产中所得的隐性租金（virtual rent）要缴纳收入所得税，① 而在美国则无须缴纳，并且，瑞士在保护租户免受房主摆布方面要比美国好很多。[65]

有社会责任感的投资者通常会避开枪械制造公司以及烟草、酒精、博彩、军工和核能产业的公司。然而证据表明，这些被回避公司的收益率要高于其他产业的公司。枪械制造商 Smith & Wesson 公司的股票在 2010—2015 年增值近 400%。而在圣贝纳迪诺枪击事件后，时任美国总统奥巴马号召实行更严格的控枪，在此之后一天，即 2015 年 12 月 7 日星期一，该公司股价达到历史最高点。[66]

雇主承担社会责任会对雇员要求的工资产生影响，这明显反映了人们的选择与社会责任之间存在联系。2016 年的一项研究中，研究者招募工人进行短期工作。其中，部分工人会收到雇主承担高社会责任的信息，而其他工人未收到。对于同样的工作，在了解雇主承担高社会责任后，准雇员提出的工资要价要低 44%。该结果表明，工人同样看重工作目的和意义带来的表达性和情感性收益，在为有社会责任感的雇主工作时，愿意放弃功利性收益来换取表达性和情感性收益。在该项研究中，高绩效员工尤其愿意放弃功利性收益来换取表达性和情感性收益。[67]

》 功利性、表达性和情感性收益在人们之间的冲突与抉择

投资者是委托人，他们雇用代理人，包括公司经理、基金经理、分析师、财务顾问来满足他们想获得功利性、表达性和情感性收益的欲望。然而，代理人的欲望可能与委托人的欲望相冲突，诱使他们满足其自身而非客户的欲望。我们称此为利益冲突或委托代理冲突。

在关于兼并、收购、接管的选择中，我们会看到公司经理人与股东欲望

---

① 译者注：在瑞士，若私房出租，租金算作个人收入，需交纳个人所得税；若私房自住，政府会估算出该房产转为出租时所获租金，同样将其作为个人收入列入计税基数。

之间的冲突。接管通常会迫使被收购公司的 CEO 们提前退休，CEO 们想通过保留 CEO 职位获得功利性、表达性和情感性收益，而股东想要获得高股价带来的功利性收益，接管使两种利益产生冲突。

年轻的 CEO 们会从保留 CEO 职位中获得大量收益，但当他们接近通常的退休年龄，即 65 岁时，收益会变小。考虑进行接管的公司经理人会充分利用被收购公司 CEO 的欲望。当目标公司 CEO 的年龄处于 65 岁的门槛时，发起收购要约的可能性会急剧增加。要约可能性的增加恰好出现在该年龄门槛上，之前不会逐渐增加。另外，当目标公司的 CEO 们超过 65 岁时，并购溢价（提议的股价与当前股价之间的差额）较低，并且当宣布并购报价时，此类目标公司股票的收益率也较低。[68]

英联邦国家的经理人有可能获得荣誉称号（例如男爵士或女爵士头衔），作为对其慈善工作的认可。荣誉称号会通过高社会地位给经理人带来表达性和情感性收益，但是，如果这些荣誉称号改变了经理人投入的时间和公司的资源，使之不再专注于以提高股价为己任，则可能使经理人偏离股东的功利性收益目标。2000 年 5 月，新西兰废止了男女爵士称号，但在 2009 年 8 月又进行了恢复。可获得荣誉称号确实改变了经理人投入的时间和公司的资源，使之偏离了提高股价的任务。[69]

当基金经理提供高投资收益时，他们满足了投资者对功利性收益的欲望。当分析师提供深入分析和准确预测时，他们满足了投资者对功利性收益的欲望。财务顾问通过给出好建议并帮助实施这些建议，满足了投资者想获得功利性、表达性和情感性收益的欲望。当经纪人帮助投资者低价买入证券，并以高价卖出时，他们满足了投资者的欲望。

基金经理、分析师、财务顾问和经纪人通过高薪酬和优异工作的自豪感满足自己想获得功利性、表达性和情感性收益的欲望。然而，这四者的欲望与投资者的欲望会产生冲突。基金经理若丢掉工作会损失当前收益，也会损及未来收益。对职业生涯的关注会促使共同基金经理像被放牧的羊群一样同时进行交易，一起买入被分析师提高评级的股票，卖出被降低评级的股票。在被降级股票以及对职业生涯考虑较多的基金经理身上，这种交易方式尤其明显，因为，持有亏损的股票会带来更大的声誉风险和被诉讼风险。[70]

》结　论

若询问投资者他们想要从投资中得到什么，他们很可能说自己想要的只是赚钱。但钱是用来干什么的呢？标准金融学很少回答这个问题，对这个问题的考察及答案超出了标准金融学的研究范围。但是，此问题及答案是行为金融学研究的核心。钱是用来满足多种欲望的，一些欲望所有人都有，一些因人而异。一项对投资者的调查发现，几乎所有人都说钱是用来满足财务安全欲望的，紧接着是满足帮助子女成功并对其提供教育的欲望。进一步延长这个列表，会有帮助那些不幸之人的欲望、用金钱作为成功标志的欲望，以及获得高社会地位的欲望。[71]

第一代行为金融学研究始于 20 世纪 80 年代早期，这些研究关注人们在进行选择时的捷径与错误。典型的第一代行为金融学研究发现，交易更多的时候会减少而非增加财富，并且它将交易的渴望归因于认知型错误。将一些投资者对交易的渴望归因于认知型错误或许是恰当的，但是对其他投资者而言，对交易的渴望或许是由于想玩交易游戏并获胜，从中获得表达性和情感性收益。第二代行为金融学接受人们的欲望，并区分欲望与错误，进而对普通人进行了更准确的刻画。

CHAPTER 3
Cognitive Shortcuts and Errors

第 3 章
认知型捷径与错误

认知型捷径是我们头脑中直觉型的"眨眼"系统 1 的一部分，大多时候其会产生好的选择。但是，当其误导我们做出糟糕选择时，捷径就变成了错误。系统 2 是我们头脑中深思型的"思考"系统，当系统 1 产生误导时，系统 2 会产生更好的选择。具有人类行为和金融事实类知识的人可以正确使用认知型捷径，而缺乏此类知识的人会犯认知型错误，因为他们不会正确利用捷径。我们也将认知型捷径称为认知经验法则和认知直觉推断。

对于认知型捷径与相关错误，并没有统一的清单列表，并且对各种类型的认知型捷径与相关错误，它们之间也并非迥异于彼此。另外，很多认知型错误都会受后见之明型错误的感染或影响。一旦事后我们知道不采取行动会得到更好结果，则行动被指责为"轻率判断"认知型错误；同样在事后，若我们知道采取行动会得到更好结果，则不采取行动就被指责为"安于现状"认知型错误。本章描述的认知型捷径与相关错误与金融环境最为密切相关，具体包括：框定型、后见之明型、证实型、锚定和调整型、代表性、易得性和自信型。

》框定型捷径与错误

某跑鞋的商业广告很好地阐明了框定型捷径与错误：在非洲大草原上，两名赤脚男子边走边说笑打趣。突然，他们看到一头低声咆哮的狮子。其中一人发现另一个人穿上了跑鞋，便问道："你认为你会比狮子跑得还快吗？"另一人回答："不，但我会比你跑得快。"说完他就跑了。随后，我们看到狮子接近了落在后面的赤脚男子。[1]

穿跑鞋的男子拥有人类行为类以及"竞赛的事实"类知识。他使用了一种好的框定型捷径，而赤脚男子犯了框定型错误。穿跑鞋的男子对竞赛做了正确的框定，将其框定为他与赤脚男子之间的竞赛。而赤脚男子却框定错误，将其框定为他们每个人与狮子之间的竞赛。

可以将交易股票、债券和其他投资工具看成交易竞赛。犯了框定型错误的交易者将交易竞赛框定为他们与市场的竞赛，就像赤脚男子将竞赛框定为他与狮子之间的竞赛一样。"赤脚交易者"会问："经济的走势怎么样？这家公司的前景如何？"

拥有人类行为类和金融事实类知识的交易者对交易进行了正确框定，将其框定为针对交易对手的，即针对其卖出时可能的买方，或者买入时可能的卖方的交易。这是"穿跑鞋的交易者"的框定，他这样问：就像我的跑鞋能帮我跑赢赤脚男子一样，我的电脑能帮我跑赢其他交易者吗？或者高频交易者作为我的交易对手方时，其电脑是否跑得比我的电脑快呢？公司内部人穿着"跑鞋"，可获得单独可得或部分人可得信息，而我穿着"沉重的皮靴"，只可获得广泛可得的信息。那么相对于可能成为交易对手的公司内部人，对该公司的前景我是否知道得更多呢？那些犯了框定型错误的交易者，未能理解交易是与其他交易者的竞赛。这类交易者在失败者中占大多数并不足为怪。

美国领先经济指数（Leading Economic Index，LEI）阐明了快速交易者与慢速交易者之间的竞赛。LEI 的目的是预测未来经济的走向，其由几个部分组成，例如建筑许可、制造业订单等。经济谘商会（the Conference Board）是一个研究协会，它负责编制该指数并向全世界公布其构成。因此，一旦最后一个成分被公之于众，每个人都能精确计算出 LEI，甚至可以比 LEI 的官方发布提前 24 小时。LEI 发布的好消息通常伴随着发布日当天股价的上涨，而坏消息通常伴随着当天股价的下跌。

正确框定交易竞赛的交易者是快速交易者。他们根据 LEI 的组成成分计算 LEI，并在官方发布前 24 小时采取行动，当 LEI 是好消息时买入股票，是坏消息时卖出股票。犯了框定型错误的交易者是慢速交易者。他们在 LEI 发布之后进行交易，晚了 24 小时。由于快速交易者在与慢速对手的交易竞赛中胜出，他们每年会获得 8 个百分点的额外收益。[2]

心理核算过程中的框架

通常我们会将钱放进有不同标签的心理账户，并相应地予以区别对待。心理账户类似于支票账户，心理账户中的钱类似于支票账户中的钱。心理账户帮助我们记录资金，并引导我们将钱花在我们想花的地方。我们会确保每个心理账户上都有足够的余额，就像我们会确保每个支票账户上都有足够的余额一样，毕竟我们要保证自己在电器商店签署的或送往信用卡公司的支票不会被银行拒付。

有时心理核算也会失败，尤其是当我们未充分考虑特殊支出时。我们的购买会落在这样一个闭集中：一端是普通支出，另一端是特殊支出。许多大额支出，如购买电子产品、礼物与庆祝支出，都是最为特殊的支出。人们通常擅长为普通支出做预算，然而倾向于整体低估在特殊购买上的支出，进而在每一项单独的特殊支出上超支。这种计算错误很可能是因为我们对特殊支出的界定范围过窄，即将每一项都看成是独一无二的，最终低估了特殊支出的总额。[3]

《法国贩毒网》（the French Connection）中的影星吉恩·海克曼（Gene Hackman）讲述了某次去达斯汀·霍夫曼（Dustin Hoffman，《毕业生》（the Graduate）中的影星）家中拜访的经历。霍夫曼向海克曼借钱用来购买食品，海克曼答应了。接着海克曼进到霍夫曼的厨房，结果发现壁架上有几个玻璃罐子，其中，一个罐子上标着"房租"，一个上标着"娱乐"……除了标着"食品"的罐子是空的，所有其他罐子里都有钱。海克曼抗议道："你有钱啊！"霍夫曼解释说："我不能从其他罐子里拿钱来买食品。"[4]

厨房壁架上有标着"汽油"的罐子并不常见，但是，我们常常在头脑中保有贴着汽油标签的心理账户。2008 年下半年，当金融危机肆虐、大衰退加剧之际，低辛烷值汽油和高辛烷值汽油价格先后下跌。消费者尽其所能削减支出——在家中做饭代替了外出就餐，廉价部位牛肉代替了昂贵部位牛肉。然而，消费者并未用低辛烷值汽油代替高辛烷值汽油。他们反而进行了反向替代，用高辛烷值汽油代替了低辛烷值汽油。这就好像储存在汽油心理账户中的钱不能转移到食品心理账户中，用来购买更好部位的牛肉一样。同样地，相较收到整餐优惠券的人，收到饮料优惠券的人会多花25%在饮料支出上。[5]

我们通常会区分需花费努力赚得的收入（例如，薪资）与不费力就能获得的收入（例如，礼物）。我们倾向于将劳动所得收入放入一个心理账户，而将非劳动所得收入放入另一个心理账户。并且，相对于劳动所得，非劳动所得收入更容易被花出。在不同语言中，例如，俄语、中文、西班牙语，以及埃塞俄比亚的阿姆哈拉语，都有类似"来得容易，去得快"的这种表述。在坦桑尼亚农村居民中，这种区分很明显，他们将劳动所得收入花在主食上，而将非劳动所得收入花在衣物、酒类、烟草和副食上。[6]

金钱来源也会影响人们承担风险的意愿。在一项实验中，一群韩国人和一群英国人都被分成两组：辛苦赚钱组与获得横财组。在辛苦赚钱组中，受试者只有在完成需耗费体力的工作后才能获得一定量的金钱（在30分钟内削25个土豆或制作9个信封）。获得横财组中的受试者以礼物形式获得等量金钱。结果相比获得横财组，辛苦赚钱组中的受试者所做的选择风险更小并更有耐心。[7]

❏ **赢者诅咒中的框架**

框定型错误同样是导致赢者诅咒的原因，即拍卖的赢者对所购之物（例如，油井）支付的价格过高。考虑有许多竞价者，他们对未钻探的油井进行估值。每一个估计值都包含未知的油井真实价值（如1亿美元）和误差，该误差会使得估计值过高或过低。被诅咒的赢者是估计误差最高的竞价者，他或许支付了2亿美元。

正确框定拍卖的竞价者，了解赢者诅咒现象。他们知道其对油井价值的估计有可能同时包含真实值和误差，误差可能会抬高油井的估计价值，使之超过其真实价值。因此，他们会相应降低报价，使之低于估计值。未正确框定拍卖的竞价者会犯框定型错误，他们没有降低报价，当他们的报价最终获胜时，非常有可能付价过高。

然而，选择提交一个高拍卖报价并非总是一种错误。实际上，报价选择说明了欲望和错误之间的差异。对竞价者而言，油井不太可能会产生表达性和情感性收益，并且对不同竞价者，油井的功利性收益很可能是相同的。因此，报价超出油井的功利性收益很可能反映了错误。但是，特定的房子、油画以及老爷车很有可能会产生表达性和情感性收益，这些收益因竞价者不同而不同。因此，对特定房子、油画以及老爷车等的高报价或许反映了想获得这些收益的欲望，而非错误。

□ 货币幻觉中的框架

在货币幻觉中，框定型捷径也会变成框定型错误。货币幻觉是指使用货币的名义单位代替"实际的"经通胀调整的货币单位。当通胀率为3%时，名义工资上涨2%意味着实际工资下降1%；而当通胀率为0时，名义工资上涨1%意味着实际工资上涨1%。然而，通常我们感觉前者要好于后者，因为我们用名义货币单位来诠释工资升降，这时薪水增长2%要好于1%。

20世纪70年代的情景喜剧《全家福》（*All in the Family*）中有一个情节，阿奇·邦克兴高采烈地向妻子伊迪丝、女儿格洛里亚以及女婿迈克尔讲述高通胀时期的一份劳工协议。

伊迪丝："阿奇，你的工资涨了很多吗？"
阿奇："伊迪丝，是上涨15%的三年期合同。"
迈克尔："阿奇，生活成本自动调整条款是啥？"
阿奇："去它的自动调整条款，我们稳稳当当地上涨了15%。别让我现在生气。"

当阿奇和伊迪丝离开后，迈克尔对格洛里亚说：
"我并不想在他高兴的时候泼冷水，但和以前相比，他现在的状况一点儿也没变好……还记得报纸上说去年生活成本上涨了12%吗？今年还会上涨8%。这就20%了。阿奇认为自己涨了15%，但他已经落后了5%。"[8]

在实际减薪降低功利性收益时，货币幻觉会有助于保有表达性和情感性收益。这是中央银行偏爱适度通货膨胀的原因之一，例如，偏爱2%的年通胀率胜过零通胀。当通胀率是2%时,1%的名义加薪意味着实际减薪1%,但是,由于货币幻觉,人们将其错误理解为加薪1%。

货币幻觉还可以使由货币贬值导致的实际工资削减,比名义工资削减更容易被人们接受。考虑下面的例子,假定和从前一样,希腊的货币仍然是德拉克马,其对欧元的汇率是2。设想有一个雇员每年挣10万德拉克马,合5万欧元。德拉克马兑欧元的汇率从2贬值到4,会导致此段时间该雇员的实际工资降低50%,即从5万欧元降到2.5万欧元。然而,该雇员不太可能高声抱怨,因为其名义工资仍为10万德拉克马。

现在设想雇员的薪水以欧元支付的情况,该雇员每年挣5万欧元。削减其实际工资50%,要求将他的名义工资降到2.5万欧元。这很可能导致怨声载道、街头示威以及社会和政治动乱。

房产的持有期很长,可能累积巨幅通胀,这助长了货币幻觉。丹麦研究者做了一项简单的实验,他们明确给出房产持有期的累计通胀率,用以剔除计算时它们可能产生的错误。[9]

其中一个场景为,"玛利亚花200万丹麦克朗买了一栋房子。几年后,玛利亚将其售出。在其拥有该房产期间,通胀率为31%(即在此期间,整个社会的价格水平上升了31%)。房子卖了251.52万丹麦克朗(比其买价高出25.8%)。"研究者让人们从1级到15级中选出该房产买卖的获利程度。

对该场景和其他类似场景的回答中,实验者发现,有17%的人不受货币幻觉影响:他们对获利程度的评价不受名义货币表述的影响;但有60%的人的评价受到了货币幻觉影响,他们没能得出以下结论:由于用实际货币来计算损益时玛利亚是亏损的,所以房屋买卖并未获利。此外,CRT测试得分较高的人不容易受货币幻觉影响,这与下述观察相一致:在使用直觉型系统1找到答案后,CRT测试得分高的人通常会停一停,再使用深思型系统2得出最终结论。

当名义货币单位和实际货币单位之间的差距变得很大,对生活产生重大影响时,人们会被迫努力克服货币幻觉。1975年以色列的通胀率是111%,1984年通胀率为445%。以色列人的反应是用美元对所有产品定价,大到房子、汽车,小到许多价值不高的物品。然而,在克服一种货币幻觉的过程中,以色列人又屈从于另一种较小一些的货币幻觉——他们忽略了美国的通货膨胀。

该通胀率在 1979 年是 11.3%，而在 1984 年是 4.3%。

后见之明型捷径与错误

好的后见之明型捷径会使我们重复带来好结果的行为，并避免带来坏结果的行为。我们帮助了朋友，随后他们反过来又帮助了我们。于是我们就知道了，施以恩惠的结果可能是回报以恩惠。然而，后见之明型捷径也可能变成后见之明型错误，这时有明显的随机性和运气使得过去和未来事件之间，以及行动和结果之间的联系弱化。

运气好的时候，开快车让我们更快到达目的地；但运气差的时候，开快车让我们收到超速罚单或产生更糟的结果。后见之明型错误会误导幸运的司机认为，开快车总是让他们更快到达目的地；误导不幸的司机认为，开快车总是让他们收到超速罚单。同样，后见之明型错误也会误导幸运的交易者认为，快进快出总是让他们更快盈利；误导不幸运的交易者认为，快进快出总是会带来损失。

心理学家巴鲁克·菲施霍夫（Baruch Fischhoff）首次引入了后见之明型捷径与错误，他写道："在事后，人们总是夸大在事前能预料到的（事物）……人们认为，与实际情况相比，其他人本应该能更好地预测事件。为了在事后夸大事前会知道的，他们甚至会记错自己所做的预测。"[10]

菲施霍夫讲述了其关于后见之明型错误的第一次实验，当时尼克松总统打算动身访华，开启历史性的访华之旅。菲施霍夫让人们预测这次旅行获得各种结果的概率：尼克松是否会和毛泽东主席会面？尼克松是否会宣称该次旅行是成功之旅？访问过后，他再次询问相同的人他们在访问之前预测这些结果的概率。菲施霍夫发现，人们回想起的对结果预测的准确度总要高于他们最初的预测。

后见之明型错误的一种表现是，低估股票价格的波动性。当观察到意外的高收益或低收益时，能够克服后见之明型错误的人会提高他们对波动性的估计，但受后见之明型错误误导的人则不能理解此类高收益是意料之外的。相反，他们认为他们早知道会这样。一项实验发现，后见之明型错误会导致学生低估股票价格的波动性,也会使得投资银行业者的业绩产生偏离。与人们预期的一样,后见之明型错误倾向性较高的投资银行业者的业绩要差于倾向性较低的投资银行业者。[11]

❏ 事前与事后看苹果股票

2003年4月1日,你本能以14美元每股的价格购买苹果公司的股票,然后在2012年7月31日,以每股610美元的价格售出。实际上,如果考虑到2005年的拆分(一股苹果股票被拆分为两股),2003年的股票价格大约只有7美元。2003年4月1日,投资苹果股票1美元,到2012年7月31日会增长到88.39美元,年收益率令人震惊,为61.64%。在同样的时段里,投资标准普尔指数1美元仅会增长到1.96美元,年收益率为7.49%。在2012年8月20日,《华尔街日报》写道:"苹果现在成为美国有史以来最大的公司。"苹果公司股票的总值不仅高于当时任何一家其他美国公司的股票总值,也高于1999年12月微软公司股票价值达到的历史最高值。[12]

一些投资者在事前预见了苹果股票的高收益率,或者至少有模糊的感觉。2003年4月16日,一位投资者历数了苹果公司的CEO史蒂夫·乔布斯的成就,公布在雅虎的论坛上:"OS X、iPod、iLife、iMac、PB、Pixar、Mac、AppleⅡ等等。我认为对我的资金而言,他是全世界最好的。"但是,另外一位投资者在同一天写道:"乔布斯做事毫无头绪……该光荣退休了,还是让其他人挽救这个乱成一团的公司吧。"另一个人写道:"由于[乔布斯的]'领导',苹果一团糟。但是,好家伙,他很有'个人魅力'。哈哈哈!"[13]

苹果的股价在2012年9月达到了顶点,每股超过700美元,但是,到2013年1月底便降到460美元以下。该月苹果公司电子留言板上的评论表明,相比先见之明,后见之明要更加明显。在2012年9月10日,一位投资者写道:苹果公司的股价"不会再下跌那么多……反而可能回调几个点……对成功我一直信心满满,因为只要稍微有点头脑的人都知道,1月份苹果股价会轻松达到800美元。"但是,另外一位投资者表现出了先见之明,他在2012年9月12日写道:"你们这些家伙还想再赚多少呢?请在股票历史中给我找另外一张类似地,且没有崩盘的走势图。那是不存在的。"

投资者在事前,即2003年4月1日,真的知道苹果的股票会表现如此之好,即到2012年7月31日每1美元投资会增长至超过88美元吗?他们在事前会知道Terra Nitrogen公司的股票将表现得更好,在相同的时间段1美元投资会增长至超过99美元;Monster Beverage公司的股票表现得还要更好,1美元投资会增长至超过243美元吗?

如果投资者们全都有完美的先见之明,那么在2003年4月1日苹果股票的售价会是多少?当我们这样考虑问题时,就能看到后见之明型错误的迹象。该价格会在315美元左右,是实际价格7美元的45倍。此后,苹果股票价格会按复利7.49%(即S&P 500指数的年收益率)增长,在2012年7月31日达到其实际价格610美元。苹果股价在2003年4月1日仅为约7美元而非315美元的事实表明,我们是事后,即2012年7月31日才知道苹果的好运气的,而非关键的事前时刻2003年4月1日。

证实型捷径与错误

证实型错误会误导谚语故事中的狗相信,是自己的叫声赶走了UPS卡车。狗可以通过寻找证伪性证据来验证其信念。当UPS卡车下次停在私人车道时,若狗不叫会怎么样呢?如果卡车未走,则这是证实性证据;但是,如果卡车走了,则为证伪性证据。①

投资行为中存在大量的证实型错误。认为自己能够挑选出盈利股票的投资者,通常会忘记他们的亏损记录。他们记录自己投资的盈利股票作为证实其股票挑选能力的证据,但是不记录可作为证伪性证据的亏损股票。一些投资者做得更过分,他们会变现收益,将其作为自己筛选股票能力的证实性证据,同时避免做实亏损,并且认为未做实的亏损完全不是亏损。他们从不勇敢正视作为证伪性证据的亏损。

证实型错误误导投资者做出恶化收益的选择,而他们却预期自己的选择会增加收益。在韩国最大的网络论坛社区中,相互交流的投资者在处理论坛

---

① 译者注:疑有误,"狗一叫,UPS卡车即走"这一论断的证伪性证据应为"狗叫时,UPS卡车未走"。

上的信息时犯了证实型错误。他们会忽略证伪性事实和意见或者赋予其很小权重。犯更多证实型错误的投资者期望更高的收益率，交易更加频繁，但是实现的收益率也更低。[14]

有证据表明，大部分兼并不会增加兼并发起公司的价值，因而证实型错误可能是导致一些经理人决定兼并另一家公司的原因。许多兼并实际上会减少公司价值。在一组实验中，商科大学生和企业经理人同处于发起兼并与收购的决策地位，并同时考虑三个研究案例。这些案例描述了收购与被收购公司的业务以及兼并与收购的潜在动机。受试者可以使用互联网访问相关的网页：竞争与市场份额、财务状况、整合问题、法律与监管问题、运营协同效应、并购发起公司信息、目标公司信息、税收影响以及最终决策。点击各项链接就可以直接转入包含相关信息的网页。[15]

实验发现，经理人搜寻的兼并与收购信息不同于学生，并且评估信息的方式也有所不同。相比学生，经理人浏览的网页更少，并且在看到信息后改变想法的可能性更小。这种差异并非由于经理人消化信息比学生更快导致，而是因为经理人根本就没有浏览某些信息。

在评估交易规则的有用性方面，证实型错误也很明显。一种此类交易规则是基于看跌情绪指数（Bearish Sentiment Index）进行交易，该指数根据投资通讯撰写者的股市预测编制。看跌情绪指数指人们对于股票市场的未来走向，持悲观（预期股市下跌）意见者数量与（乐观或悲观意见的）总人数的比例。对看跌情绪指数的反向使用要求在该指数高的时候买入股票，该指数低的时候卖出股票。

对该假说（即看跌情绪指数能够预测股市的升降）进行检验，可将观测值分为四组，如表3-1所示。第一组为"上涨命中（positive hits）"——预测股市上涨后，股市真的上涨。第二组为"下跌命中（negative hits）"——预测下跌后真的下跌。第三组为"错误的上涨预测（false positives）"——预测上涨后实际下跌。第四组为"错误的下跌预测（false negatives）"——预测下跌后实际上涨。当我们赋予证实性证据（即上涨命中和下跌命中组）过高权重，而赋予证伪性证据（即错误的上涨预测和错误的下跌预测）过低权重时，我们就犯了证实型错误。

表 3-1 股票价格变动预测及其实现

预测 \ 实际	股价上涨	股价下跌
股价将上涨	上涨命中	错误的上涨预测
股价将下跌	错误的下跌预测	下跌命中

实际结果是,看跌情绪指数上涨命中和下跌命中的数量与错误的上涨和下跌预测的数量大致相当,表明看跌情绪指数和随后的股市升降之间不存在可靠的关联性。导致人们执意相信看跌情绪指数有用的原因,可能源于使用者的证实型错误,他们仅关注证实的情况而忽略了证伪的情况。[16]

证实型错误可能导致非常糟糕的后果。有罪假设会导致无辜之人被定罪。调查者首先根据信念或某些证实性证据得出嫌疑人有罪的结论。然后,他们对嫌疑人进行责难性审讯。最后,他们强迫嫌疑人认罪。在审查模拟刑侦档案时,事前认定嫌疑人有罪或无事的调查者倾向于搜寻证实性证据,并将模糊的证据进一步解释为证实性证据。[17]

能缓解认知失调的动机型推理(motivated reasoning)会驱使我们犯证实型错误。认知失调是我们在面临否定自己看法的观点或事实时,所感到的不适。房屋建在可俯瞰大海的峭壁上的人,对海洋造成房屋腐蚀风险的证据,倾向于赋予较小权重。而下述看法:认为令人镇静的海浪声和清晨的美景并不会伴随危险,会让人更加愉悦。

动机型推理不同于缺乏动机时的推理,这在一项对 30 人进行的功能性神经造影实验中明显可见,在 2004 年的总统竞选中,这 30 人分别是民主党候选人约翰·凯瑞(John Kerry)和共和党候选人乔治·W. 布什(George W. Bush)的忠实拥护者。实验中,让他们需要评估不利于自己支持的候选人和不利于另一名候选人的信息。动机型推理倾向于使凯瑞的支持者对不利于凯瑞的信息赋予较小权重,而使布什的支持者对不利于布什的信息赋予较小权重。动机型推理与大脑中下述部位的激活有关:腹内侧前额叶皮质、前扣带回皮层、后扣带回皮层、脑皮质和视觉皮质。[18]

锚定和调整型捷径与错误

在评价待售房屋时,我们会首先算出相同社区内近期销售房屋的平均价格。我们使用此平均价格作为锚,然后上下调整我们的估计值以反映某些事实,例如,某房屋有四个卧室而均价房屋只有三个卧室;某房屋所在的街道不如均价房屋等。

在一项关于量度的实验中,我们看到锚定和调整型捷径与错误在起作用。你认为中国香港启德机场的跑道比7.3公里长还是短?现在请估计一下,一辆全新带空调的双层巴士的价格是多少?60名中国香港大学的学生被问到这两个问题。询问另外60名中国香港学生相同的跑道与巴士问题,只不过在跑道问题中,7.3公里变为7 300米。一条7.3公里的跑道和7 300米的跑道一样长,并且在每一组中都有约2/3的学生正确回答了这个问题:认为启德机场的跑道要比7.3公里或7 300米短。[19]

我不知道双层巴士的价格,你很可能也不知道。实际上,之所以选择这个问题就是因为很少有人知道它的价格。但是,如果被实验者在给出答案时不受锚定和调整型错误误导,那么7 300米组受试者对双层巴士的平均估计价格应约等于7.3公里组的平均估计价格。然而,结果表明7 300米组的平均估计价格要大大高于7.3公里组。很明显,7 300米组中的受试者受到了锚定和调整型错误的误导,小组成员锚定在不相关的7 300这个数字上,调整时未能充分远离它。7.3公里组中的受试者同样受到了锚定和调整型错误的误导,他们锚定在不相关的7.3这个数字上,调整时也未能充分远离它。

心理学家阿莫斯·特韦尔斯基和丹尼尔·卡尼曼给出了一个关于锚定和调整型捷径与错误的问题,或许我们能从中获得一些启示。

在5秒钟内估计一下 $1×2×3×4×5×6×7×8$ 的积是多少?

我们很可能是这样做的:先估计1乘2,得到2;接着用3乘2,得到6;然后用4乘6,得到24。这时5秒钟用完,我们跳到估计值,或许是500,甚至1 000。但很可能我们跳得仍不够远,正确答案是40 320。这就好像我们被很短的锁链锚定在乘法运算得到的最后一个数字结果上,未能充分调整答案。

特韦尔斯基和卡尼曼发现人们的平均估计值为512。

如果我们在5秒钟内计算8×7×6×5×4×3×2×1的乘积的估计值。用7乘8时我们得到56；用6乘以56时我们得到300多。相比上一个问题，在这种问题形式下，当跳到估计值时我们锚定在一个更大的数字上。特韦尔斯基和卡尼曼发现，在这种问题形式下，人们的平均估计值是2 250，仍然远低于正确答案40 320，但是，却大大高于第一种形式下的平均估计值512。[20]

当我和我的合作者罗杰·克拉克（Roger Clarke）研究道琼斯工业平均指数（DJIA）时，我们发现自己也会犯调整和锚定型错误。DJIA在1986年被采用，当时为41点，到1998年年底达到9 181点。DJIA与S&P 500指数和几乎所有其他指数类似，是一种资本指数——指数中没有考虑支付给公司股东的红利，没有按时间对红利的再投资进行复利运算。现在考虑一种新的DJIA，其中，要对红利进行再投资，并随时间按复利折算。请在5秒钟内估计一下，使用该种复利折算的DJIA在1998年年底达到的水平。正确答案是652 230。[21]

在1998年结束后不久，我和克拉克开始首次研究上述复利折算后的DJIA，当时我们觉得自己在计算过程中肯定有某些地方算错了。在心算的时候，由于了解复利会快速且强力发挥作用，我们从1998年年底DJIA指数9 181点的水平开始，让它乘一个较大的数，比如说20。但是，我们选择的数字还是过小了。我们被很短的锁链锚定在9 181点的水平上，没有进行充分调整，没有让它乘以70多。

锚定和调整型错误在许多金融环境下十分明显。货币市场服务公司（Money Market Services, MMS）给出的经济预测，得到了专家们的共识，这些经济预测会锚定在前几个月的数据上，并且错误严重。[22] 股票交易者使用52周高价——前52周的最高价格，作为锚和参照点，在此基础上对新闻消息的潜在影响进行评估。当好消息推动股价接近52周高价时，交易者便不愿意提出更高的报价，即使消息能确保价格会升得更高也是如此。当坏消息压低股价接近52周低价时，交易者也不愿意在坏消息隐含的低价水平上售出股票。[23] 同样的，当股价接近52周高价时，分析师降级该股票的可能性要比其他时间高出32.7%。[24]

对长期收益率的预测会锚定在近期收益率上。在斯堪的纳维亚地区进行的一项实验中，相比专业人士，学生的预测值被更短的锁链锚定在近期收益率上。但是，即使是专业人士，其锚定和调整型错误也很严重。此外，专业人士并未意识到他们自己容易受到锚定和调整型错误的影响。[25] 同样地，在Bidz.com网上参与拍卖的竞价人会锚定在公布的"一口价（'buy now' prices）"上。对于同样的物品，在"一口价"较高时，竞价人提交的物品报价要高于"一口价"较低时。[26]

锚定和调整型错误还会阻止我们购买有免赔额的保险合约。[27] 在评估有免赔额的保险合约时，无免赔额保险合约的价格是一个自然的锚定点。考虑一下对梅赛德斯S-600所上的无免赔额的保险合约，其价格为每年2 000美元。如果我们锚定在2 000美元，并预期有500美元免赔额的保险合约需花1 500美元，那么我们会认为价格为1 900美元的此种保险似乎定价过高了。2 000美元的锚会妨碍我们调整计算值，未注意到一年中出现事故，并不得不支付这不予赔付的500美元的概率很小。

锚定和调整型错误让我们对纳西姆·塔勒布（Nassim Taleb）所描述的、据说很罕见的黑天鹅事件感到十分震惊。[28] 在20世纪80年代，人们对日本的固有印象是——一个在孱弱的美国面前隐隐出现的巨人。在20世纪90年代，伴随着苏联的解体，我们对美国的固有印象是——一个无敌的超级大国。在21世纪初，我们坚定地认为，可以用廉价抵押贷款购买的房产价格会不断上升。结果我们发现房价可以下跌，并能搞垮超大型金融机构，比如房利美、房地美、贝尔斯登和雷曼兄弟。

》代表性捷径与错误

代表性（representativeness）捷径与错误类似于"鸭子测试"中的捷径与错误。代表性信息倾向于使我们得出如下结论：如果某个东西长得像鸭子，游泳像鸭子，叫得也像鸭子，则它很可能就是只鸭子。但是，基础比率（base-rate）信息可能表明该结论是无根据的，因为有很多禽类长得像鸭子，游泳像鸭子，叫起来也像鸭子，但并不是鸭子。

第 3 章 认知型捷径与错误

在你正吃晚饭的时候某个电话推销员打来电话，说要向你提供一次免费旅行的机会。你是会听完整个广告宣传还是会迅速挂断电话呢？在我们进行是否继续倾听下去的决策时，我们会充分考虑两类信息。第一类是代表性信息——对值得继续倾听的电话推销员集合，这个电话推销员的代表性如何？第二类是基础比率信息——打断我们的晚餐，但仍然值得继续倾听的电话推销员的比例。基础比率信息告诉我们没有多少销售的说辞值得我们继续倾听，于是我们会放下电话，即使这个电话推销员的嗓音令人愉悦。

阿莫斯·特韦尔斯基和丹尼尔·卡尼曼通过对史蒂夫的描写，很好地说明了代表性捷径与错误：史蒂夫非常腼腆，少言寡语，很乐于助人，却对他人或者这个现实世界没有兴趣。他们请人们评估史蒂夫是农民、推销员或图书管理员的概率。使用代表性捷径的人会根据史蒂夫对农民、推销员或图书管理员的代表性程度来进行评估。大部分人得出的结论是：史蒂夫是图书管理员的概率要高于他是农民或推销员的概率，因为，史蒂夫更能代表人们对图书管理员的刻板印象。如果图书管理员的基础比率——他们在人口中的比例，大于或者等于农民或推销员的基础比率，则该结论就是恰当的。但是，如果图书管理员的基础比率低于其他职业的基础比率，则该结论是不恰当的。图书管理员较低的基础比率意味着我们对史蒂夫是图书管理员这个事件应该估计一个较低的概率，低于实验中给出的估计值。[29]

伊丽莎白·霍尔姆斯（Elizabeth Holmes）是史蒂夫的现实版。霍尔姆斯创办了一家公司 Theranos，该公司提供一种技术：通过一小滴指血采样进行大范围的实验室检验，不再需要进行静脉抽血。公司筹集了超过 4 亿美元的风险资本，而霍尔姆斯的个人资产达到了 45 亿美元。随后，该技术的有效性以及公司的发展能力遭到了质疑。[①] 财经新闻工作者詹姆斯·斯图尔特向我们描述了一些代表性信息要素。

和比尔·盖茨、史蒂夫·乔布斯和马克·扎克伯格一样，霍尔姆斯女士

---

① 译者注：2016 年 6 月 1 日，福布斯网站将霍尔姆斯的净资产估值从 2015 年的 45 亿美元下调至 0。因公司核心业务涉嫌欺诈，她创办的 Theranos 公司目前正在接受多家机构调查。

也从大学辍学。和史蒂夫·乔布斯一样，她穿着如出一辙的黑色高翻领毛衣，这表明她所想的是比穿什么更崇高的事情……和乔布斯先生一样，她对饮食很挑剔……并且与谷歌的联合创立者拉里·佩奇和谢尔盖·布林（使命为不作恶），以及马克·扎克伯格（使命为连接全世界）一样，她的使命同样崇高。就如她反复强调：我憧憬着一个有完善的卫生保健系统的世界，在这样一个世界里，"没有人会过早说再见"。

Theranos 公司也有一个宣传口号："一小滴改变一切。"[30] 但是 Theranos 公司的投资者或许忽视了对基础比率信息的考察，即失败的风险项目数量与成功如比尔·盖茨、史蒂夫·乔布斯、马克·扎克伯格、拉里·佩奇和谢尔盖·布林的风险投资项目数量之间的比例。

依据严格和无偏检测，以及对数千名使用者的体验调查，《消费者报告》（Consumer Reports）向消费者推荐汽车、洗碗机和电脑产品。这些检测和调查形成了部分基础比率信息。这些信息或许会很方便地使我们得出如下结论——排行榜榜首的洗碗机（比如，惠尔浦）是高质量的。设想你购买了推荐的惠尔浦洗碗机，然而却大失所望，因为它洗不干净盘子，而且很容易出故障。这是代表性信息。如果你得出结论：所有惠尔浦洗碗机都是有缺陷的，那么你就犯了代表性错误。因为事实更有可能的是你买的洗碗机只是意外，这时换一台惠尔浦洗碗机才是明智的选择。

考虑在评估健康风险时，代表性信息和基础比率信息的影响。基础比率信息反映了总人口中某疾病的普遍程度，而代表性信息反映了个体身上该疾病的症状。研究结果发现，当某种疾病在人口中的基础比率较高，但代表性信息表明其健康风险较低时，人们很可能低估其健康风险。相反，当某种疾病在人口中的基础比率较低，但代表性信息表明其健康风险较高时，人们很可能高估其健康风险。[31]

在评估金融风险，例如，与数据泄露相联系的财务欺诈风险时，我们也能看到代表性信息和基础比率信息的影响。基础比率信息反映了在总体中数据泄露的普遍性，而代表性信息反映了消费者个人是否受到数据泄漏的影响。受 2012 年南加州税务局数据泄露直接影响的消费者中，有非常大的比例之后立即进行了防欺诈保护。相反，那些没有受到数据泄露直接影响但接触到相关新闻的消费者却几乎没有什么反应。即使在受数据泄露直接影响的消费者中，数据泄露的新闻产生的增量效应也很小。[32]

代表性错误也反映在对偶然性的误解上，因为我们期望随机序列（不管是长序列还是短序列）的结果要能代表随机性，这会误导我们认为自己找到了随机序列中的规律。我们认为硬币抛掷序列 H-T-H-T-H 要比 H-H-H-T-T-T 更有可能出现，因为前者看似更能代表随机性。然而，两个序列出现的概率是相等的。我们误认为自己找到规律的两个有名的例子是"热手谬误"模式和"赌徒谬误"模式。在前一模式中我们期望序列会持续，而在后一模式中我们希望序列会逆转。

彩票玩家会回避那些最近被抽到的数字，这符合赌徒谬误；而倾向于选择连续几周被抽到的数字，这符合热手谬误。[33] 彩票玩家会将拟选的 4—6 个数字相对均匀地分布在可能的取值范围内，偏爱选择位于待选数字列表中间的数字，而避免选择位于边缘的数字，并且倾向于选择记忆中已有的数字。玩家喜欢选择与个人有关的数字，在形成数字组合时，会着眼于对称性和美感。罗吉尔·多特·范·隆（Rogier Dotler Van Loon）及其合著者写道："总之，我们的结果表明，被赌徒选中的彩票数字，主要受赌徒的注意力，以及其寻开心、对随机性的误解驱动。"[34]

业余投资者倾向于对近期投资收益进行推测，就好像收益产生过程有时符合热手现象，而有时符合冷手现象。他们期望过去的高收益伴随着未来的高收益，于是从过去的高收益推测得到未来的高收益。而且他们期望过去的低收益伴随着未来的低收益，从过去的低收益推测得到未来的低收益。

盖洛普（Gallup）调查每月都会询问投资者两个问题："过去 12 个月，你的资产组合的总体收益率是多少？"以及"未来 12 个月，你预期你的资产组合的整体收益率是多少？"结果表明，平均而言，投资者根据过去资产组合的收益率推测未来的收益率，参见图 3-1。[35]

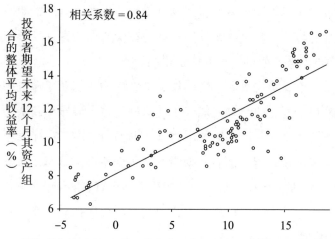

图 3-1 投资者根据过去资产组合收益率推测未来资产组合收益率
（1998 年 6 月—2007 年 12 月）

交易者在估计图表中看到的股价序列方差时，代表性错误也很明显。这些错误会误导他们根据代表性信息——序列的最高和最低价格来推断方差，而赋予其他价格较小权重，但这些其他价格与最高和最低价格一起构成基础比率信息。对于最高和最低价格比较极端的序列，即使实际上不同序列分布的均值、方差和其他参数相同，交易者也会推断其方差更大。此外，经验不会消除代表性的影响。实际上，在受教育程度更高、全职工作、交易更频繁、有更多交易经验以及所交易证券种类更多的交易者中，代表性错误反而更加明显。[36]

当法官们努力让判决更公平时，由代表性错误引发的错误感知会导致其做出不公平判决。在连续批准避难申请后，赌徒谬误使法官倾向于否决避难申请，而在连续否决后倾向于批准避难申请。信贷员和垒球裁判也同样如此。[37]

对股票和其他投资工具的技术性分析，涉及在过去价格序列中寻找规律来预测未来价格。在图 3-2 中，伯克希尔 - 哈撒韦公司的每日股票价格看起来并不具有随机性。相反，它似乎代表一种下跌模式，这会导致技术分析师推荐买入或卖出其股份。但是，从伯克希尔 - 哈撒韦股票的这些价格中得出的股票日收益率（参见图 3-3）表明了一种代表随机性的模式。

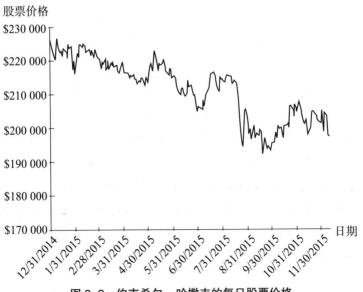

图 3-2 伯克希尔－哈撒韦的每日股票价格

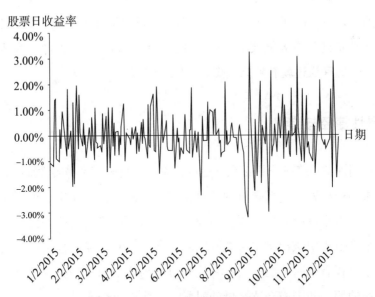

图 3-3 伯克希尔－哈撒韦的股票日收益率

一项早期研究发现,流行的技术分析交易规则,例如,移动平均规则(moving average rule),在以 1986 年为结尾的某段时期会产生额外收益。[38] 但随后一项对 1986 年之后时期的研究没有发现该规则会产生额外收益的证据。这表明在早期研究中，发现的额外收益很可能是一种代表性错误，即在随机序列中发现了规律。[39]进一步研究发现，额外收益明显地在1986年后立即消失，这进一步支持了上述看法，而且表明下述情况并不成立——在1986年以前规律存在，但随后由于交易者利用规律获取额外收益，这种套利行为导致规律消失。

当人们在形成预期时，代表性错误会增加交易量。在认为交易是技能型游戏的交易者中，这种增加尤其明显。由于股票收益急剧波动，被代表性误导的投资者会突然改变预期，为进行有损于收益的交易提供理由。[40]

梦幻体育游戏网站 Draft King 和 Fan Duel 上的玩家认为，交易是一种技能型游戏。他们选择最有可能胜出的运动员，并且在这些运动员获胜后获得奖励。许多梦幻体育游戏网站的玩家十分上瘾，输了很多钱。《纽约时报》的一篇文章标题为"对于上瘾者，梦幻游戏网站会通往毁灭之路"。乔希·亚当斯（Josh Adams）在最终戒除梦幻体育游戏时，已经欠了朋友和家人3万美元。美国全国赌博问题协会（National Council on Problem Gambling）的执行董事基斯·怀特（Keith Whyte）说："赌博心理咨询师说，如果梦幻游戏公司不将其游戏描述为主要靠技能的话，他们就能更容易地帮助像亚当斯先生这样的人。仅这种描述就有致瘾风险。"[41]

》易得性捷径与错误

当我们评估拟搭乘飞机正点到达的概率时，我们使用易得性捷径，此时，我们在头脑中检索自己搭乘过的航班正点到达的比例，而未意识到在全部航班中这个比例很可能有所不同。当我们根据自己的搭乘经验评估此概率而未意识到全部航班中该比例很可能不同时，我们就犯了易得性错误。当我们的头脑检索过程有偏时（例如，只有战胜市场的朋友向我们分享其故事，而落后于市场的朋友却未必会这么做的时候），我们也会犯易得性错误。当我们的信息搜寻过程效果不佳时，比如，只搜寻头脑中已有的基金业绩记录，而未搜寻所有基金的业绩记录，我们也会犯易得性错误。

易得性捷径和错误来自于丹尼尔·卡尼曼所描述的这样一种信念，即"你所见到的就是一切"。[42]注意力是一种稀缺资源。我们会受到易得性信息，尤其是鲜活信息的吸引，以此来节约注意力。我们通常不会问这些信息是否就是一切，更别说搜寻额外信息了。

易得性捷径与错误在政治舞台上也很明显。在 1996 年 10 月到 2000 年 11 月期间，20% 的美国小镇的有线电视节目引入了较保守的福克斯新闻频道。在这些城镇，福克斯新闻频道的易得性导致共和党得票数量增加了 3%—8%。[43]

业余投资者经常购买引人瞩目的股票，例如，新闻报道的股票、有极端交易量的股票以及有极端日收益率的股票。这种受注意力驱动的购买行为源于下述困难，即投资者要在可购买的成千上万只股票中进行搜寻。在卖出股票时，投资者不会遇到类似的困难，因为他们只是在已经拥有的股票中售出少数股票。[44]

在工作场所，往往会发生由易得性错误驱动的交易行为。员工们所购买的股票会很相似，因为他们会相互告知相关信息。然而，在同事大量购买时，所购买的股票不会产生更高的收益率。此外，社会互动会限制分散化，增加风险，但却不会提高期望收益。[45]

相比非整数，人的大脑更容易想起整数，这会导致易得性错误。提交"限价"指令购买股票的交易者会设定一个他愿意支付的最高价，例如，一个非整数 99.78 美元或者一个整数 100 美元。类似地，提交"限价"指令售出股票的交易者会设定一个他愿意接受的最低价格。限价指令会明显地聚集在整数价格上。最常出现的限价指令价格水平是 100 的整数倍，接着是 50 的整数倍和 10 的整数倍。业余交易者们尤其容易将限价指令聚集在整数价格水平上，并且他们所获收益率较低。[46] 对于名字在字母表开头的公司，易得性错误也会赋予它们一些优势。此类公司会吸引更多的交易者，尤其是业余交易者。[47]

在一项实验中，实验者让三组投资者考察虚构的艾伦基金集团的两只成功基金，然后，询问他们是否愿意再投资一只新的艾伦基金。展示给第一组投资者的信息介绍艾伦只有 2 只基金，展示给第二组的说艾伦有 30 只基金，而展示给第三组的信息没有提到艾伦的基金数量。"有 30 只基金"的信息会提醒投资者注意可能的易得性错误，但是在没有提及基金数量时，投资者却没有考虑这种可能性。实际上，在未提到基金数量以及说基金数量只有两只时，两种情况下投资者的答案并没有差异。[48]

仅当基金所购股票近期被媒体重点报道时，高收益共同基金才会吸引投资者。然而，利用媒体报道的易得性并不能帮助投资者获得更好的收益率。相反，易得性错误会放大投资者的倾向，使之蜂拥购买此类共同基金——其构成中包含近期被报道的高历史收益股票。共同基金经理会利用这种易得性错误，在基金投资结构报告日临近时购买此类股票，在业绩糟糕的共同基金中这种策略很流行。[49]

自信型捷径与错误

心理学家唐·摩尔（Don Moore）和保罗·希利（Paul Healy）将自信分为三个类别：估计、定位与精确度。[50]自信型捷径与错误与这三个类型相对应。若客观评估表明资产组合的收益率为8%，而我们预期的收益率为12%，则我们犯了"过高估计型错误"。如果预期的资产组合收益率为6%，则我们犯了"过低估计型错误"。若根据对资产组合收益率的客观评估我们属于投资者底层的40%，而我们却预期自己属于收益率最高的10%，则我们犯了"过高定位型错误"。若我们预期自己属于收益率最低的30%，则我们犯了"过低定位型错误"。若客观评估表明我们的资产组合收益率以90%的概率落入-10%至26%的区间，而我们认为其以90%的概率落入10%至14%的区间，则我们犯了"过高精准型错误"。如果我们认为其以90%的概率落入-20%至36%的区间，则我们犯了"过低精准型错误"。

过度自信可能有益。相比对自己定位客观或定位过低的谦虚之人，犯过高定位型错误的人可以享有更高的地位。[51]此外，即使人们知道这些人犯了过高定位型错误，他们也仍能维持其高地位。[52]

过高估计、过高定位、过高精准不是同一基本类型人群的不同表现形式。相反，摩尔和希利写道："它们在概念上和经验上都是有区别的。"他们还注意到自信不足也很常见（虽然不如过度自信那样常见），并且他们还确定了人们有可能出现过度自信或自信不足的环境。[53]

当我们考虑容易任务时，可能出现过低估计型错误，而考虑困难任务时，可能出现过高估计型错误。过低和过高估计型错误之所以出现，是因为我们的估计值包含误差成分。该成分有可能使我们低估简单测验成绩，但高估困难测验成绩，毕竟对于简单测验的成绩 A，我们不可能再高估，但对于困难测验的成绩 C 则可能将其高估为 B。[54] 认为投资是一种困难任务的投资者有可能高估其未来收益率。

当我们考虑容易任务时，可能出现过高定位型错误，而考虑困难任务时，可能出现过低定位型错误。开车是一项容易任务，会导致过高定位。一项经常被引用的研究发现，93% 的美国驾车者、69% 的瑞典驾车者犯了过高定位型错误。平均而言，他们将自己定位为优于平均水平。[55] 不同于驾车，杂耍和骑独轮自行车是困难任务。近期一项较少被引用的研究发现，平均而言，对杂耍和骑独轮自行车，人们倾向于将自己定位为低于平均水平。[56] 认为投资是一种困难任务的投资者有可能过低定位自己相对于其他投资者的位置。

另一项常被引用的研究发现，对于在自己身上发生的正面事件，人们倾向于过高定位，例如，拥有自己的房产。对于在自己身上发生的负面事件，人们倾向于过低定位，例如，尝试自杀。[57] 然而，近期一项较少被引用的研究发现，上述倾向——在拥有房产的可能性上对自己过高定位，在尝试自杀的可能性上对自己过低定位——更多的是由常见性特征（常见或少见）而非由效价特征（正效价或负效价）导致的。当考虑常见事件，例如，拥有自己的房产、活过 70 岁等时，我们会过高定位。但当考虑稀有事件，例如，自杀或活过 100 岁时，不管这些事件是正面还是负面的我们都会过低定位。[58] 认为自己的未来收益会高于平均值是一种常见事件的投资者，很有可能过高定位自己相对于其他投资者的位置。

在实验中，实验者通常这样阐明过高精准型错误，即让人们确定某个估计值的 90% 的置信区间，例如，波音 747 客机的重量或尼罗河的长度的置信区间。置信区间包含真实重量、长度或其他估计数值的比例仅约为 30%，而非 90%。

即使专业人士也受到过高精准型错误的困扰。金融公司高管在预测股票市场收益率时，会明显犯较大的过高精准型错误。在不犯此类错误时，实现的股市收益率会有 80% 位于高管们给出的 80% 置信区间。但是，现实中实现的收益率仅有 33% 位于 80% 置信区间。高管们在预测公司项目计划时所犯过高精准型错误越大、公司的投资额越大，则其在预测股市收益率时所犯的过高精准型错误也就越大。[59]

此外,过去进行过准确预测的经理人在预测未来时,在精确度方面会变得过度自信。特别地,在前四个季度准确预测盈利的经理人,其随后的盈利预测准确度会下降。投资者和分析师似乎意识到经理人的这种过高精准型错误,对他们以后的预测的反应强度也会下降。[60]

经理人对未来业绩的过高估计会增强他们进行财务报告欺诈的倾向。进行过高估计的经理人更有可能进行盈余管理——"借用"未来盈余以提高当期盈余。他们还会过高估计可得的未来盈余以弥补被借用的盈余。当最终发现盈余低于估计值时,他们会选择进行更大幅度的盈余管理,而非坦白承认现实。[61]犯过高定位型错误的CEO们会特别渴望收购其他公司,这会减少股东的收益而增强他们自己的地位。[62]

对过高精准实验的一种批评观点认为,实验问题与日常生活中的问题没有多少相似性。当我们动身去参加一个午餐会时,不会考虑旅途用时90%的置信区间。相反,如果准时很重要,我们会提早动身。更一般的,我们会考虑犯两种错误的成本(例如,到得太早或太晚),并考虑我们面临的不确定性(例如,旅途用时)。然而,考虑了成本和不确定性后的实验结果仍然表明,即使在人们了解相关成本和不确定性后,他们还会犯过高精准型错误。精准度过高会带来不良后果,例如,重要会议迟到、错过飞机、支票被银行拒付等。[63]

对大量英国投资者的考察结果证实三类过度自信(过高估计、过高定位、过高精准)是不同的。[64]人们有很强的倾向犯过高精准型错误。在10名投资者中,有超过8名会过高精准地估计股市收益率,并且有相同比例的投资者会过高精准地估计自有资产组合收益率。然而,并不存在犯过高定位型错误的整体倾向,只有不到一半的投资者预期自己经风险调整后的资产组合收益率会超过市场收益率。虽然有少数投资者会大大高估其收益率,但是不存在过高估计的整体倾向。虽然过高估计其资产组合收益率的投资者比例仅有50%多一点,但是,组合收益率被平均高估了4.3个百分点,如此大幅的高估是被少数投资者拉高所致。

在对美国投资者的盖洛普调查中,我们发现了更多过低与过高估计、过低与过高定位的证据。比较1998年6月股市繁荣时与2002年6月股市低迷时人们对收益率的预期。对 1998 年 6 月之后 12 个月的股市收益率的合理预期为 8.8%，这是当月 5.3% 的国债收益率与 3.5% 的"股权溢价"之和，股权溢价为有风险股票超出无风险国债的预期额外收益。我们可以将超过 8.8% 的估计看做过高估计，而将低于 8.8% 的估计看做过低估计。

盖洛普调查询问人们对随后 12 个月股市收益率的预期，并按照下述范围对预期制表：4% 及以下、5%—9%、10%—14%，以此类推直到 30% 及以上。图 3-4 展示了对 1998 年 6 月之后 12 个月的预期收益率的分布。股市预期收益率的均值为 15.2%，中位数为 12%。均值高于中位数表明非常高的收益预期在少数投资者身上很普遍。让 5%—9% 的股市收益率预期代表合理预期，因为其包含着 8.8% 这个合理预期收益率。大约有 21% 的投资者的收益率预期落入该范围。大约 3% 的投资者过低估计了收益率（为 4% 及以下），而大约 76% 做出了 10% 及以上的过高估计。

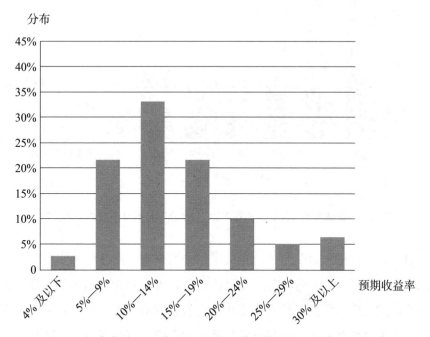

图 3-4　投资者对 1998 年 6 月之后 12 个月股市的预期收益率的分布

对 2002 年 6 月之后 12 个月的股市收益率的合理预期为 5.7%，包括 2.2% 的国债收益率和 3.5% 的股权溢价，其也处于 5%—9% 的收益率范围内。大约

40%的投资者的收益率预期落入该范围内。对此段期间股市收率预期的均值为10.3%，中位数为6%。均值高于中位数表明，与1998年6月的预期相似，少数投资者普遍存在非常高的收益预期。图3-5展示了对2002年6月之后12个月的预期收益率的分布。在2002年6月，对股市收益率的高估要比低估更普遍，但相比1998年6月，高估比例要少很多。大约28%的投资者过低估计了收益率（为4%及以下），而大约32%过高估计了收益率（为10%及以上）。相比1998年，2002年对未来收益率的较低预期对应着较低的高估比例。

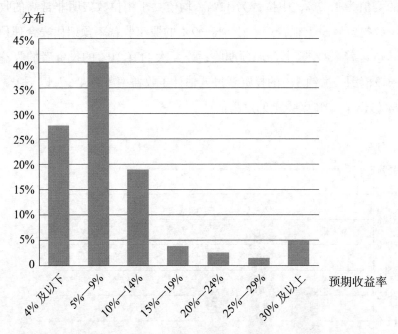

图3-5　投资者对2002年6月之后12个月股市的预期收益率的分布

对于过高定位和过低定位，比较盖洛普两个调查问题的答案会得到更多启示。如前所述，一个问题询问人们对未来12个月股市收益率的预期，另一个问题询问人们对相同时段自有资产组合收益率的预期。图3-6展示了两种预期的6个月移动平均值。过高定位要比过低定位更普遍。人们对自有资产组合预期收益率的均值要持续高于对股票市场预期收益率的均值。我们知道，不存在过高定位和过低定位的合理预期可能会使人们对自有资产组合预期收益率的均值低于对股市预期收益率的均值，因为人们的自有资产组合很可能还包括债券,其期望收益要低于股票。

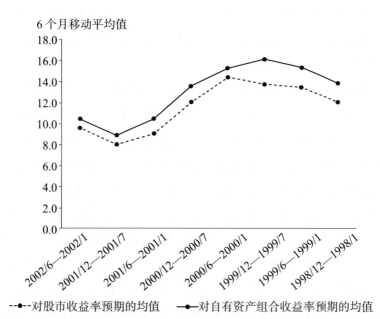

图 3-6 投资者预期的自有资产组合与股票市场的收益率的 6 个月移动平均值

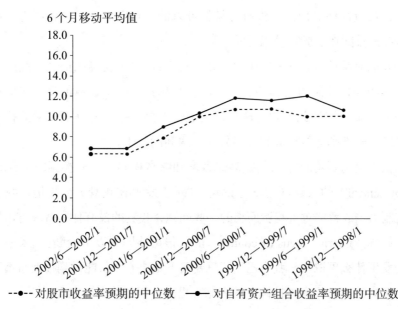

图 3-7 投资者预期的自有资产组合与股票市场的收益率中位数的 6 个月移动平均值

比较中位数而非均值的 6 个月移动平均值，如图 3-7 所示，同样表明存在过高定位，但自有资产组合与股票市场收益率的预期中位数之差要小于均值之差。此结果表明，特定组别的投资者有特别高的过度定位倾向，而不是所有人都有同等程度的倾向。

人们经常高估自己的控制力，陷入"控制幻觉"。恐怖袭击在全球越来越频繁，粉碎了人们的掌控感。以色列（一个频繁经历恐怖袭击的国家）的经验表明，对恐怖主义的关注增强了人们的掌控欲望，并导致规避行为。规避程度的大小依赖于对成为恐怖活动受害者可能性的掌控感。觉得掌控程度低的人表现出规避行为，并会相应改变其偏好和消费模式。[66]

在人们有一定控制力的环境下，控制幻觉导致的对控制力的高估有可能提高绩效，但是，在人们没有控制力的环境下则不能提高绩效。表明高估控制力会损害绩效的研究通常在人们没有控制力的环境下出现，这使得控制力不可能被低估。在一项研究中，给职业交易员以下任务：通过按键盘上的按键尽可能地提高某投资指数。交易员们被告知指数的变动部分上是随机的，但 z、x 和 c 三个按键有某些特殊效果。实际上，任何掌控感都是虚幻的，因为指数的运动是完全随机的。实验结果表明，一些交易员高估了自己的控制力，而其他人没有高估。但是，没有交易员可以低估自己的控制力，因为，任何控制力都被排除在实验环境以外了。[67]

在人们有某些控制力的环境下，例如，高尔夫球比赛或记忆力测试，一些证据表明高估控制力会提高成绩。被告知拿到一个幸运球的高尔夫球员，其得分要高于未被如此告知的球员；在记忆力测试中，允许携带幸运符的学生的成绩要好于幸运符被放置在另外一个房间的学生。[68]

高估控制力也有助于人们提高储蓄率和财富积累。有外控倾向（external locus of control）的人会同意下述论断："对于发生在我身上的事情，我没有多少控制力"或者"对于我所面临的一些问题，我真的没有什么解决方法"。有内控倾向（internal locus of control）的人很可能同意以下论断："未来在我身上会发生什么事取决于我自己""只要我下定决心，就能做到任何事情"。有内控倾向的人要比有外控倾向的人储蓄更多，积累更多养老金。[69]

结　论

认知型错误，通常在行为金融学中居于中心地位。的确，犯认知型错误的倾向构成了将人描述为非理性人的基础。然而，认知型捷径要比认知型错误更常见且更重要。这些捷径绝大多数时候会引领我们走上正途，但是偶尔它们会变成错误。关于认知型捷径与错误的知识会帮助我们在避免错误的同时利用捷径。

过度自信型错误，通常被认为是最普遍但却是最有害的认知型错误。前面提到过，普通驾驶员会将自己定位为优于平均水平，这通常会导致我们得出以下结论：普通投资者也会将自己定位为优于平均水平。然而，多数证据表明普通投资者实际上并非如此。

在金融环境下最为普遍和有害的认知型错误包括框定型、后见之明型和证实型。框定型错误令投资者将交易诠释为"公园慢跑"，而非在金融领域与更优秀的"运动员的竞赛"。后见之明型错误令投资者这样思考：未来股市的繁荣与崩溃就如同过去所发生的一样可以被清晰预见。证实型错误令投资者寻找证实性证据并赋予其过高权重，而忽略证伪性证据。对认知型捷径与错误的总结可以参见概念3-1。

概念3-1　认知型捷径与错误

框定型捷径与错误——在使用框定型捷径时，我们将复杂问题简化，并用简化问题的答案代替复杂问题的答案。当简化问题答案与复杂问题答案比较接近时，我们就正确使用了框定型捷径。当两者相差较远时，我们就犯了认知型错误。

后见之明型捷径与错误——在使用后见之明型捷径时，我们会根据过去事件预测未来事件，会预测行动的结果。当我们能根据过去事件可靠地预测未来事件时，或当我们能可靠地预测行动结果时，我们就正确使用了后见之明型捷径。当我们错误地认为我们能根据过去事件可靠地预测未来事件时，或当我们错误地认为我们能可靠地预测行动结果时，我们就犯了后见之明型错误。

证实型捷径与错误——在使用证实型捷径时，我们会考察能证实或证伪论断或信念的证据。当我们像寻找证实性证据一样积极寻找证伪性证据，并赋予两者相等权重时，我们就正确使用了证实型捷径。当我们寻找证实性证据而忽略证伪性证据，并且相比前者赋予后者更低权重时，我们就犯了证实型错误。

锚定和调整型捷径与错误——当我们估计价格、距离、重量以及其他数值时，我们会使用锚定和调整型捷径。当我们以正确的锚作为起始并据此正确调整时，我们就正确使用了锚定和调整型捷径。当我们以错误的锚作为起始并据此进行错误的调整时，就犯了锚定和调整型错误。

代表性捷径与错误——当我们使用代表性捷径与错误时，我们会通过事件与其他事件的相似性或对其他事件的代表性来评估其概率。当我们同时考虑代表性信息与基础比率信息时，我们就正确使用了代表性捷径。当我们赋予代表性信息过高权重，而赋予基础比率信息过低权重时，我们就犯了代表性错误。

易得性捷径与错误——当我们使用易得性捷径时，我们会根据头脑中触手可得的信息来评估事件概率。当所有信息在我们头脑中都可得，或者我们清楚在我们头脑中并非所有信息都可得时，我们就正确使用了易得性捷径。当在我们头脑中并非所有信息都可得且我们并不清楚其不可得时，我们就犯了易得性错误。

自信型捷径与错误——自信型捷径与错误有三种类型：估计捷径与错误、定位捷径与错误以及精准度捷径与错误。在估计、定位与精准度方面，若我们评估客观并设定客观的信心水平，我们就正确使用了自信型捷径。若我们在这些方面的信心过高，我们就犯了过度自信错误；若信心过低，就犯了信心不足错误。

CHAPTER 4
Emotional Shortcuts and Errors

第4章
情绪型捷径与错误

在金融学中,我们经常谈到情绪,这会令我们误以为"情绪"就是"情绪型错误"的简化表达方式。在进行金融选择时,我们经常被建议抛开情绪,仅使用理智。但是,这种建议既不可行也不明智。原因有二:首先,我们无法抛开情绪;其次,情绪型捷径带来的好处,要多于情绪型错误带来的害处。情绪型捷径是理智的补充,两者的交互作用是有益的,而且通常极其有益。

类似于认知型捷径,情绪型捷径也是我们头脑中直觉型的"眨眼"系统1的一部分,大多数时候,其会产生好的选择。但是,当其误导我们做出糟糕选择时,捷径就变成了错误。系统2是我们头脑中深思型的"思考"系统,当系统1产生误导时,系统2会产生更好的选择。具有人类行为类和金融事实类知识的人可以正确使用情绪型捷径,而缺乏此类知识的人会犯情绪型错误,因为他们未正确利用捷径。

恐惧是一种情绪型捷径,当恐惧缺失或被夸大时,捷径会转变成错误。当恐惧促使我们远离满脸愤怒的持刀陌生人时,当它阻止我们购买有可能因无力还款而被拍卖收回的房屋时,恐惧对我们进行了正确引导。但是,当它促使我们远离持刀切菜的朋友时,当它迫使我们在金融危机期间卖出所有股票时,恐惧对我们进行了错误引导。

举一个真实的例子:SM患有局灶性的杏仁核双侧病变,该病使她无法感到恐惧。为了令自己感觉到恐惧,SM曾做出如下尝试:接触活的蛇与蜘蛛、参观鬼屋、观看能够引发情绪共鸣的电影……但是,SM从未害怕过。对SM的现实生活进行的三个月的观察,以及其充满创伤性事件的生平(包括犯一些情绪型错误,例如接近某个吸了毒的男子,他拔刀威胁要杀了她)也明显表明她缺乏恐惧感。[1]

神经科学家安东尼奥·达玛西奥（Antonio Damasio）是这样描述躯体标记（Somatic-Marker）机制的：凭借此机制，情绪型捷径会促成合理的选择。例如，某个病人由于大脑腹内侧前额叶受损因而失去了躯体标记机制，妨碍了情绪的产生，缺乏情绪反应使得该男子不能做出简单选择，比如在两个约会日期之间进行选择。他只能不断列出支持和反对各日期的原因，从有约在先到天气等等，直到这些理由代其做出选择为止。[2]

1938年4月，查尔斯·达尔文列出了赞成和反对结婚的理由，很多人都知道这件事。赞成的理由包括："终身伴侣""美妙的音乐和女人的叽叽喳喳声"。反对的理由包括："支出受到限制"以及"损失大量时间"。然而，情绪最终还是占了上风。当艾玛·维奇伍德在1938年11月接受其求婚时，达尔文用"最重要的一天"来形容这一天。[3]

认知和情绪会交互作用，这使得到底是将捷径、错误以及选择归为情绪还是归为认知很是困难。理智告诉我们，飞行要比长途驾车更加安全，但是，有些人仍选择驾车。做出驾车的选择可以归因于认知：相比汽车相撞，飞机坠毁的形象在头脑中更加清晰；可以归因于情绪：飞机坠毁会引发更强烈的恐惧感；也可以归因为两者的结合。

情绪、心境和情感

情绪（emotion）、心境（mood）和情感（affect）（参见概念4-1）通常混杂在一起。但是，它们在强度、持续期、聚焦对象和效价（正效价或负效价）方面有所不同。在2009年年初，当我们聚焦于股票市场时（当时一些人的退休储蓄被腰斩，并且还面临进一步被割肉的危险），恐惧是我们感觉到的非常强烈的负面情绪。接着，恐惧弱化为一种不怎么强烈，但持续时间更长的负面心境，即使当股市回升后这种心境仍然持续存在。随后，恐惧情绪及其心境进一步弱化为强度更低，但持续时间更长的对股票市场的负面情感。

心理学家保罗·艾克曼（Paul Ekman）列出了七种典型的情绪，它们产出的影响会明显反映在面部表情上，这七种情绪是：恐惧、愤怒、悲伤、厌恶、惊喜、快乐和满足。[4] 然而，对于情绪，并不存在一个被普遍接受的清单。其他情绪类型还包括希望、自豪、后悔、羞愧、内疚和自我控制。

> **概念 4-1 情绪、心境和情感**
>
> 情绪是非常强烈的，持续时间短且有明确的聚焦对象。
> 心境是弱化后的情绪，没有情绪那么强烈且持续时间较长。
> 情感是情绪或心境的残留（faint whisper of emotion or mood），大致可按效价的正、负进行划分。

心理学中流行的评价——倾向框架，区分了认知评价和评价倾向。[5] 情绪由认知评价的特定模式决定。如果我们对车祸的评价是认为其由他人（例如，差劲的司机）导致，之后我们会体验到愤怒。但是，如果我们的评价是认为其由非人为因素（例如，糟糕的天气）控制，则我们会体验到悲伤。情绪的认知评价维度由六方面构成：愉悦性、预期努力、确定性、注意活动（attentional activity）、责任性（是由我们自己负责还是由他人负责）以及控制性（受我们自己控制还是由他人或环境控制）。[6]

开车时被差劲的司机别（读音：biè）过之后，人们会体验到愤怒。由此愤怒激发的评价倾向会塑造人们未来的感知和行为。评价倾向会导致愤怒之人在未来活动中愿意冒更大风险，即使这些活动与驾车并不相关，例如，承担更多投资风险。

希望与恐惧

恐惧（fear）是一种源自对危险反应的负面情绪，而希望（hope）是预期收益时的一种正面情绪。认知评价认为恐惧令人不悦而希望令人愉悦，但两者也有相似性——都由他人（或环境）控制。我们害怕飞机坠毁，但却无法控制结果。我们希望赢得彩票，但也无法控制结果。兴高采烈是希望的极端，与有名的"非理性繁荣"的意思类似。

通过幻想中奖后自己会购买的商品，我们会增强希望；通过退缩（例如，躲闪一条蛇），或者通过缠住他人（例如，父母）不放，我们会减轻恐惧。充满恐惧的人若无法缠住他人，则会以某品牌产品作为替代来减轻恐惧，就像蹒跚学步的小孩儿紧紧抓住安乐毯①。相比经历其他情绪，经历恐惧情绪的消费者在面对某些品牌时，会对这些品牌产生更强的情绪依恋感。[7]

股市下跌会诱发恐惧。股市巨幅下跌的日子也是医院入住率大幅提高的日子，多是与恐惧相关的焦虑症和恐慌症。[8] 较高的股票收益率与较高的心理健康度相关，而收益率的高波动性与较低的心理健康度相关。[9] 由地震引发的恐惧会使人们认为股市崩盘的概率更高。[10]

即使对于金融专业人士，恐惧也会增强其对风险的厌恶程度，导致金融市场衰退时人们对风险的厌恶程度较高，而金融市场繁荣时人们对风险的厌恶程度较低。在一项实验中，让金融专业人士阅读关于金融市场衰退的故事，相比阅读金融市场繁荣的故事，他们会变得更加恐惧，而这种恐惧会导致他们减少风险投资。[11]

充满恐惧的投资者会奔向安全港，即将风险投资转向安全资产。美国芝加哥期货交易所波动性指数 VIX（Chicago Board Options Exchange volatility index）是一种风险测度，也被称为恐惧指数。它利用对未来股市收益率波动性的预期来度量未来的风险。投资者奔向安全港的时期对应着 VIX 指数的上升、悲观的消费者情绪以及超过股票收益率的债券收益率。[12] 某财务规划师描述了以下情景，2008 年和 2009 年（在股市崩盘之后），其客户要求她出售他们所有的股票，而在 2014 年（股市复苏之后）他们改变了立场，要求她买入股票。她说道："这是情绪反应，2008 年和 2009 年人们像子宫里的婴儿一样蜷缩"。而在 2014 年"每个人都想买入"。[13]

充满恐惧的投资者会预期低收益和高风险，而充满希望的投资者会预期高收益和低风险。券商记录以及与之相匹配的月度调查显示，过去的高收益率与预期收益率的提高、风险感知和风险厌恶的同时下降相关联。[14] 盖洛普对投资者的调查询问以下问题："你认为现在是投资金融市场的好时机吗？"图 4-1 显示，当股市收益率较高时，较大比例的投资者认为是投资的好时机。

---

① 译者注：安乐毯通常指一种小孩喜欢抱着以得到安全感的布毯。

例如，在2000年2月的股市繁荣时期（在获得大量股票收益之后），78%的投资者回答"是"。而在心怀恐惧的2000年3月（在股票大量亏损之后），仅有41%的人这样回答。盖洛普还询问投资者他们是否相信股市被高估。图4-2显示，当多数投资者认为股市被高估时，多数投资者也认为现在是投资的

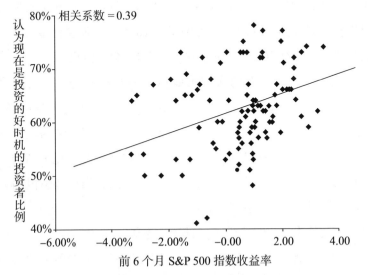

图 4-1　认为现在是投资的好时机的投资者比例与前 6 个月 S&P 500 指数收益率的关系（1998 年 6 月—2007 年 12 月）

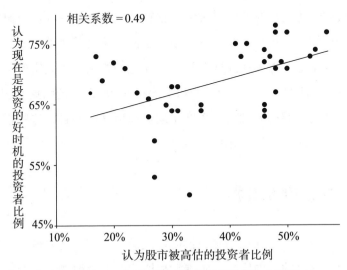

图 4-2　认为现在是投资的好时机的投资者比例与认为股市被高估的投资者比例（1998 年 6 月—2002 年 7 月）

好时机。这些信念与直觉型系统1的运作相符，但与深思型系统2的运作不符。在系统2中，认为股市被高估的信念会伴随着现在并非投资的好时机的信念。

许多实验都发现，恐惧与风险厌恶相关。考虑一项持续25轮的套现实验：开始时你有10美元投资在一只股票上，该股票的价格在每一轮都会上下波动。在显示了当前股价之后，你可以选择下一轮继续玩或在当前价格售出股票套现。如果你在游戏开始时套现，就可保留那10美元。如果你多玩了几轮，则所获收益是最后一轮结束时股票的价格。你会玩多少轮呢？

在第一组中，套现博弈的人们被展示了一些电影场景，它们剪辑自两部恐怖电影——《灵异第六感》（The Sixth Sense）和《午夜凶铃》（The Ring），以在人群中引发恐惧心理。在控制组中，人们看到的电影场景来自两部中性的纪录片，是关于本杰明·富兰克林和文森特·梵·高的。恐惧导致第一组更早地出售股票。同时情绪是有传染性的，当满怀恐惧的人认为他人也和自己一样时，他们会出售得更早。[15]

在另一项实验中，人们观看另一部恐怖电影《人皮客栈》（Hostel）的视频剪辑：在漆黑的地下室里，一名男子在遭受折磨。观看剪辑的人们的风险厌恶程度明显增加，但在那些说自己喜欢看恐怖电影的人群中，其风险厌恶程度未明显增加。这项实验与2007年（金融危机前）和2009年中期（人们对金融危机记忆犹新的时期）对意大利银行客户进行的一项调查研究互为补充。调查通过询问客户承担风险的意愿，定性地测度其风险厌恶程度，并通过以下方式定量地测度其风险厌恶程度：让他们给出一个确定的金额，该金额的资金可以令他们放弃一个有半数机会赢得5 000欧元的赌局。两个指标都表明，危机时期人们的风险厌恶程度比危机前更高，并且，这些指标的变化与银行客户资产组合的真实变化相一致。[16]

》贪婪、雄心与地位追求

贪婪（greed）通常被认为是恐惧的对立面，其实，贪婪最好被看成是雄心以及对地位追求的一种反映，而雄心和地位追求会被恐惧和希望所强化。在社会地位方面，我们害怕被竞争者超越，并且希望反过来超越他们。社会地位的排序并不是一成不变的。通过风险投资，或者通过选中少数股价飙升的股票，低社会地位的"邻居们"会超越我们。拥有10亿美元的人，不担心缺衣少食，但是，他们害怕在社会地位上被"邻居们"超越，这些"邻居"昨天拥有8亿美元，但明天可能拥有20亿美元。

公司CEO们拥有的财富可能几辈子也花不完，但是，他们总认为自己的社会地位不够高。由于要在婚姻市场上竞争，未婚男性CEO要比已婚男性CEO愿意承担更多风险。未婚男性CEO们的投资策略更加激进，其公司股票收益率的波动率要高于已婚男性CEO所在公司。对于年长男性CEO们而言，他们不太热衷于婚姻市场上的地位追求，因而这种效应较弱。[17]

地位追求的强烈程度因人而异，具体可用对下述论断的赞同程度来测度，例如，"我特别喜欢令人敬仰的重要工作岗位""我喜欢和重要人物谈话""我喜欢别人羡慕我的成就"。地位追求意向强烈的人更关注收益，而此种意向较弱的人则更关注避免亏损。[18]

在繁荣时期，例如，20世纪90年代末，地位排序尤其不稳定，人们会看到"邻居们"通过投资好的互联网股票超越自己。当人们购买其竞争者持有的股票以"追上邻居"，或者将资产集中投资于少数股票以希望高收益能帮助他们"超过邻居"时，他们看似贪婪，但实际上他们受到的是地位追求的驱使而非贪婪。

》快乐、悲伤与厌恶

收益和享受会带来快乐（happiness）；损失和无助会带来悲伤（sadness）；令人反感的东西和想法会带来厌恶（disgust）。快乐鼓励我们采取能带来更多收益和享受的行动；悲伤让我们暂停，并深思能阻止损失和无助发生的行动；厌恶促使我们赶走令人生厌的东西，远离令人憎恶的想法。

快乐与悲伤会影响评价倾向。悲伤会增强即刻满足的愿望并增加支出。用电影《舐犊情深》（The Champ）的片段（描写的是男孩的导师之死）在一个受试组中引发悲伤情绪。控制组观看中性的《国家地理》（National Geographic）特别节目片段（描写的是生活在大堡礁中的鱼）。悲伤带来"短视型困境"（myopic misery），增加急躁程度，促使人们将注意力集中在立即获得金钱上。[19] 共同基金经理由于父亲或母亲去世所产生的悲伤情绪，会导致其基金收益率下降3个百分点。悲伤诱发更高的急躁程度、风险厌恶程度，并增强对损失的敏感性。[20]

然而，快乐会促使人们延迟满足并增加储蓄。用来自罗宾·威廉姆斯（Robin Williams）《百老汇现场》（*Live on Broadway*）的单人喜剧短片剪辑组合，在一组人群中引发快乐情绪。控制组观看中性的风景和野生动植物影像。相比控制组，快乐组人群更愿意延迟满足。[21]

用《迷幻列车》（*Train Spotting*）的剪辑片段（描写一名男子使用污秽不堪的卫生间）在一组人群中诱发厌恶。控制组观看中性的《国家地理》特别节目片段。给每人一个密封的盒子，告诉他们里面装着办公用品，要求他们晃动盒子并以主人身份处置盒子。相比那些观看中性片段的人，控制组的人更愿意以更低的价格售出他们的盒子。[22]

》 愤 怒

和恐惧一样，愤怒（anger）也是一种负面且令人不悦的情绪，其源自人们对威胁或危险的反应。然而，恐惧和焦虑的人感觉控制权在他人手中，而愤怒之人感觉控制权在自己手中。缺乏控制权阻止恐惧和焦虑之人承担风险，促使他们像悲观主义者一样行事；而掌控感鼓励愤怒之人承担风险，促使他们像乐观主义者一样行事。愤怒的人会赞同下述论断，例如，"我是一个冲动的人""由于他人的过错让我浪费时间时，我会变得愤怒""当我灰心丧气时，我就想打人"。相比其他人，有愤怒意向的人更愿意投资股票。他们也更偏爱中长期投资，并且相信他们能预测股市趋势。有焦虑意向的人会赞同下述论断，例如，"我会感觉忧郁""对于一些鸡毛蒜皮的小事，我会过分担心""对于令人失望之事，我总是耿耿于怀，无法淡忘"。他们偏爱计息账户并认为他们无法预测股市趋势。[23]

愤怒有时会防止人们犯认知型错误，减少人们犯证实型错误的倾向。相比悲伤的人，愤怒之人在读到关于争议性社会问题的文章时，更有可能考查证伪性信息。[24] 但愤怒也可能误导人们做出糟糕选择，因为其会诱使人们低估损失和其他糟糕结果出现的可能性。易怒之人有更高的离婚可能性，更易得心血管疾病，工作中会遇到更多问题，但是，对自己进行评价时，他们往往会认为自己较少经历这些问题。[25]

对于愤怒的益处，一项气球模拟风险任务也许会为我们提供一些启示。人们点击打气筒为电脑屏幕上的气球充气。每充一次气，若气球不爆炸，则账户中的钱数会增加。但如果气球爆炸，则与该气球相关的钱会损失掉。最终获得钱数最多的人获胜。人们往往为避免气球爆炸过早停止充气，但收获的钱数相对也较少。然而，愤怒的人会给气球充更多的气，他们愿意承受气球爆炸的风险，而总体上他们收获的钱更多。[26]

在谈判过程中，愤怒也可能有益。谈判者通过表现愤怒来传达强硬态度，这会引发对方的惧怕，进而做出更大的让步。某电影导演说道："我以愤怒为由，说出我一直想说的话，猛烈如火山爆发，以至于无人敢与我争辩。轰地一下，我就处于愤怒的边缘并说出所有。"[27] 但在谈判中，愤怒也可能适得其反，导致冲突升级。对方可能进行报复或者远离谈判桌，这是因为对方可能会认为愤怒的谈判者过于自私自利。[28]

远离有利可图的交易可能会带来即时的成本，但在以后也可能会产生收益，因为这会让人懂得公平。设想我持有1 000美元现金，遇到你和一位幕后之人。你不知道此人的身份，他也不会知道你的身份。我让幕后之人提议如何在你们两人之间分配这1 000美元：可能各得500美元，也可能你得10美元他得990美元。该提议是一种最后通牒，不允许讨价还价或协商。这就是"最后通牒博弈"。

如果你接受提议，我会按提议分钱。但是，若你拒绝提议，我会保留1 000美元，你们两人一无所得。假定幕后之人提议给你10美元。你会接受吗？由公平感引发的愤怒，会使很多人拒绝200美元甚至更多数量的提议。他们为此付出了代价，因为他们让自己失去了200美元带来的功利性收益，但享受到了自我正义感带来的情感性收益。并且，他们日后也可能获益，因为，拒绝不公平的提议教会他人要行事公平。

2009年签署的《信用卡责任与信息披露法案》（Credit Card Accountability,

Responsibility and Disclosure Act，CARD Act），反映了信用卡持有者对信用卡公司不公平行为的愤怒。在前几十年里，权力的天平倾向信用卡公司，而非信用卡持有者。相关协议给信用卡公司很大的回旋余地，使得它们即使在信用卡持有者按期偿付时，也可强制收取巨额费用并大幅提高利率。虽然消费者权益团体会定期呼吁，对信用卡公司的权力进行限制，但徒劳无功。在2009 年金融危机期间，消费者愤怒的情绪失控，促成了该法案的实施。[29]

2015 年出现了对投资机构的愤怒，直指高频交易者。以高速计算和光纤连接为助力，高频交易者交易的频率以毫秒计。迈克尔·刘易斯（Michael Lewis）的书《高频交易员》（*Flash Boys*）清楚地表达了投资者的愤怒，他们感觉自己在亏损而高频交易者在盈利。他将高频交易描述为电算化盘剥，其允许有最高速电脑和最快光纤连接的交易者以牺牲其他投资者的利益为代价而获利。[30]

懊悔与自豪

懊悔（regret）是一种认知型情绪——在我们能轻易想出某个可带来更好结果的不同选择时，我们所体验到的负面且不悦的情绪。[31] 在花 1 199 美元买了一台笔记本电脑后不久，却看到以 999 美元促销该款电脑的广告，这时我们会懊悔不已。在情绪谱系中，自豪（pride）是懊悔的对立面。若在价格涨到 1 399 美元之前我们花 1 199 美元买了该款电脑，则我们会充满自豪。在由我们自己实行控制并承担责任时，会出现懊悔和自豪情绪。电脑是早买还是晚买由我们自己进行选择，我们自己对购买时机承担责任。

懊悔是痛苦的，而自豪是令人愉悦的，但两者都是系统 1 的有用组成部分，它们警告我们远离有可能造成懊悔的行为，鼓励我们从事有可能产生自豪感的行为。然而，当系统 1 误导我们忽视选择与结果关系中的随机性和运气时，则需要使用系统 2。

马克·吐温说过："被热炉盖烫过的猫不会再次坐到热炉盖上，但是，它也不会坐到冷炉盖上了。"当事前预测是合理的选择产生糟糕结果时，我们不必懊悔不已；当事前预测是不合理的选择产生好结果时，我们也不应该感到自豪。

懊悔厌恶与追求自豪感会影响投资选择,例如,买卖股票的选择。在亏损状态售出股票的投资者,很可能后悔买了这些股票。几个星期或几个月后,以更高价格再次购入这些股票会加重后悔造成的痛苦,就像撕裂旧伤口会加重身体上的疼痛一样。提前售出随后降价的股票,之后再次购入,会带来自豪的喜悦,因为我们会庆幸自己售出及时。投资者偏爱再次购入前期以盈利状态售出的股票,而非前期以亏损状态售出的股票,并且他们偏爱再次购入提前售出而后降价的股票,而非售出后又涨价的股票。然而,这些偏好并不会增加投资收益。[32]

企业家乔·格林(Joe Green)曾帮助马克·扎克伯格(Mark Zuckerberg)创建了 Facemash,这是一个短命的网站,在该网站,使用者可以对哈佛女生的吸引力进行评价。之后,遵照父亲的建议,格林拒绝了扎克伯格提供给他的一个在 Facebook 的职位,格林的父亲是一位教授,曾告诫说:"对于扎克伯格的这些项目,我认为你不应该再花心思了。"后来,格林通过回想那些产生好结果的选择来缓解其懊悔情绪,他说道:"每个人都会遇到痛苦时刻,但总体上,就我所达到的成就而言,我还是相当幸运的。"[33]

另一个人阿里·费德托施奇(Ali Fedotowsky)曾是扎克伯格的前同事,她通过坚持认为自己的离开是有道理的,来缓解其懊悔情绪。费德托施奇为了在真人秀电视节目《单身女人》(The Bachelorette)上找到真爱,辞掉了 Facebook 的市场营销职位,同时,也与可能的数百万美元的股票期权失之交臂。在 Facebook 上市之前,她与罗伯特·马丁尼兹的婚约历经 18 个月走到尽头,但她表示并不后悔。"如果我能回到过去,保住 Facebook 的工作而不去参加《单身女人》,我就能改变什么吗?绝对不会,我不后悔任何决定。"[34]

懊悔与责任相关,因为若选择产生了糟糕结果,对选择负有责任就会打开懊悔之门。对于选择拒绝 Facebook 的早期职位,或过早辞掉这样一个职位,我不会背负责任,因为我既未得到过 Facebook 的职位也未辞掉过这种职位。你很可能也不会背负这种责任。未曾有机会在早期被 Facebook 雇用,我们或许会感觉失望,却不会因为放弃了这种未曾出现的选择而感觉懊悔。然而,乔·格林和阿里·费德托施奇有选择的机会,并为后果承担了责任。

对选择负责会提高对这些选择的投入度，因为人们会尽力降低懊悔程度。选择等公交车的人会一直等下去，尽力最小化离开可能带来的懊悔感，并且会预先考虑下述情况带来的额外懊悔感——离开后不久公交车就到了。[35]

通过忽略那些考虑做但未做的选择可产生的结果，我们可以减轻懊悔感。[36] 我们也可通过推卸责任减轻懊悔感。乔·格林通过推卸责任并责怪其父亲来降低其懊悔程度。一些人在推卸责任上可谓专家——当选择产生好结果时承担责任，而在产生糟糕结果时逃避责任。这种推卸导致经纪人抱怨不已：当股价上升时，投资者说是他们买的股票；而当股价下跌时，他们说是其经纪人卖给他们这些股票的。

懊悔于过去的选择是痛苦的，但影响今天选择的是对未来是否懊悔的预期。若今天所做的选择产生糟糕结果，我们在未来是否会感到懊悔，这是我们所考虑的。例如，一项研究发现，预期不安全性行为会让自己懊悔的人，会减少以后不安全性行为的次数。[37]

自我控制

系统 1 的冲动情绪与系统 2 的冷静认知之间相互作用的中心议题是自我控制（self-control）。自我控制可能不足，可能过度或者恰到好处。当鼓励即时满足的冲动情绪战胜鼓励延迟满足的冷静认知时，自我控制是不足的。当鼓励延迟满足的冲动情绪战胜鼓励即时满足的冷静认知时，自我控制是过度的。

自我控制过度与自我控制不足同样普遍存在。[38] "今天的支出总是低于理想的支出水平"，在上述倾向中明显存在自我控制过度。过度的自我控制使吝啬鬼走向节俭的极端。想到可能要花钱会使吝啬鬼在情感上遭受痛苦，即使认知鼓励他们要花钱。在对人们做功能性核磁共振成像时，情绪与认知之间的相互作用表现得很明显。在成像期间，他们会看到某样产品及其价格，然后让他们决定是否购买。在一项实验中，相比决定购买之人，那些决定不买的人在看到价格后，其大脑的脑岛会更加活跃（脑岛是大脑中与痛苦感觉，例如社会排斥和令人作呕的气味，有关的区域）。[39]

心理学家沃尔特·米歇尔（Walter Mischel）及其合作者描述了，在认知—情感处理系统中情绪和认知的相互作用，并在20世纪六七十年代用著名的棉花糖实验对其进行了研究。他们给四岁的孩子们每人一块棉花糖，告诉他们可以随时吃掉它，或者一直等到实验者返回，此时，他们可以吃到两块棉花糖。他们发现一些孩子通过认知策略使自己能够等待更长时间，这些认知策略例如，闭上眼睛、唱歌或者想象他们面前是一个棉花球而非美味的棉花糖。在随后的研究中，他们发现，相比那些迅速吃掉棉花糖的孩子，那些在四岁时通过等待第二块棉花糖展示出更强自控力的孩子，成年后在各方面更加成功，例如，人际关系、工作和处理压力方面。[40]

我们通过少量购买巧克力或远离巧克力蛋糕来抵挡它们的诱惑。远离诱惑对于增强自控力是有效的，拉近与目标的距离也同样有效。这种远离与拉近的效果在一项实验中很是明显，在实验中，人们面对与诱惑相关的活动（例如，看电影）以及与目标相关的活动（例如，到健身房锻炼）。在向他们展示了诱惑或目标后，要求他们推远或拉近一个拉杆。当面对诱惑时人们推远拉杆的速度更快，而当面对目标时人们拉近拉杆的速度更快。[41]

一些其他功能性核磁共振成像研究，阐明了在大脑中发动的这场自我控制战争。[42]在观看开心面孔、恐惧面孔以及棉花糖的照片时，对最初参与棉花糖实验的26人的大脑进行扫描，并要求他们抑制自己对开心面孔的正反应。前额叶皮质是与智力和自我控制相联系的大脑区域，对于那些在四岁时就表现出高自控力的受试者，该区域高度活跃；而腹侧纹状体是与成瘾相联系的大脑区域，对于那些在四岁时表现出弱自控力的受试者，该区域高度活跃。对于这些自控力弱的人，这就好像是其冷静认知系统被冲动情绪系统所劫持一样。

由我们的基因所反映的性格，会影响我们的自我控制技能。每个人天生都有自我控制的能力，就像我们天生就有语言能力一样，但是，有些人天生能力就高于其他人，相比其他人，有些人天生的个性品质更有助于促进其进行自我控制。储蓄需要自我控制。一项对双胞胎的研究发现，基因解释了大约1/3的储蓄行为差异。该研究还发现，父母对子女储蓄行为的长期影响超不过其基因的影响。当子女在20岁左右时，父母对他们的储蓄行为影响最大，

但是，等子女到了中年，父母的影响将消失。⁴³

MAOA（monoamine oxidase A）基因（遗传基因的一部分）也被称为单胺氧化酶A，是一种酶，会影响大脑各部分的神经传递素，例如，血清素、多巴胺和肾上腺素等。某些类型的MAOA与冲动和成瘾行为有关。这类基因也与信用卡债务的累积增加有关，而信用卡债务增加反映出自我控制的不足。⁴⁴相比非成瘾者，海洛因成瘾者更有可能选择较小的即时收益而非延迟收益，并且，他们的无耐心程度与他们的冲动程度相一致。⁴⁵

责任感与自我控制紧密相关，是人格心理学家所描述的大五类人格特征之一。其他特征包括外向性、开放性、亲和性和情绪稳定性。有责任感的人会说他们不会冲动购买、不会过度花钱、不会购买他们不需要的东西。责任感是与学习成绩、工作业绩、婚姻稳定性、长寿关系最紧密的人格特征。即使在考虑了收入、教育水平和认知能力的差异后，有责任感的人也要比责任感不强的人积累更多的财富。⁴⁶

》心 境

心境是弱化后的情绪，没有情绪那么强烈且持续时间较长。与对即将发生的车祸的恐惧相比，人们对失业的恐惧不那么强烈，但是，此种恐惧可持续几个月甚至几年，可以定性为心境。对失业的恐惧有损于工人们的心理健康，尤其对于那些心理已经出现健康问题的人而言害处更大。⁴⁷

季节、天气和阳光会影响心境，在赶走冬季忧郁时会用到日光灯，从中可明显看到上述关系。一项研究发现，纽约市的好天气与高股票收益相关。⁴⁸在26个国家都发现了这种关系。在晴天人们一般比在阴天更加愉快，因为阳光会诱发好心境，让人们关注好消息，而阴天会诱发坏心境，让投资者关注坏消息。⁴⁹相对于季节性的正常水平，城市的股票市场在阴天具有较低的股票收益率。阴天还会提高人们对单只股票以及股指价格高估程度的感知，并增强机构的出售倾向。⁵⁰天气也会影响艺术品的价格。在艺术品拍卖时，较长的日照持续时间伴随着较高的价格。⁵¹

日照时间会影响人们的生理规律以及与之相关的心境。季节性情感障碍

(seasonal affective disorder,SAD）也被称为冬季抑郁症，其与心境有关。SAD病人的心境类似于伤心和沮丧的情绪，但不那么强烈。在做金融决策时，SAD会增强人们风险厌恶的程度。相比非SAD病人，SAD病人在冬季对安全的选择会有更强烈的偏好，但在夏季，其偏好与非SAD病人并无不同。[52]

纬度决定了冬季日照时间——瑞典人居住于北纬59度附近，要比居住于北纬36度附近的日本人享受更少的日照时间。不同国家股票收益率的季节性变化与SAD导致的风险厌恶程度的变化相一致。[53]

共同基金资金流入与流出的季节性变化也明显与SAD的季节性变化相关。当秋季日照时间减少时，高风险类共同基金的资金流出量、安全类共同基金的资金流入量会增加；而当日照变得更充足时，高风险类共同基金的资金流入量、安全类共同基金的资金流出量会增加。[54]

然而，并非所有证据都支持心境和市场之间的强联系。当芬兰投资者选择购入和售出股票时，当地天气、白天长短、夏令时和月相会产生影响。但是，交易的日间波动只有很小一部分能够被心境变量解释。[55]

离婚令人痛苦，并且会影响心境。离婚也会影响投资决策。在离婚后的三年内，离婚的投资者交易所得收益要低于其他投资者，并且低于其他年份自己的收益，但是，此种效应的大小会因性别而异。在刚离婚后不久这一段时期，男性和女性交易所得收益都较低。两年后女性的交易能力恢复到离婚前的水平，而男性的交易能力仍然显著较低。[56]

心境会影响信贷员的决策。一项研究使用了三种心境代理变量：关键赛事的结果，例如，超级碗（Super Bowl）、《美国偶像》（*American Idol*）大赛。对心境有利的事件会导致放贷核准率提高4.5%，而对心境不利的事件会产生相反但程度较小的影响。对于贷款质量处于临界水平的申请（此时信贷人员有更多自由裁量权），这种效应更加强烈。在心境较好的日子批准的额外放款会发生更多违约。[57]

心境还会影响房地产贷款的数量。在2008年金融危机前的一段时期，房地产贷款数量在CEO最为乐观的银行中增长最快，并且，在2008年金融危机期间，这些银行的股票收益率更低。没有证据表明CEO们在明知危机即将发生的情况下仍然放款。[58]

乐观主义与悲观主义也可以被描述为心境。乐观主义与希望和开心的情绪有关，而悲观主义与恐惧和悲伤的情绪有关，但是，乐观主义与悲观主义并不像希望、开心、恐惧或悲伤那么强烈。投资环境下的心态通常与心境相对应。看跌心态对应着悲观主义心境，而看涨心态对应着乐观主义心境。重大的恐怖袭击事件会诱发悲观主义，影响分析师的盈利预测。相比住得离重大恐怖袭击发生地较远的分析师，住得较近的分析师会发布更多悲观主义预测。[59]

乐观主义和悲观主义倾向根植于我们的基因之中。催产素受体基因的代码为OXTR，它能分泌一种有助于积极心境和社交联系的荷尔蒙。有一个或两个在特定位置是A（腺嘌呤）等位基因的OXTR基因拷贝的人，其乐观程度要低于有两个G（鸟嘌呤）等位基因拷贝的人。A等位基因也与较强的抑郁倾向有关系。[60]

乐观主义会产生明显的益处。一项研究通过下述差异测度乐观主义，即人们对自己能活多久的主观估计与出自统计分析表的客观估计之间的差异。研究发现，乐观主义者工作更加努力、预期的职业生涯（经年龄调整后）更长、离婚后更有可能再婚。[61]另一项研究利用天气、体育运动与政治测度乐观主义。在居民较乐观的美国各州，经济衰退程度较低、经济复苏更快。[62]

对于正在实施决策的人，乐观主义的影响会有些过度，而对于正在思考决策的人，乐观主义的影响则恰到好处。这种倾向表明，当乐观主义影响业绩时，人们会有选择地建议乐观程度。实验表明，当人们的行动对业绩有较大影响时，他们倾向于相信乐观主义会改善结果。然而，结果表明乐观主义会增强人们的执著程度，但不会改善业绩。即使当人们并非仅仅关注乐观主义时，也会高估乐观主义和业绩之间的联系。[63]

当我们考虑美好未来时，乐观主义会改善我们今天的生活，但乐观主义也有负面效应。乐观主义会导致过度的债务负担。乐观的芬兰人不仅比悲观主义者累积了更多的债务，也承受了过度的债务负担。此外，相比悲观主义者，乐观主义者不太关注预测错误。[64]

亨廷顿疾病（Huntington's disease，HD）是一种会减少寿命的遗传性退化疾病，对于有患此疾病风险的人，乐观主义产生的负面效应十分明显。基因检测能够完美地预测亨廷顿疾病，并且只需承担很小的经济成本。但是，在有得此疾病风险的人群中，只有很少人选择进行症状前期检测。被证实得病的人会根据诊断结果相应地调整他们的财务选择，而没有进行检测的人会对其健康水平持乐观主义信念，并且在进行金融决策（例如，关于退休的决策）时就好像他们没有得病的风险一样。[65]

对成本和利润的估计，人们平均而言都是乐观的。在军事装备开发项目中，成本超支现象令其声名狼藉。在20世纪60年代早期进行的一项研究中，战斗机成本平均超支70%，轰炸机超支200%，货船和坦克超支20%，导弹超支390%。[66] 最近的估计表明铁路成本平均超支45%，桥梁和隧道超支34%，公路超支20%。[67]

由于其特有的组织压力，乐观估计在军事装备和公共工程项目中或许不具有普适性。然而，在私人部门中乐观估计也很普遍。某家医药公司在开发新药时，成本平均超支125%，用现有药物调制的复合药平均超支70%，现有药品的不同剂量型药物平均超支51%。类似的成本超支在另一家医药公司的项目中也很明显，要求有较大和中度技术进展的项目平均超支266%，仅仅要求小幅技术进展的项目也平均超支82%。[68]

企业战略家丹·洛瓦洛（Dan Lovallo）和心理学家丹尼尔·卡尼曼将普遍存在的成本低估和利润高估归因于组织压力和乐观主义，它们集中反映在计划谬误中。[69] 锚定型错误是计划谬误的一个组成部分。管理者通常会准备应急资金以弥补成本的超支，然而，这些应急资金往往并不充足，因为管理者总是锚定于最初的成本估计上，而没有针对各种可能出现的问题、延误和项目扩展进行充分调整。框架型错误是计划谬误的另一个组成部分，误导管理者将项目框定为完全依赖于公司自身能力和计划，而与竞争者的潜在能力和行动无关。

影响私人部门项目的组织压力与影响公共部门项目的组织压力并没有太大不同。当人们不择手段地支持自己的项目时，公司内部对时间和资金的竞争是异常激烈的。在这些竞争中，对成本和利润的估计是关键武器，这再次导致人们低估成本、高估利润。

洛瓦洛和卡尼曼注意到乐观主义有两面性，会产生好与坏两种后果。坏结果是选择的项目最终失败。好结果是激发项目推动者及其团队努力工作，按照承诺的低成本和高利润完成项目。他们建议"内部视角"要辅以"外部视角"，前者更关注公司自身的能力、经验和预期，而后者主要包括对本公司和其他公司以往完成的类似项目的统计分析。内部视角对应着对特定项目的代表性信息的分析。外部视角对应着对类似项目成功率的基础比率信息的分析。

洛瓦洛和卡尼曼进一步指出，可以在不产生坏结果的条件下，获得乐观主义带来的好结果。实际上，后备计划可能有损于对目标的追求。仅仅是考虑后备计划的行为就可能减少实现目标的内驱力与付出的努力。[70]项目评审委员会可以根据其估计的成本和利润，对项目推动者提供的成本估计值进行适度上调并下调利润估计值，并以此为基础选择那些有利可图的项目。然而，委员会没有必要将估计值告诉项目推动者，这样可以刺激项目推动者及其团队努力工作，达成项目推动者最初设定的目标。

》情 感

情感是情绪或心境的一线残留，大致可按效价的正或负，进行划分。罗伯特·扎荣茨（Robert Zajonc）是较早支持情感在选择中起重要作用的心理学家，他写道："我们并非仅仅看到一栋房子：我们看到一栋漂亮的房子、难看的房子、华而不实的房子……有时我们欺骗自己，认为自己会按理性方式行事，会认真权衡不同选择的利与弊。但是，实际情况很少如此。很多时候'我决定支持X'只不过是因为'我喜欢X'。我们购买自己'喜欢'的车，选择我们认为'有吸引力'的工作和房子，然后，再用不同的理由证明选择的合理性。"[71]

我们对统计数据麻木不觉，而对催人泪下的图像分外敏感，这明显体现出情感在选择中的重要性。《纽约时报》的头版标题曾经是"叙利亚3岁儿童艾兰·科迪被溺亡的图像使难民危机成为焦点"。文中写道："再一次，不是灾难的绝对规模——数百万人由于战争和绝望被迫流离失所——而是一幕悲剧使人们看清了当前的重要问题。这就是3岁的艾兰，他圆圆的脸颊埋在沙子里，若非海浪在不停拍打他的脸，他就像睡着了一样。"[72]

在一项心理学试验后，受试者有机会向慈善机构捐献其在实验中赚得的5美元收入。相比被要求以个人名义向该机构捐款以挽救数百万非洲人免于饥饿，那些被要求为抚养若基亚（Rokia，一名7岁的非洲女孩）而捐款的人的数量是前者的两倍多。向另一组受试者展示上百万人迫切需要捐款的统计数据，然后，要求其向若基亚捐款，结果发现若基亚的故事结合统计事实后，捐赠的人数减少了。[73]

就像房产、汽车和人一样，投资也会表现出情感——或好或坏、或美或丑、或令人称赞或令人唾弃。情感会扭曲信息，影响信念。对风险投资的正向情感，会增强人们对其风险投资评估能力的信心。人们更新信念的方式会遵循自我保护动机，以维持正向情绪状态，避免认知失调。自我保护会诱发证实型错误，妨碍人们吸收与过去选择相矛盾的消息，促发形成不正确的信念。[74]

在新加坡华人中，正向情感明显会产生情感性收益。在中国文化中，人们认为数字8会带来幸运，对其情感是正向的；认为数字4会带来不幸，对其情感是负向的。新加坡华人不愿意住在以4为结尾的楼层上。此类房间售价要比平均售价低1.1%，而以8为结尾的楼层房间售价要高于平均售价。然而，幸运数字房间的居民并未享受到什么特别的功利性收益。他们发生车祸的可能性并不低于非幸运数字房间的居民，这表明选择和价格是基于情感性收益而非功利性收益。[75]

在中国上海和深圳股票市场，上市公司是以数字代码作为标识的，相当于美国市场通用的股票代号。幸运和非幸运数字会影响股票在中国市场首次公开发行的价格。代码中至少有一个幸运数字且没有不幸运数字的新上市股票，在首发交易时会有一个溢价，但该溢价会在3年内消失。[76]

数字8和4被赋予的不同意义表明，欲望和错误之间的界限通常是模糊的。当花更多钱购买8楼的公寓房间时，人们或许犯了情绪型错误，因为相比位于4楼的公寓房间，8楼的公寓并没有提供更多的功利性收益。他们也可能并未犯情绪型错误，其之所以花更多钱购买8楼的公寓房间是因为，这样做会因遵循文化传统而带来情感性收益，而购买4楼的公寓会因背离文化传统而增加情感性成本。因此，基于文化的对8楼公寓房间的偏好与基于文化的对艺术品或音乐的偏好并无不同。

对数字 8 的偏好更有可能是源于欲望而非错误。但是，对 A 类股票的偏好更有可能是源于错误而非欲望。所有人都知道考试成绩 A 要优于成绩 B。但是，并非所有人都知道 B 类股要优于 A 类股，因为 B 类股除了拥有 A 类股的所有好处外，还有更多投票权。每一股 A 类股有 1 票，而每一股 B 类股有 5 或 10 票。虽然，A 类股的收益要低于 B 类股，但是，投资者仍然愿意花更多钱购买 A 类股。[77]

在一项实验中，当贷款广告展示有魅力的女性信贷员时，情感导致南非借款人支付更高的利率。[78] 在网站上，贷款申请人公布他们愿意支付的利率以及其信用评分、工作经历、是否有房和其他财务信息。他们还会发布自己的照片。相比财务状况相同但不怎么漂亮的申请人，漂亮的申请人更有可能获得贷款并支付较低利率。而且，漂亮的借款人偿还贷款的可能性要低于不怎么漂亮的借款人。[79]

受人尊敬的公司的股票就像漂亮的贷款申请人，沐浴在人们正向情感的光环之下。遭人唾弃的公司的股票就像不漂亮的贷款申请人，因被笼罩在人们负向情感的黑暗中而枯萎凋谢。我们欣然接受受尊敬公司的股票，期望其具有高收益和低风险；而远离遭人唾弃的公司的股票，认为其具有低收益和高风险。然而，证据表明情感会误导投资者放弃股票收益。平均而言，相比遭人唾弃的公司的股票，受人尊敬的公司的股票带来的收益较低。[80]

》结　论

现在我们认为情绪、心境和情感承担的行为金融角色与认知承担的角色同等重要。然而，直到最近，我们才意识到这些角色的重要性。行为金融学的早期研究集中在认知上，特别是认知型错误上。早期行为金融学更偏重认知而非情绪，这反映了当时流行的观点：情绪是异常复杂的而认知相对简单。这种对情绪的抗拒还反映出下述观点：情绪必定意味着情绪型错误，而非情绪型捷径或情绪型错误的组合（前者大多时候会对我们提供正确指导，而后者有时会导致错误）。这种看法反映在仍然普遍的下述建议中，即我们在进行金融选择时要将情绪抛诸脑后。

诚然,在行为金融学的早期阶段,情绪、心境和情感在金融选择中的角色并未被完全忽略。懊悔以及自我控制的作用都被重点强调过,前者是一种认知型情绪,后者是情绪和认知的组合。

当然,早期的研究焦点仍完全停留在认知上。在 1982 年的合集《不确定性条件下的判断:直觉推断与偏见》(*Judgment under Uncertainty*:*Heuristics and Biases*)中的论文"事实与恐惧:理解感知风险"(Facts versus Fears:Understanding Perceived Risk)里,心理学家保罗·斯洛维克(Paul Slovic)及其合作者着重提到了恐惧情绪。[81] 但是,这篇文章将对风险的错误感知归因于认知而非情绪。特别地,其将错误感知归因于易得性和过度自信型认知错误。

然而,在 2002 年的合集《直觉推断与偏见:直觉判断的心理学》(*Heuristics and Biases*:*The Psychology of Intuitive Judgment*)中,保罗·斯洛维克及其合作者在讨论与上述发现类似的发现时,将错误感知归因于情感。他们那一章的标题是"情感型直觉推断"(The Affect Heuristic)。[82] 丹尼尔·卡尼曼和肖恩·弗雷德里克(Shane Frederick)在该合集中写道:"这是很明显的,在主要的通用直觉推断列表中,情感型直觉推断(Slovic et al.)应该会改变此领域的研究重心。事后来看,行为金融学研究早期未能发现情感型直觉推断,反映出狭隘的认知中心观,该中心观在过去几十年里一度是心理学的重要特征。"[83] 在行为和行为金融学中,情绪是极其重要的。

CHAPTER 5
Correcting Cognitive and Emotional Errors

第 5 章
纠正认知型和情绪型错误

人类行为类和金融事实类知识是纠正认知型和情绪型错误的工具。投资者可以通过学习投资类课程等正式途径获取此类知识，或通过相关媒体或投资经验等非正式途径获取这些知识。比如，有研究发现印度股市的业余投资者会通过投资经验纠正自身错误。相比无经验的投资者，有经验的投资者通过减少交易次数、持有更分散化的投资组合获得的利润更多。[1]

随着时间的推移，通过获取人类行为类和金融事实类知识并使用系统 2 处理这些知识，金融专家获得了专业技能。在如气象学或国际象棋这种可预测的环境中，专业技能使人们最终能够依靠系统 1 进行决策，而绕过系统 2。气象学家通过大量训练与反馈，学会正确评估降水的可能性，而象棋大师可以在 5 万到 10 万个棋局中，进行快速选择。

然而，在那些难以预测的环境中，快速且精准的反馈很少，专业技能要求人们明确使用系统 2。心理学家丹尼尔·卡尼曼和加里·克莱恩（Gary Klein）注意到，金融专家与心理治疗师和情报人员是相似的，他们各自对特定公司、病人和国际冲突非常了解，对于短期结果他们会收到快速且精准的反馈。然而，对于长期结果，他们收到的反馈是延迟、不足并且模糊的，这会增强他们对选择的信心，但不会增强选择的质量。[2]

将所有人都变成医药、投资或家用电器方面的专家没有多少意义，但是，让非专业人士通过遵循专家的建议纠正自身认知型和情绪型错误是有重大意义的。《消费者报告》（Consumer Reports）中的电器专家推荐好用的洗衣机、烘干机和冰箱，投资专家建议人们要分散投资组合，而医药专家推荐低价自有品牌药而非高价国际品牌药。

自有品牌药是非专利药，价格低于国际品牌药，但质量大致相同。相比普通消费者，药剂师较少购买国际品牌药。未受过大学教育的人尤其喜欢购买国际品牌药。将医疗保健专业人士（包括护士和医生）与拥有同等的受教育水平，但掌握的医药专业知识不等的律师相比，前者更有可能购买自有品牌药。[3]

平均而言，相比主动投资策略，被动投资策略为个体投资者带来的收益率更高。进行被动投资（例如，投资能获得市场收益率的指数型基金）的金融学教授，是进行主动投资（例如，投资承诺收益会超过市场的共同基金）的金融学教授的两倍。[4]然而，大部分个人投资者选择主动投资策略。

理财顾问能够为投资者提供人类行为类和金融事实类信息，并且纠正认知型和情绪型错误。[5]当共同基金广告意图引导客户投资那些近期获得高收益，但未来不太可能获得高收益的基金时，财务顾问能够指出其中的易得性和后见之明型认知错误。在股市崩盘后，当过分夸大的恐惧导致人们产生情绪型错误时，财务顾问也能指出这些错误，避免客户出售所有股票。

有证据表明，财务顾问可以改善工作人员和退休人员的财务行为以及福利，但退休人员的改善幅度要小一些。[6]相比未得到建议的投资者，得到建议的荷兰投资者通过在更大范围内分散投资组合减少了风险。[7]通过减少交易活动，他们也从中获益，提高了经风险调整后的股票收益率。[8]

相比直接购买股票的投资者，通过顾问购买共同基金的投资者会更倾向于避免应纳税股利。若股利的纳税额较大，这种差异尤其明显。此外，在每年12月，仅当投资者面临大额资本亏损时，此种差异才会更大，这表明财务顾问会指导投资者做实亏损。[9]

财务建议会提高房屋所有者保留其房产，以及修订抵押贷款方案的可能性。此外，相比未进行咨询的借款人，进行过咨询的借款人在获得贷款修订方案后违约的可能性较低。相比那些仅在大量拖欠后才进行咨询的人，那些在违约早期阶段进行咨询的房屋所有者，更有可能获得贷款修订方案并保留他们的房产。[10]

当财务顾问使用"实时的（just in time）"人类行为和金融事实类知识对客户进行教育时，他们在改善客户财务行为方面特别有效。[11]在高达350亿美元的支票账户透支费用市场上，市场调查会不经意地传达实时信息，这些实时信息的好处显而易见：在调查月份，曾回答与透支相关的问题的人产生的透支费用更少，这很可能是因为调查问题传达了有用的财务信息。人们会通过进行更少的借方交易、取消自动多次提款避免透支。[12]

然而，关于透支的实时信息的影响效果并不会持续很久。一家土耳其大型银行检验了短信服务直接促销的效果，促销面向现有的108 000名支票账户持有者，这些支票账户的透支利率为60%。银行发现，对较高的透支利率提供大额折扣会减少人们的透支行为，这很可能是由于强调了高利率，虽然高利率已经打了折。相反，只提透支可得性但不提利率的短信，会增加人们的透支行为。在短信停发后两种变化都不会持续太久。[13]

通过使用系统2纠正错误

我们会犯认知型和情绪型错误，进而导致错误投资，但人们对认知型和情绪型错误的敏感性因人而异。这种差异部分源于我们的基因。遗传因素解释了高达50%的错误投资倾向差异，这些错误包括：不愿做实亏损、倾向于选择近期高收益的投资、偏爱熟悉的投资等。这些遗传因素还会影响非投资选择——选择股票时倾向于选择熟悉选项的人，在其他领域也倾向于选择熟悉的选项。[14]

高智商会减少人们犯认知型和情绪型错误的敏感性。有研究发现，高智商的芬兰投资者投资高费用类基金的可能性更小，这些基金包括平衡型基金，主动管理型基金以及通过零售网络进行营销的基金。此外，在各类基金中，高智商的投资者偏爱费用最低的基金。[15]

智力会促进我们使用深思型系统2，但是，使用系统2的倾向更多与深思熟虑的倾向而非智商有关。相比低智商的人，高智商的人能够更好地使用系统2纠正过度自信和后见之明型错误，但他们并不能更好地纠正锚定型错误，也不能更好地克服不愿做实亏损的倾向。[16]

勤于思考的人能够更好地使用系统2，然而，他们也会受盲点的困扰。相比找出自己的盲点，我们更善于找出他人的盲点。我们倾向于更相信自己对判断和行为的反省而不是他人的感知，这会扩大盲点。[17]

通过系统 2，我们能够纠正许多认知型和情绪型错误。纠正框定型错误就是其中一个例子。让一些 MBA 学生列出他们暑期实习要达成的目标。学生们使用了系统 1，对问题的框定较狭隘，平均列出了 7 项目标，例如，"提升自身吸引力以获得更多全职工作机会""促进自己领导技能的提高"等。然后，将所有学生列出的目标合成一个总清单，提示学生使用系统 2 在更广的范围内框定该问题，要求他们在浏览了总清单中的 29 项目标后再次写下他们的目标。这一次学生平均列出了 15 项目标，这意味着通过使用系统 2，学生增加了 8 项他们认为重要但系统 1 未考虑的目标。[18]

正确框定会纠正锚定型错误。回顾第 3 章"认知型捷径与错误"中提到的机场跑道与双层巴士实验，实验中人们对双层巴士价格的估计值被锚定在机场跑道长度的信息上。相比被告知机场跑道长度为 7.3 千米，在被告知跑道长度为 7 300 米时，人们估计的双层巴士价格会更高。

在这项实验中，跑道的长度是"锚定点"，双层巴士的价格是"目标点"。通过强调锚定点和目标点的共有特征，模糊两者之间的差异，锚定点会影响人们对目标点的估计。跑道与巴士共有的一项特征——交通运输被强调了。但是在强调共有特征时，机场跑道与巴士非共有的特征被模糊了。例如，跑道属于空中交通运输，而巴士属于地面交通运输。[19] 正确诠释会强调锚定点和目标点特征之间的差异，使得跑道长度在评估巴士价格时不再那么重要，进而弱化跑道长度与巴士价格之间的联系。

当正确诠释促使我们考虑不止一个锚定点时，其也会纠正锚定型错误。相比不合理的锚定点（例如，机场跑道的长度），双层巴士价格的合理锚定点（例如，单层巴士价格）会对估计值产生更大的影响。人们在面对多个锚定点时，会评估每个锚定点的合理性。对于双层巴士价格，人们在面对机场跑道长度和单层巴士价格时，会选择单层巴士价格作为锚定点，因为它更合理。[20]

合理框定与心理核算可以增强自我控制力，但是，这样做也可能成本高昂。自控力不足的人会屈服于过度放纵。一些人将低利率的储蓄账户与高利率的信用卡欠款组合在一起来增强自我控制。大约有 20% 的英国家庭同时持有平均 6 500 英镑的消费者循环信贷和 8 000 英镑的储蓄额。同时持有两者并不是由无知造成的。同时持有者通常懂得更多财务知识，有高于平均的收入与受教育水平。[21]

展望未来型后见之明（prospective hindsight）是系统2的一种纠正后见之明型错误的方法。[22] 应用这种方法，一位专注于生物科技产业的投资者或许会思考下述问题：设想我们处在10年之后的未来，为什么生物科技股票产生的收益要低于其他股票呢？该问题会引导出失败的潜在原因，而这些原因人们使用系统1是不会轻易想到的。

正确校准的S&P 500指数未来收益率的80%置信区间会包括80%的实际收益率。然而，公司首席财务官给出的80%置信区间却存在过高精准型错误（overprecision errors），这些区间仅包含33%的实际收益率。有两种方法可以纠正高度精准型错误。一种是把问题分成几个部分，在询问80%置信区间之前，询问50%和10%的置信区间。这个问题促使人们使用系统2，让人们知道80%置信区间必须比10%或50%的置信区间宽。另一种方法是要求人们先估计未来1个月收益率的置信区间，然后是2个月的，最后才让他们估计未来3个月的置信区间。这种方法明确了时间长度，强调了估计的不确定性，使人们能够更好地校准置信区间，因为人们知道3个月的置信区间可能比2个月的区间更宽，而2个月的区间可能比1个月的宽。[23]

通常的"大众智慧（Wisdom of crowds）"方法，甚至是多自我型智慧（wisdom of crowds within oneself）也能够纠正过高精准型错误。你对4年后S&P 500指数的估计是多少？现在假定第一次你猜错了。那么你的第二次估计是多少？结果表明，两次估计的平均值通常比任何一次估计都更准确。大众智慧要比多自我型智慧更准确。相比同一人两次猜测的平均值，两个人猜测的平均值通常更准确。[24]

当我们相信"小数定律"时，就会犯代表性错误。"小数定律"是一种戏称，与稳健的"大数定律"相对。后者是一种重要的统计规律，它告诉我们，当抛掷一枚硬币时，相比抛掷较小次数（例如6次），抛掷较多次数（例如30次）时，硬币出现正面的比例更接近于50%。相信小数定律的一种表现是，连续6年击败市场会被如此解释：其代表着该共同基金经理有着与连续30年击败市场的基金经理一样的投资水平。

对事物可预测性程度的反应不敏感会加剧代表性错误。餐厅菜肴的质量变动通常较小，而共同基金业绩的变动通常较大。通过过去 6 次用餐时菜肴的质量，我们能够非常准确地预测该餐厅未来菜肴的质量，但是，通过过去 6 年的业绩，我们不能同样准确地预测共同基金未来的业绩。

试判断某个共同基金经理所得收益率超出基准收益率（例如，某个有类似特征的指数型基金的收益率）的概率。未犯代表性错误的分析引导我们既考察代表性信息（该特定基金收益率相对于基准收益率的信息），也考查基础比率信息（所有基金收益率相对于基准收益率的信息）。仅通过代表性信息判断某个基金，会诱使我们得出下述结论：经理人连续 6 年战胜基准基金，这充分证明了其拥有使所得收益率超过基准收益率的技能。毕竟，6 次抛掷硬币出现 6 次正面的机会仅有 1/64。但是，一旦我们发现，基础比率信息表明存在少数共同基金经理连续多年战胜基准基金，并且一旦知道，在基金总体中该基金经理只是成千上万个基金经理中的一个，则我们就会理解，连续 6 次击败基准基金的幸运基金经理是很有可能存在的，这类似于存在幸运的连续抛掷出 6 次正面的硬币抛掷者一样。

然而，投资者总是忽略基础比率信息，即使专业的机构投资者也是如此。相比被动型资金管理（其承诺业绩会与市场持平，例如指数型基金），机构投资者偏爱主动型资金管理（其承诺会战胜市场）。特别地，在应用代表性信息确定高技能资金管理者、评估其业绩并决定是留用还是解雇他们时，机构投资者更相信自己的判断。为什么偏爱主动型管理呢？原因之一是，机构投资者能够识别出一小撮高技能的主动型管理者并将他们组合在一起，进而获得超过市场的收益率。然而这些原因很少涉及与普通管理者业绩相关的基础比率信息。[25]

经济学家艾伦·马库斯（Alan Marcus）在评估彼得·林奇的业绩时，通过同时考虑代表性信息和基础比率信息来纠正代表性错误。彼得·林奇在 1977—1989 年这 13 年里管理着富达麦哲伦（Fidelity's Magellan）基金。代表信息观察到，林奇在这 13 年里 11 次超过 S&P 500 指数。基础比率信息观察到，如果 500 名硬币抛掷者每人抛掷 13 次硬币，则获胜者平均会抛出 11.63 次正面。[26]

心理学家彼得·沃森（Peter Wason）首次对证实型捷径与证实型错误进行了考察。他认为，如果人们想要纠正证实型错误，则需要"愿意尝试证伪假说，进而对那些通常感觉确定无疑的直觉进行检验"。27 通过向人们展示4张标有：

$$\boxed{D} \quad \boxed{F} \quad \boxed{7} \quad \boxed{5}$$

的卡片，沃森对证实型错误进行了考察。

假定每张卡片的一面是字母，另一面是数字。要确定它们是否满足下述规则："如果卡片字母面是D，则数字面是7"，那么你应该翻看哪些卡片？正确答案要求翻看字母D的卡片，看是否证实了规则，即另一面是否是数字7。但正确答案还要求翻看数字5的卡片，看是否证伪了规则，即另一面是否是字母D。

大部分人选择翻看字母D的卡片，搜寻证实型证据。一些人选择翻看字母F或者数字7的卡片。这些选择既不能提供证实型证据，也不能提供证伪型证据，因为"字母F卡片的另一面是什么"与本题无关，它没有要求"字母面非D的卡片其数字面不能是数字7"。① 但很少有人选择翻看数字5的卡

---

① 译者注：对于第2个论断，作者想要表达的是"7的反面不一定是字母D"。

这里涉及的基本逻辑关系是"原命题与逆否命题是等价命题"。如果原命题"若A，则B（A→B）"成立，则逆否命题"若非B，则非A(not B → not A)"必成立。在本例中，原命题是"字母面为D，则数字面为7"，这意味着逆否命题"数字面非7，则字母面一定非D"，因而要验证命题还需要翻看数字面为5的卡片。

原命题与否命题"若非A，则非B（not A → not B）"无关。在本例中，原命题并未说"若字母面非D，数字面会如何？"因此没有必要翻看字母面是F的卡片。经济学理论建立在人是"自利的（self-interested）"假设之上，以此为基础推出一系列可验证的含意。初学者通常这样说"因为人不是自利的，所以经济学理论是错的"。这是一种常见的谬误，因为在自利假设基础上推出的理论（A→B），并未说人不自利（not A）会如何？两者之间无任何关系，一群白痴的行为经过优胜劣汰后也可能符合经济理论的预测，可由经济理论解释。

原命题也无关乎逆命题"若B，则A（B→A）"。在本例中，原命题并未说"数字面为7，则字母面必为D"，因此没有必要翻看数字面为7的卡片。

理解该逻辑关系在理论验证时尤其重要，建议初学者一定要竭力折磨下自己的系统2（一笑），否则往往犯了错误还不自知。例如，要验证"产业政策会导致经济成功发展（A→B）"这一命题，应进行如下观察：寻找经济未成功发展的国家，发现其未采用产业政策（not B → not A）。若这些国家也采用了产业政策，则证伪上述命题。其他观察都无法起到验证理论的作用，例如，寻找经济成功发展的国家，发现其都采用了产业政策（B→A），这种验证方法最为常见；寻找未采用产业政策的国家，发现其经济不成功（not A → not B）。

片，而这会提供证伪型证据，即另一面是字母 D。

利用正向 / 负向命中、错误正向 / 负向预测框图① 或利用具体且熟悉场景正确阐释问题，有助于纠正证实型错误。沃森问题的表述方式是抽象的，且人们并不熟悉。考虑下述具体且熟悉的类似沃森卡片问题，4 张卡片分别标有：

| 啤酒 | 无糖可乐 | 23 岁 | 19 岁 |

要确定它们是否满足下述规则："如果某人喝啤酒，则此人在 21 岁以上"，则你应该翻看哪些卡片？正确答案要求翻看标有啤酒的卡片，如果另一面显示该人在 21 岁以上则这提供了证实型证据；还要求翻看标有 19 岁的卡片，如果另一面是啤酒，则这提供了证伪型证据。以此种方式阐释问题，多数人都会纠正证实型错误。

相比啤酒、无糖可乐、23 岁、19 岁的问题表述方式，D、F、7、5 这种表述方式更易犯证实型错误，这并不仅仅是由于抽象和不熟悉。进化心理学家丽达·科斯米德斯（Leda Cosmides）认为第二种表述方式激活了我们的"欺骗检测"模块，该模块是由进化过程植入我们大脑的。该模块擅长于发现社会契约中的欺骗者。[28] 在一项实验中，心理学家格尔德·吉仁泽（Gerd Gigerenzer）和克劳斯·哈格（Klaus Hug）提供的证据支持了科斯米德斯的论断，实验中给人们这样一项社会契约："如果某雇员获得了养老金，则该雇员必定为该公司工作了至少 10 年"。受试者面对 4 张卡片：

| 有养老金 | 无养老金 | 工作满 12 年 | 工作满 8 年 |

一些人被告知他们在故事中充当雇主，而其他人被告知充当雇员。充当雇主的人更善于发现雇员作弊的情况——虽然只工作了 8 年，但获得了养老金；而那些充当雇员的人更善于发现雇主作弊的情况——对于工作满 12 年的雇员未给予养老金。[29]

---

① 译者注：该框图是指第 3 章的图 3-1。中文翻译根据语境进行了调整，有所不同。

在制药领域对候选药物的双盲检测会减少证实型错误。在双盲检测中，一些患者获得候选药，而其他患者获得安慰剂，医生和病人都不清楚服用的药物是否是候选药物。获得候选药物的患者健康状况改善是药物有效的证实型证据；获得安慰剂患者同等程度的健康改善是证伪型证据，其对候选药物的有效性提出了质疑。①

然而，双盲检测并非总是可行的。考虑某大学的招生委员会，其仅招收符合选拔标准的考生。30 对选拔标准有效这一假说进行综合考察要求寻找证实型证据（即被招收考生的最终成就），同时还要寻找证伪型证据（即未被招收考生的最终成就）。然而，关于未被招收考生的信息是难以收集的。此外，对后者进行真正公允的考察要求招收此类不符合选拔标准的考生，并在（与招收的符合选拔标准的考生）同等条件下，确定这些考生的最终成就。对证伪型证据的考察有可能发现，招收的不符合选拔标准的考生其最终成就可能要大于招收的符合选拔标准的考生。然而，招收不符合选拔标准的考生有可能让大学付出代价，例如，更低的教育质量声誉。

定量模型是一种强有力的纠正方法。迈克尔·刘易斯的书《点球成金》（*Moneyball*）描述了定量模型在评价职业垒球运动员时的应用，评价过程中认知型错误会使直觉性评价产生偏误。招聘者和球队经理通常会犯易得性和代表性错误，对于容易获得的球员近期表现情况以及感知到的与其他球员的相似性，他们往往赋予过高权重。31

定量模型和算法通常优于人类判断，一个例子是用线性模型选拔研究生。模型会将学生表现和其他特征组合到一起，包括平均绩点、研究生入学考试分数、所在本科大学的质量、推荐信的推荐力度等，并详细说明每项特征的权重，从而得到学生未来表现的最佳预测。一个投资模型或许会基于以下因素：盈利能力、财务稳定性、易破产程度以及安全程度等。这种模型简化了投资筛选过程，有助于避免恶化筛选过程的认知型错误。32 然而，人们往往偏爱人类判断胜过定量模型和算法，在看到预测算法和人类预测者犯了相同的错误后，人们对前者会更快丧失信心。33

---

① 译者注：若严格遵照原命题与逆否命题的逻辑关系，证伪型证据应为"健康状况未改善的受试者也服用了候选药物"。下文的大学招生委员会的例子也存在类似问题。

对"禀赋效应"的纠正说明使用系统2可以减少情绪型错误，特别是由懊悔情绪导致的错误。我们是如何做到呢？通过"像交易者那样思考"，我们可以降低自己对后悔造成的痛苦的敏感性。设想你收到一个咖啡杯礼物并打算自己保留，假如你要买一个这样的杯子，你愿意花多少钱呢？假若你要卖掉它，你会要价多少呢？如果你和大多数人一样，则相比售出自有咖啡杯的要价（例如，10美元），购买杯子时你可能愿意支付一个更少的数量（例如，6美元）。这就好像赋予某人某物的行为，提高了该物在得物之人眼中的价值一样。但禀赋效应的原理何在呢？

我们通常认为禀赋效应背后的原理是损失厌恶[34]——放弃拥有之物会涉及损失，而在考虑获取该物时不存在损失。损失厌恶意味着只有在价格足以补偿该物品以及该物品的损失时，我们才愿意放弃自己拥有的物品。我们可以认为对杯子的10美元要价由两部分构成，6美元补偿杯子自身，而4美元补偿其损失。

然而，对于禀赋效应背后的原理，自豪情绪的收益，特别是懊悔情绪的成本也可能很重要。设想你收到20美元的钞票作为礼物并打算自己保留。需要多少张10元钞票才会诱使你售出20美元的钞票呢？对于一张20美元的钞票，你愿意花多少张10元钞票去购买呢？这时，可能不存在禀赋效应。

对某物品市场价值的不确定性，区分了杯子与20美元这两种情况。一旦事后发现物品的售出价格低于市场价值，承担懊悔情绪成本的意愿也可以区分这两种情况。你或许认为该杯子的市场价值是8美元，但你并不确定。如果你以8美元售出杯子，结果却发现其市场价值是10美元（这时后悔晚矣），怎么办？你会遭受懊悔情绪带来的成本。若结果你发现以8美元售出的杯子，其市场价值仅为6美元，则你肯定会享受到自豪情绪带来的收益。但是，同样的2美元差额，懊悔情绪带来的成本要大于自豪情绪带来的收益。对于价值可能是8美元的杯子要价10美元，是为了补偿在事后发现该杯子价值超过8美元时所产生的后悔情绪可能带来的成本。

现在考虑你收到一张彩票作为礼物，并且打算自己保留。你会愿意用它交换另一张彩票吗？对于中奖的可能性，并不存在不确定性——两者中奖的可能性相同。到底是原来的彩票还是交换来的彩票会中奖，有很大的不确定性，并且,交换彩票的决定是由你负主要责任的。若你选择交换彩票,结果发现你原来的彩票中奖了,设想一下此时懊悔情绪带来的成本。少于半数的人同意用收到的礼物彩票交换另一张彩票。相反,超过九成的人同意用收到的礼物钢笔交换另一支钢笔。35

通过赫斯纳"像交易者那样思考",时刻准备着承担懊悔情绪带来的成本,我们可以纠正禀赋效应。职业交易者或许天生拥有控制情绪的能力,也可能是后天学会了控制它们。心理学家彼得·索科尔 – 赫斯纳(Peter Sokol-Hessnera)及其合作者写道:"专家和非专家有可能天生就是两类不同的人,但也有可能是,专家通过学习不仅了解了关于投资的实情,同时也掌握了处理一般情绪反应的策略,在相同的信息条件下,这些情绪反应或许会妨碍非专家做出正确的决策。实际上,相比经验较少的行为人,专业的体育卡经销商、公寓投资者(而非业主)以及有经验的出租车司机对损失的反应明显较小。" 36

》通过激励纠正

通过减少较好选择的成本并增加糟糕选择的成本,激励可以改善人们的选择。延期纳税会降低退休储蓄的成本,罚金会增加提前支取的成本。激励也能纠正认知型和情绪型错误。

情绪,例如对子女的爱,能够增强我们本显不足的自我控制力,抵制即时满足对我们的吸引力,这种即时满足倾向会诱使我们为了度假动用子女教育心理账户中的储蓄。同样,通过将钱放在贴有子女照片的信封中,创建心理账户也能达到同样的效果。印度的低收入工人很少拥有银行账户。他们在一个现金经济中维持生计,每周的工资很少用于储蓄,虽然他们也很想储蓄,特别是为孩子。针对此类工人进行过一项实验,一些工人的工资被全部放进一个标有储蓄字样的信封中发给他们,而其他人的工资分开放进两个标有储蓄字样的信封中。一些信封上粘贴有子女的照片,而其他没有。当收到两个标有储蓄字样的信封(代表两个心理账户)时,人们储蓄得比原来更多;当信封上粘贴有子女的照片时,他们储蓄得还要多。37

对未来年老的自己的关爱,也能够增强明显不足的自我控制力。让人们在计算机上观看自己年老时可能的相貌照片，他们就更有可能选择未来的货币收益，而不选即时的货币收益。[38] 在自我控制力不足的人群中，提醒并鼓励他们考虑当前决策的未来结果也很有效。[39]

"承诺机制"会提供增加自我控制力的激励。这些机制包括：将储蓄存入禁止提前支取的账户中；[40] 为防止拖延完成任务而设定最后截止日期和罚金；[41] 将钱存入一个账户，若未履行承诺则没收这些资金。[42] 在一项实验中，想要戒烟的人被分成两组。在第一组人群的账户中存一些钱，如果尿检显示不含尼古丁，则6个月后他们便可以使用这些钱，否则这些钱会被捐给慈善组织。相比未提供激励的第二组，给予此激励的第一组在这6个月里更有可能戒烟。此外，这些人在12个月后仍然可能保持戒烟状态。[43]

SticKK.com网站就提供这种账户。SticKK的使用者做出的承诺包括：减肥、清理居所、学日语、按时起床、绝对不使用致瘾性物质（如可卡因、鸦片或酒类）。使用者投入一笔钱，若他们未能履行承诺，则这笔钱会捐给令他们憎恶的组织。对于倡导控枪的自由派人士而言，通常会选择全国步枪协会。在这笔钱被返还给使用者之前，会有仲裁人核实承诺是否真正被履行。

某个满意的使用者写道："为了履行与SticKK.com的约定，我减了50磅体重。我以前也曾减肥，但从未这样积极。"另一名使用者写道："作为一名经济学的学生，我被反复教授人们是理性且有前瞻性的，但每一个曾经拖延过的人都知道这并非实情。在过去的这一学期，有大量论文要读，考试马上临近，我和朋友决定花更多时间学习。某教授告诉了我们SticKK.com的情况，因此我们决定尝试一下，与SticKK约定，在6周里每人每周去图书馆10小时。当完成这一目标后，增加到每周15小时。当课程结束后，开始准备期末考试，我再次增加到每周50小时。作为一名可怜的研究生，我知道不学习是万万不行的！最终我们都达成了目标，没有花一分钱，更重要的是，我们顺利度过了这个学期。现在我开始教课，我一定要让我的学生们知道，SticKK.com确实有效（虽然它的有效性动摇了传统经济学理论）"。

"诱惑捆绑"也能提供增强自控力的激励。诱惑捆绑将欲望（例如阅读《饥饿游戏》）与理智（例如去健身）捆绑在一起。在一项实验中，人们被分为三组，并分别在iPod上选出四部他们想听的有声小说。在第一组中，人们只有在健身房健身时才能听这些小说。在第二组中，小说下载到他们个人的 iPod 上，可以随时听，但鼓励他们遵循下述原则：只有在健身时才听。第三组的人们获得了一张礼品券，其价值相当于租借四部有声小说的成本。结果表明，第一组人群更有可能去健身房健身，随后是第二组，最后是第三组。[44]

某些投资工具能够产生诱惑捆绑的效果。有奖储蓄（prize-linked savings, PLS）账户就是一个例子，它将人们中彩票的欲望与储蓄的理智捆绑在一起。有奖储蓄账户持有者在该账户上只能获得很少的利息，甚至没有利息，但他们有可能中奖。他们就像购买了彩票，幸运的中奖者会获得远超利率的收益。可以开立有奖储蓄账户的内布拉斯加州的消费者将赌博资金转成了储蓄。[45]

自控力不足的人过于渴望放纵，自我控制过度的人则会过于勉强自己。他们可以利用承诺机制抵制过度自我控制并从而获益。在一项实验中，受试女性被给予一个选择机会：价值 80 美元的水疗套装或 85 美元的现金。大部分人会选择水疗套装，她们解释说，如果自己不做出承诺放纵自己进行水疗，她们害怕过度自我控制会驱使自己将现金花在实用性物品上，例如杂货。[46]

在纠正认知型和情绪型错误方面，激励并非总是有效。实际上，在体育运动和考试中，激励可能适得其反，它会加重焦虑或加剧下述倾向：用特殊公式替代可靠公式以尝试提高成绩，这些都会降低成绩。在这方面问责的效果与激励的效果很相似。当提高努力程度会改善绩效时，问责也会改善绩效，但是，仅问责本身并不能有效纠正认知型和情绪型错误。[47]

激励的双刃作用明显反映在信贷员的选择中。强激励会鼓励信贷员进行更仔细的筛查，促发更多有利可图的贷款决策，但若贷款变成坏账，则激励的效果就有限了。此外，激励还会扭曲人们对信贷风险的评估，即使是有多年经验且训练有素的专业人员也不能例外。[48]

对糟糕建议的激励，即使在激励被移除后仍然会导致糟糕的建议。在一项实验中，财务咨询师拥有三个投资的相关信息。其中一个投资劣等投资，专门吸引风险追求型投资者。当对推荐该投资提供奖金时，有一半的咨询师向客户做了推荐。相反，未被提供推荐奖金的咨询师中仅有 4% 推荐了它。此外，奖金的影响在其被取消后仍然持续存在。在奖金被取消后，那些曾被提供推荐奖金的咨询师推荐该劣等投资的可能性几乎是从未提供奖金的咨询师的6倍多。那些曾被提供奖金的咨询师甚至可能自己也选择该劣等投资。此类咨询师的行为与人们的下述欲望相一致：想要获得正直廉洁的正面形象带来的表达性和情感性收益。为了保持这种形象，咨询师会提供前后一致的建议，即使这样做减少了自身的功利性收益。[49]

为纠正做好准备

进行纠正需要人们为纠正做好准备。只有当投资者准备好接受指导时，财务咨询师才能够纠正其认知型和情绪型错误，并很好地指导他们。一系列研究发现，瑞士投资者中最需要财务建议的人，去寻求财务建议的可能性最小。[50]德国投资者的情况也是如此。此外，5%的德国投资者获得过投资建议，但他们却难以遵从建议。[51]拥有财务信息并不能帮助荷兰投资者做出好的退休储蓄选择。即使让信息更容易理解、以合适的媒体传播，并使之适合人们的环境，结果仍是如此。[52]很明显，对于获取人类行为和金融事实类知识以及纠正认知型和情绪型错误而言，仅仅能够得到好的财务建议只是必要但非充分条件。

疲劳与注意力分散会妨碍人们为选择做准备，因为他们会抑制系统2的激活。疲劳的人很难执行需要自我控制的任务，被分散注意力的人更有可能屈服于诱惑。贫困会抑制系统2的激活，因为匮乏会分散人们对重要的未来需求的注意力，使之转向当前的迫切需要。这种注意力分散导致过度借债，增强了摆脱贫困的难度。[53]

出于本能的影响因素，例如饥饿，也会妨碍人们为选择做准备。在一幅漫画中，正义被嘲讽为"法官早餐吃了什么"，这令人悲哀，但可能是真的，即使经验丰富的法官也不能免俗。一项研究发现，在茶歇之前，令人称道的案件裁定比率从大约65%逐渐降到几乎为零，茶歇过后又突然返回大约65%。[54]

因此，当我们筋疲力尽、疲惫不堪、愤怒、亢奋、饥饿或注意力分散时，最好将选择推后。然而，我们并非总能意识到自己缺乏准备，并且，当纠错与我们的欲望相冲突时，我们通常会抵制纠错。

循证医学（evidence-based medicine）和循证投资（evidence-based investing）是有用的纠正错误的方法。它们用系统 2 的深思熟虑以及系统性的证据，增强或代替医生和投资者系统 1 的直觉以及非系统性的证据。然而，许多医生在开具医疗处方时没有利用循证医学纠错；许多投资者，甚至职业投资者也不愿使用循证投资。

对循证医学和循证投资的抵制，部分源自下述现象：同样合理的基于证据的研究却会得出不同的结论。然而，抵制也部分源自循证医学和循证投资方式，对医生和投资专家的自主能力、收入与地位造成了威胁。美国医疗研究和质量局（Agency for Healthcare Research and Quality）网站上的一篇文章写道："一般而言，医生是能够接受病人的目标的。然而，达成这些目标，要求医生改变他们的行为并重新分配收入。例如，削减成本要求减少医生、医院的收入，并改变医生的行医方式"。[55] 正如厄普顿·辛克莱（Upton Sinclair）的名言那样："当一个人靠不明事理赚钱的时候，是很难让他明事理的。"

在 AngryOrthopod.com 网站上，一位医生表达了他对循证医学的强烈反对。他写道："长久以来，执业医师享有下述自由——根据每个病人的病情来治疗他们。这也被称为行医……循证医学只不过是取消医生（应该说是卫生保健提供者）自主权的另一种方式而已。这种趋势已推进多年，正在一点一点地将我们阉割。"[56]

❯❯ 利用胜过纠正

银行、酒店、健身俱乐部、共同基金公司、信用卡公司能够帮助其客户纠正认知型和情绪型错误。然而，许多此类公司选择利用其客户的错误，通过隐瞒或掩饰信息牟利。

免于认知型和情绪型错误的有知之人会做下述推断——那些被隐瞒或被掩饰的价格很可能是高价格。因此，在所有人都有充分知识的市场上，产品和服务的提供者选择揭示信息。而在并非所有人都有充分知识的市场上，提供者或许会选择隐瞒或掩饰信息,进而利用无知顾客的错误牟利。[57]

考虑酒店业主,其以低于成本(100美元)的价格80美元提供客房,但同时以高于成本的价格提供附加物,因为他们知道购买附加物会增加整体利润。无知顾客会购买这些附加物,例如,餐饮、电话服务、迷你吧物品;而有知顾客会避免这些支出,例如,到酒店外用餐、使用手机、远离迷你吧。本质上,酒店业主以远高于成本的附加物价格来利用无知顾客,而有知顾客以低于成本的客房价格来利用酒店业主。

1968年(美国联邦政府)出台了有里程碑意义的《诚实贷款法案》(Truth in Lending Act,TILA),其出台背景正是市场上明显存在掩饰信息以压榨借款人的现象。TILA要求放款人披露所有相关的贷款条件,特别强调公布年利率。该法案旨在制止放款人的惯常做法:放款人以"低月供"进行营销,隐瞒利率或给出用其他方式定义的低于APR的利率。例如,1 000美元的贷款,12个月每月支付88.33美元,总计支付1 060美元,被广告宣传为利率6%的贷款。该贷款的APR实际上接近11%,因为除了最后一次付款,其他付款都是在12个月还款期结束前支付的。然而,即使面临被起诉和罚款的危险,许多放款人仍不断利用借款人低估利率的倾向。相比低估年利率倾向低的人,低估年利率倾向高之人每年大约多支付了4个百分点的利率。[58]

墨西哥私有化的社会保障体系为我们提供了另外一个隐瞒信息的案例。墨西哥在1997年对社会保障体系进行了私有化,个人私有账户由被认可的基金管理公司进行管理。自私有化之初,有10到21家著名的基金管理公司在市场上竞争,然而费用却一直很高。

在2004到2006年这一期间,工人支付的前端费用平均占其缴费额的24%,支付的年度资产管理费超过总资产的0.26%。① 中途政府曾引入了一项费用指数,以提高收费的透明度及工人对收费的敏感性。该指数利用特定的公式将前端费用以及年度费用组合在一起。政府将该指数作为一个费用指标向工人们宣传,建议他们在选择基金经理时考虑该指标。

在费用指数被引入之前,人们很少关注费用;引入之后,指数在人们选

---

① 译者注:前端费用是指在初始购买某一投资时,购买者向投资中介支付的费用,该笔费用会从投资额中扣除,直接减少投资额。

择基金时起到了强有力的引导作用。然而,基金管理公司的应对方式并非降低费用。相反,他们通过隐瞒或掩饰费用来最小化该指数。这种应对将费用从高收入人群移向低收入人群,前者能够识破基金管理公司的掩饰并计算出实际费用,而后者却无法做到。[59]

彩票销售者会利用购买者的代表性错误牟利,该错误表现为相信热手谬误和赌徒谬误。彩票购买者不愿选择和以前中奖号码相似的彩票,这符合赌徒谬误。同时,购买者偏爱从以前出售过中奖彩票的销售者那里买彩票,这符合热手谬误。通过利用两种谬误,销售者可以从中牟利。[60]

一些基金公司擅于利用人们的易得性错误。易得性捷径将我们的注意力转向易得信息,而隐藏了那些不易得信息。基金公司通过宣传其业绩最佳的基金来利用易得性错误。晨星(Morningstar)公司将表现最好的10%的基金归类为五星基金,但在进行广告宣传的基金中,五星基金所占比例要远超10%。[61]

利益冲突会诱使某些咨询师误导投资者。在一项实验中,训练有素的审计师找到财务咨询师,展示其资产组合并寻求建议。一些资产组合存在投资失误,但符合咨询师的经济利益。其他资产组合使用了好的投资策略,但与咨询师的利益相悖。

第一种情况为追求基金收益情景,审计师持有的资产组合如下:30%投资于某交易所基金,该基金由单一行业公司股票组成,前一年业绩良好。审计师希望找出更多近期表现良好的行业。在此情景下,咨询师和客户面临的激励是不一致的:咨询师可以从客户的偏误中获利,因为这允许他更频繁地买卖资产组合进而产生更多费用,而客户会因更加多元化的投资组合而获利。第二种情况为雇主股票情景,审计师持有的资产组合中有30%投资于其雇主公司的股票。这时,咨询师与其客户面临的激励是一致的:减少或消除客户的偏误,符合咨询师的最大利益,因为持有公司股票也会降低咨询师赚取费用的能力。在第三种情景中,审计师持有一个多元化的低费用资产组合,由指数基金和债券组成。

结果表明咨询师不能纠正投资者的错误,并且通常会强化符合咨询师自身利益的错误。咨询师推荐那些近期收益较高的投资,强烈推荐那些高成本的主动管理型共同基金,即使审计师展示给他们的是合理分散化的、低成本的指数型资产组合,咨询师的建议也是如此。[62]

另一项实验也说明了利益冲突的影响。在印度保险市场上,财务咨询师会向投资者推荐那些高佣金的劣质产品。对于缺乏金融知识的投资者,咨询师更有可能推荐劣质产品。此外,强制要求披露佣金信息会降低咨询师推荐此类强制披露型产品的可能性。[63]

一项对加拿大财务咨询师的调查显示,他们会诱使客户承担更多风险,进而提高预期收益率。这些财务咨询师很少对客户进行量身定制,咨询师引导客户投资的资产组合与投资者的风险偏好和生命周期阶段毫无关系。咨询师自有资产组合能够很好地预测他们推荐给客户的资产组合。而这种一刀切的建议并不廉价,客户平均每年支付的费用超过总投资的2.7%,损失掉了可通过承担更高风险而获得的大部分甚至全部期望收益。[64]

在21世纪之初房地产市场繁荣时期,有指责说市场上存在对借款人的误导。事实确实如此,操纵借款人借入掠夺型贷款的现象很明显。经纪人和房地产专业人士会操纵房屋购买者向高利率放款人借款。这些受操纵的借款人多支付了0.40%至0.60%的利率。然而,相比未受操纵的类似借款人,其违约可能性要低2%。这一结果表明,相对于其资质,受操纵的借款人获得了劣质贷款。[65]

一些健身俱乐部的经理人会利用人们不切实际的乐观主义以及自我控制力的不足,推销需每月支付费用的不限次数的健身卡。结果表明,这种月费健身卡更加有利于俱乐部。选择月费健身卡的俱乐部会员,平均每月去俱乐部的次数少于5次,每次健身实际支付的费用超过17美元。若按次支付费用,每次只需10美元——他们原本是可以省钱的。[66]

与健身俱乐部的经理人类似,一些信用卡公司的经理人也会对产品进行设计,进而利用人们不切实际的乐观主义和自我控制力不足等认知和情绪型错误。信用卡发行公司针对受教育水平较低的顾客,提供初期利率较低但后期利率和透支费用很高的产品。相反,有优惠计划的信用卡主要被提供给受教育水平较高的消费者,这类信用卡很少靠后期和透支费用盈利。[67]

2009年施行的CARD法案禁止了信用卡公司的许多惯常做法。该法案降低了整体的借款成本,每年减少的成本占日均余额的 1.6%,对于信用评分较低的消费者而言,降幅超过了 5.3%。并且,法案推行后,未出现相应的利率增加或信贷量减少现象。综合而言,CARD 法案每年为消费者节省了 119 亿美元。[68]

信息自身并非总是有效的纠正工具,在这方面 CARD 法案提供了进一步的证据。CARD 法案要求信用卡公司在会计报表中,除了提供全额清偿余额信息之外还要提供双重支付信息。当客户以最低月供的方式偿还余额时,双重支付信息要求说明还款年限;当客户选择 3 年后偿还余额时,要求说明月供额。然而,相比那些给予全额清偿余额信息的消费者,给予双重支付信息的消费者会选择较低的月供,但其清偿债务的可能性也相应较低。[69] 类似地,告知储蓄率为 5% 的人们其同事储蓄了收入的 15%,会激励这些人储蓄更多。但是,因为知道了自己无望赶上同事,也有可能使人们丧失储蓄的动力——连 5% 都储蓄不了。[70]

》纠正、助推与强制

在满足欲望的道路上,认知型和情绪型错误会误导人们。当我们指引人们达成其欲望时,我们是在纠正认知型和情绪型错误,即消除偏向。然而,欲望不同于理智。欲望将我们带入一部引人入胜的小说,而理智引导我们进入一部教科书。当我们劝说人们理智行事时,我们是在助推(nudeg);当我们强行迫使人们理智行事时,我们是在强制(mandate)。强制是家长主义的,因为它不允许人们以退出的方式表示反对;而助推是"自由式家长主义的",因为它允许人们以退出的方式表示反对。当人们主动要求纠正时,其是自由主义的;当人们未主动要求时,其是自由式家长主义或家长主义的。

在退休储蓄问题上,我们可以看出纠正、助推和强制功能的区别。心理学家克雷格·麦肯齐(Craig McKenzie)和行为金融分析师迈克尔·历尔施(Michael Liersch)发现,直觉型系统 1 的锚定型错误会误导人们低估储蓄的指数型增长,低估复利的影响,低估年轻时储蓄的资金的增长潜力。结果是,对于想要有足够老年收入的人,系统 1 误导他们年轻时储蓄不足,进而年老时支出不足。[71] 储蓄账户中的 1 000 美元按 6% 的年增长率指数增长 40 年后，其数额为 10 286 美元。然而，人们通常低估其增长，认为该数额接近 3 400 美元，就好像储蓄账户是按线性增长的一样。即使给人们计算器，人们也未必能利用系统 2 进行纠正，因为许多人会输入错误的数学公式。

好的捷径是利用系统 2 进行纠正的有效方法。"72 规则"是一种认知型捷径，我们用它来估计某数按指数增长翻倍需要花费的年数——用 72 除以年增长率，例如 6%，得到的估计值为 12 年。精确计算表明，某数按 6% 的年增长率增长一倍，实际需要花 11 年另 11 个月，与"72 规则"得到的结果仅差一个月。无论是 12 年还是 11 年另 11 个月，都要显著少于 16 年另 8 个月，后者是若该数按线性增长时得出的估计值。

使用"72 规则"的人能够估计出 1 000 美元 12 年后会增长到 2 000 美元，24 年后增长到 4 000 美元，36 年后增长到 8 000 美元。若最后 4 年按线性计算，在 40 年后其会增长到 9 920 美元，少于 10 286 美元，但相差不大。实际上，有证据表明在减少指数型增长估计错误方面，"72 规则"是非常有效的。[72]

当我们指引人们的欲望时，不管其是想多储蓄还是少储蓄，我们是在纠正。了解指数型增长的人或许会选择年轻时多储蓄，目的是在年老时有宽裕的支出。他们也可能选择年轻时少储蓄，目的是在年轻时支出宽裕，因为他们知道较少的储蓄会按指数增长到足够多的数量，以满足其年老时的欲望（但无法做到支出宽裕）。

然而，麦肯齐和历尔施的目的并不是为了纠正——指引人们达成其欲望。相反，他们的目标是助推人们理智地进行更多储蓄。这种理智或许反映了人们想要年老时支出宽裕的欲望，该欲望受到人们的年轻自我想要当前支出宽裕的欲望的压制。其或许也仅反映了政策制定者认为是明智的理智——有可能人们的年轻自我或年老自我都不想这样。麦肯齐和历尔施的结论的前提是，人们没有为退休进行足够的储蓄，因此，应该助推他们进行更多储蓄。事实上，他们担心其纠正方法会导致人们储蓄得更少，在发现其助推人们储蓄得更多后，他们才感到安心。

强制比助推更进一步，强行迫使人们按理智行事。社会保险体系强行迫使人们储蓄，强制要求人们在工作期间缴费而在退休后支取。美国人可以拒绝固定缴款退休储蓄计划，因为此类计划是自愿的，但他们不可以拒绝加入社会保险，因为它是强制性的。

美国食品和药品管理局（Food and Drug Administration，FDA）通过强行禁止开具其认为不安全或无效的药品的处方，迫使医生与病人远离它们。有种建议要求对"金融创新进行类似食品与药品的监管"，例如禁止发明新金融产品的公司销售该产品，直到其被类似于FDA的政府机构审查为安全且有效为止。[73]

▶ 结 论

我们容易犯认知型和情绪型错误，同时，我们也能够利用人类行为和金融事实类知识纠正这些错误。此类知识使我们从中度无知转为中度有知，使我们的选择从中度愚蠢转为中度聪明。

转变的第一步是了解我们的认知型和情绪型捷径与相应错误。第二步是在直觉系统1误导我们时使用熟虑系统2。考虑下述例子，人们会批评政府未能事前预料到恐怖主义活动，因为政府"未能将事件连点成线"。了解后见之明型捷径与相应错误会帮助我们理解并接受下述事实——当连点成线对挫败恐怖主义活动有益时，事后连点成线要比事前容易。

类似地，这种了解也会帮助我们理解并接受下述事实——事后预测下一次股市繁荣或崩盘要比事前容易。择时交易投资者尽力在繁荣前购入股票而在崩盘前售出股票，结合了关于其交易记录的金融事实类知识之后，关于后见之明型捷径与相应错误的人类行为类知识会十分有效。利用系统2，我们可以考察关于择时交易的所有证据，包括证实型和证伪型证据，这些证据能够告诉我们择时交易者是否真正是成功的。

不幸的是，一些金融机构会利用我们的认知和情绪型错误牟利。例如，一些利用易得性错误的共同基金公司，会通过广告宣传只突出其业绩最佳的基金。我们倾向于忽略广告中的小字"过去业绩不保证未来业绩"。基于人类行为和金融事实类知识的规则也会帮助我们纠正这些错误。

CHAPTER 6
Experienced Happiness, Life Evaluation, and Choices:
Expected-Utility Theory and Prospect Theory

第 6 章
体验幸福、生活总体评价与选择：
期望效用理论和前景理论

设想有两个人，玛格丽特和安。昨天，玛格丽特的财富从 400 万美元下降为 300 万美元，安的财富从 100 万美元上升到 150 万美元。今天谁会体验到更多幸福？谁对生活质量的评价更高？

丹尼尔·卡尼曼及其同事安格斯·迪顿（Angus Deaton）（都是诺奖得主）区分了两个幸福的概念："体验幸福"和"生活总体评价"。[1] 体验幸福也被称为"情绪型幸福"或"享乐型幸福"。卡尼曼和迪顿通过让人们回答关于昨天的体验的问题来评估体验幸福，例如，昨天的乐事、喜爱之事、难过之事、愤怒之事。受访者通过坎特里尔自我定位量表（Cantril's Self-Anchoring Scale）对生活质量进行评估，他们在一个阶梯式量表中给出对自己的定位，梯级最低为"最差生活"，最高为"最好生活"。卡尼曼和迪顿发现，生活总体评价随收入上升而稳步上升，但是，体验幸福在年收入超过大约 75 000 美元后就不再上升。

我们可以将体验幸福视为"暂时型幸福"，而将生活总体评价视为"持久型幸福"。相比年收入约 75 000 美元的人，年收入远低于 75 000 美元的人报告的体验幸福更低。他们报告说，昨天少幸福而多不幸——少愉悦、少微笑、少笑声，而多忧虑、多伤心。确实，年收入远低于 75 000 美元的人多数时候失去了体验幸福。如果车坏了，他们会担心丢掉工作，这或许会让他们失去当天的体验幸福，而债主接二连三的电话或许会让他们失去第二天的体验幸福。

相比年收入稍稍超过 75 000 美元的人，年收入远超 75 000 美元的人并不会报告更多的体验幸福。他们并没有报告说昨天多愉悦或少忧虑。如果自己的车坏了，两组人都有能力租一辆车，他们也不会接到债主的催债电话。两组人也都可能因为下列事件失去体验幸福：令人失望的奖金、做错事的孩子、某种关系的破裂。

然而，相比年收入75 000美元的人，年收入超过10万美元的人对生活总体评价的报告值要高很多；相比年收入10万美元的人，年收入20万美元的人对生活总体评价的报告值也高很多。生活总体评价反映了财富带来的所有收益，包括消费商品和服务的功利性收益、高社会地位和自豪感带来的表达性和情感性收益。确实，若财富不带来表达性和情感性收益，就很难解释下述现象：为什么那些几辈子也花不完自己财富的人会继续为更多财富而奋斗不止。

安的体验幸福感可能高于玛格丽特的，因为，安昨天赚了50万美元财富，而玛格丽特损失了100万美元财富。相比玛格丽特，安更有可能报告说今天自己幸福、愉快、经常微笑、大笑，不太可能报告说自己忧虑且伤心。但是，玛格丽特的生活总体评价很可能高于安，因为玛格丽特的财富是300万美元，超过安的150万美元财富。

财富水平、财富的得与失

期望效用理论（expected-utility theory，EUT）和前景理论（prospect theory，PT）是两种评价幸福并预测选择的理论。期望效用理论是由数学家丹尼尔·伯努利（Daniel Bernoulli）提出的，[2]而前景理论是由心理学家丹尼尔·卡尼曼和阿莫斯·特韦尔斯基提出的。[3]期望效用理论与标准金融学相关，而前景理论与行为金融学相关，然而两种理论都不全面。更全面的评价幸福与预测选择的理论将期望效用理论和前景理论融合在一起，并且超越了两者。

期望效用理论中的效用是财富型效用，是对源自财富的生活总体评价或持久型幸福的简称。如图6-1所示，期望效用理论的一种预测是财富越多，源自财富的持久型幸福就越高，这使得富有者在生活总体评价阶梯上处于较高位置。实际上，该预测符合经济学家莫顿·米勒和弗朗科·莫迪利安尼对理性投资者的定义的第一部分：偏爱更多而非更少财富。[4]

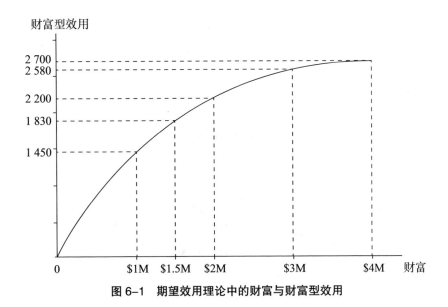

图 6-1　期望效用理论中的财富与财富型效用

期望效用理论预测玛格丽特对生活质量的评价要高于安,因为玛格丽特 300 万美元的财富带来 2 580 单位的财富型效用,而安的 150 万美元财富仅仅带来 1 830 单位效用(注意这里财富型效用的衡量尺度是随意的,我们可以将 2 580 替换成 25 800 或任意其他数字,只有财富型效用之间的比例才是重要的)。

财富型效用的增长要慢于财富的增长。例如,在 0 美元的 0 单位财富型效用基础上,第一个 100 万美元增加了 1 450 单位的财富型效用;但第二个 100 万美元仅增加了 750 单位财富型效用,总数达到 2 200 单位;第三个 100 万美元增加得更少,只有 380 单位,使总数达到 2 580 单位。财富与财富型效用之间的关系因人而异。财富从 200 万美元增加到 300 万美元,对某人而言增加了 380 单位财富型效用,但对另一个人而言或许仅增加了 360 单位。

前景理论中的效用是得失型效用(是体验幸福或暂时型幸福的简称),源自相对于参考点而言的财富的得与失。昨天的财富水平,例如,玛格丽特的 400 万美元和安的 100 万美元,是可能的参考点。前景理论预测今天安的体验幸福要超过玛格丽特的,因为相对于自己 100 万美元的参考点,安昨天获得了 50 万美元,从图 6-2 可以看出,增加了 72 单位的得失型效用;而相对于自己 400 万美元的参考点,玛格丽特昨天损失了 100 万美元,损失了 188 单位的得失型效用。与财富型效用类似,得失型效用的衡量标准也是随意的。

我们可以将 72 替换为 720 或其他任意数字。只有得失型效用彼此之间的比例才是重要的。与财富和财富型效用之间的关系类似,得失与得失型效用之间的关系也因人而异。对某人而言,获得 50 万美元增加了 72 单位的得失型效用,但对另一个人而言可能增加了 76 单位。

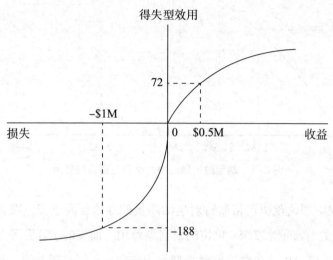

图 6-2　前景理论中的得失与得失型效用

期望效用理论预测人们不会被财富的框定方式所迷惑,这符合米勒和莫迪利安尼对理性投资者定义的第二部分,而前景理论预测人们通常会被迷惑。伊丽莎白[①]和安更容易使用前景理论型框定方式,即以昨天的财富为参考点对财富得失的框定——安获得了 50 万美元而玛格丽特损失了 100 万美元。然而,通过给出以下建议,玛格丽特的朋友或许能让她振作起来:将其参考点设定在去年的 200 万美元上,强调从 200 万美元上升到 300 万美元的收益,忽略从 400 万美元降到 300 万美元的损失。这个朋友或许也可以将玛格丽特的注意力从前景理论的财富得失转向期望效用理论的财富水平,进而强调下述事实:玛格丽特的 300 万美元财富超过了安的 150 万美元。

期望效用理论和前景理论都对选择进行预测。期望效用理论预测人们的选择将反映出他们偏好高财富水平胜过低财富水平,而前景理论预测人们的

---

① 译者注:疑有误,此处的伊丽莎白应该是玛格丽特。

选择将反映出他们偏好高收益胜过低收益或损失。两种理论均预测选择将反映风险厌恶,但是,两种理论对风险的定义不同,现在我们对该问题进行讨论。

方差厌恶与损失厌恶

期望效用理论预测,当通过收益率的方差测度风险时,所有选择都会符合风险厌恶而不会符合风险追求。在期望效用理论中,风险厌恶应被称为方差厌恶,而风险追求应被称为方差追求。

前景理论也预测所有选择都符合风险厌恶,但在前景理论中,风险厌恶可以是方差厌恶、损失厌恶或者差额厌恶(shortfall aversion)。某些前景理论的选择符合方差厌恶,与期望效用理论一致,而其他选择符合方差追求,与前景理论的差额厌恶相一致,但与期望效用理论相悖。表6-1是期望效用理论与前景理论的对比。

表6-1 期望效用理论与前景理论

期望效用理论(EUT)	前景理论(PT)
1. 效用是财富型效用	1. 效用是得失型效用
2. 财富型效用由总财富决定	2. 得失型效用由相对于参考点的得与失决定
3. 财富型效用是持久型幸福或对生活的总体评价	3. 得失型效用是暂时型幸福或体验幸福
4. 选择是在考虑关于总财富结果的影响后做出的	4. 选择是在考虑关于对得与失结果的影响后做出的
5. 人们对总财富的感知不受诠释(框定)方式影响	5. 人们对得与失的感知受诠释(框定)方式影响
6. 人们的选择总是符合风险厌恶,而风险厌恶是方差厌恶	6. 人们的选择总是符合风险厌恶,而风险厌恶是方差厌恶、损失厌恶或差额厌恶
7. 人们的选择总是符合方差厌恶而不会符合方差追求	7. 当方差追求反映了差额厌恶时,人们的选择有时符合方差追求
8. 人们会客观估计出现各种结果的概率	8. 人们会主观估计出现各种结果的概率,利用"概率权重"替代客观概率
9. 选择过程中情绪不发挥作用	9. 选择过程中情绪发挥作用,特别是希望、恐惧、自豪和懊悔

当所有结果都落在收益域时的选择

人们可能会选择确定的 10 000 美元,而不选 20 000 美元或 0 美元的等可能赌局。这种选择符合期望效用理论的方差厌恶,因为赌局的期望值 10 000 美元(20 000 美元和 0 美元的均值)等于那个确定的 10 000 美元,然而,赌局可能结果的方差要高于那个确定的 10 000 美元的方差:0。

如图 6-3 所示,在总财富框架下,我们能够更准确地描述期望效用理论下的选择,因为,该理论预测人们或明确地或隐晦地(后者更有可能)用总财富框定其选择。

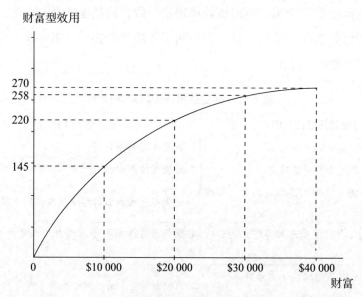

图 6-3　当赌局结果未减少总财富时期望效用理论的选择

假定某人当前财富是 20 000 美元,产生 220 单位的财富型效用。确定的 10 000 美元将总财富变为 30 000 美元,产生 258 单位财富型效用。赌局提供了如下一个五五等可能的机会:将总财富保持在当前的 20 000 美元水平,产生 220 单位财富型效用,或者使财富增长到 40 000 美元,产生 270 单位效用。与赌局相关的 220 单位和 270 单位财富型效用的均值是 245 单位,该数值要低于从 30 000 美元总财富中获得的 258 单位效用。因此,期望效用理论预测人们会选择确定的 10 000 美元。

如图 6-4 所示,在前景理论中,对于参考点是 0 美元的人,选择确定的 10 000 美元也符合方差厌恶。

确定的 10 000 美元和赌局的可能结果都位于收益域,相对于 0 美元的参考点,它们都不会导致损失。确定的 10 000 美元收益产生 110 单位得失型效用。在五五等可能赌局中,20 000 美元收益产生 137 单位效用,而 0 美元收益产生 0 单位效用。赌局的 137 单位和 0 单位得失型效用的均值是 68.5 单位,该数值要低于确定的 10 000 美元产生的 110 单位效用。因此,前景理论预测人们会选择确定的 10 000 美元。

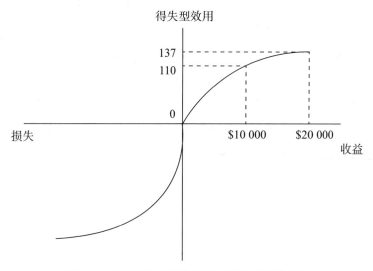

图 6-4 当结果均位于收益域时前景理论的选择

对于 80 000 美元或 0 美元的五五等可能赌局以及确定的 10 000 美元,其选择符合期望效用理论的人,若方差厌恶程度不是很高,则可能会选择赌局。确定的 10 000 美元将总财富变为确定的 30 000 美元,即 20 000 美元当前财富和新增的 10 000 美元之和。赌局会将总财富变为 100 000 美元或维持在 20 000 美元水平上不变。若选择确定的 10 000 美元,确定的 30 000 美元的方差是 0;若选择赌局,总财富的方差较大。若选择赌局,期望财富是 60 000 美元,即当前的 20 000 美元和 40 000 美元期望值之和,其要大于选择确定的 10 000 美元后得到的 30 000 美元。60 000 美元和 30 000 美元产生的财富型效用之差可能会使人们克服方差厌恶,选择赌局。

在前景理论中,对于参考点是 0 美元且方差厌恶程度不高的人,上述选择也符合方差厌恶。赌局 40 000 美元的期望值是确定的 10 000 美元的 4 倍,并且,该确定的数量与赌局的可能结果都位于收益域。

损失厌恶

现在考虑如下选择:是选确定的 0 美元,还是选择获得 20 000 美元或损失 5 000 美元的五五等可能赌局。我们可以在总财富框架下描述期望效用理论的选择,如图 6-5 所示。当前财富水平是 20 000 美元,产生 220 单位的财富型效用。确定的 0 美元收益维持 20 000 美元的总财富水平不变,仍产生 220 单位效用。赌局提供了下述五五等可能的机会:将总财富减少到 15 000 美元,产生 185 单位财富型效用,或者将总财富增加到 40 000 美元,产生 270 单位效用。与赌局相关的 185 单位和 270 单位财富型效用的均值是 227.5 单位,该数值要大于与确定的 0 美元相联系的 220 单位效用。因此,期望效用理论预测人们会选择赌局。

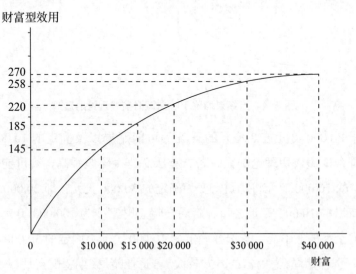

图 6-5 当某些结果会减少总财富时期望效用理论的选择

第 6 章 | 体验幸福、生活总体评价与选择：期望效用理论和前景理论

然而，对于选择行为符合前景理论的人而言，损失厌恶或许会使其倾向于拒绝赌局。之所以会拒绝是因为赌局的可能结果跨越了收益和损失域，并且损失带来的痛苦要大于等量收益带来的愉悦。损失厌恶反映在如下的前景理论函数中：在参考点附近区域，函数在损失域的下降速度要快于其在收益域的上升速度。

如图 6-6 所示，确定的 0 美元产生 0 单位得失型效用。在五五等可能赌局中，获得 20 000 美元产生 137 单位得失型效用，但损失 5 000 美元导致 –150 单位的得失型效用。赌局的得失型效用均值是 –6.5 单位，其数值要低于确定的 0 美元产生的 0 单位效用。因此，前景理论预测人们会拒绝赌局而选择确定的 0 美元。

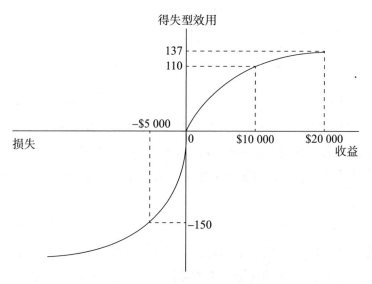

图 6-6　当某些结果位于损失域时前景理论的选择

损失厌恶程度因人而异，并且这种差异会影响选择。设想有三个人，如图 6-7 所示，其中一人与图 6-6 所示之人一样，我们称其为中度损失厌恶，称另外两人为低度损失厌恶和高度损失厌恶。中度损失厌恶者拒绝了赌局，因为 137 单位和 –150 单位得失型效用的均值是 –6.5 单位。高度损失厌恶者会更坚决地拒绝赌局，因为对他来说，137 单位和 –195 单位得失型效用的均值是 –29 单位。然而，低度损失厌恶者会接受赌局，因为对他来说，137 单

位和 −120 单位得失型效用的均值是 8.5 单位,高于确定的 0 美元带来的 0 单位得失型效用。

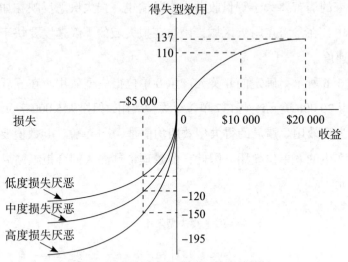

图 6-7　损失厌恶程度不同的人的选择

现在,假定给你一个机会可以用新的资产组合代替你当前的投资组合。新资产组合有 50% 的机会让你一生的生活水平提高 50%。然而,该组合也有 50% 的机会让你一生的生活水平下降 x%。一生生活水平最大下降百分之几,即 x 最大为多少,你才愿意接受上述机会(即以 50% 的概率使一生生活水平上升 50%)。

对于以 50% 的概率使一生生活水平上升 50%,损失厌恶意味着人们给出的 x 值要小于 50。实际上,平均而言,对于上述机会,美国投资者愿意接受的 x 的最大值为 12.5。换句话说,平均而言,对于有得有失的五五等可能机会,仅当潜在收益至少是潜在损失的 4 倍时,他们才愿意接受。[5]

损失厌恶程度会因性别和年龄的不同而显著不同。平均而言,男性的损失厌恶程度要低于女性,年轻人的损失厌恶程度要低于老年人。损失厌恶程度还会因国家而异。图 6-8 表明,平均而言,中国人的损失厌恶程度要低于美国人,而美国人的损失厌恶程度要低于英国人。

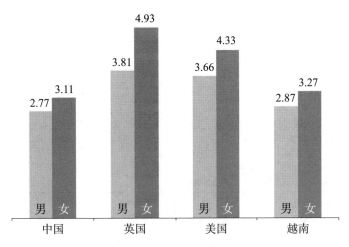

注：图为人们在愿意接受有得有失的五五等可能机会时，一生生活水平提高50%与最大下降百分比之间的比例。

图6-8 中国、英国、美国、越南男性与女性的损失厌恶程度

差额厌恶

差额厌恶不同于损失厌恶，虽然两者经常被混淆。损失厌恶的参考点是我们的当前状况。当我们考虑获得20 000美元或损失5 000美元的五五等可能机会时，当前状况是当前的财富水平；当我们考虑生活水平提高50%或下降20%的五五等可能机会时，当前状况是当期的生活水平。相反，差额厌恶的参考点是好于当前状况的渴望水平。

渴望天亮前能够在赌场以小博大的赌客，大胆下注的概率要大于谨慎下注的概率，前者提供了一个很小的消除与渴望值之间差额的机会。为了减少以差额（与渴望值之间）形式存在的风险，他们会接受以方差或潜在损失形式存在的风险。

如图6-9所示，考虑下述选择：确定地损失5 000美元与损失15 000美元或0美元的五五等可能赌局。确定地损失5 000美元意味着一定会比渴望财富水平（即损失之前的财富水平）少5 000美元，并且没有机会消除该差额。5 000美元损失使得失型效用减少了150单位。然而，如果赌局的结果是损失0美元，则该赌局提供了一半的机会不产生差额，虽然，其还有一半机会损失

15 000 美元。损失 0 美元的得失型效用是 0 单位,损失 15 000 美元的得失型效用是 –205 单位。

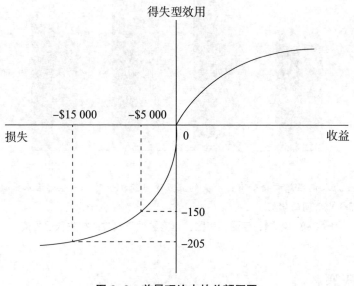

图 6–9 前景理论中的差额厌恶

在期望效用理论中,选择赌局不符合方差厌恶。如果选择赌局,期望财富水平是 12 500 美元,比当前 20 000 美元的财富少 7 500 美元。如果选择确定的损失,则财富水平是 15 000 美元,仅比当前 20 000 美元的财富少 5 000 美元。此种差异使得选择确定性损失要好于选择赌局。此外,赌局的方差要高于确定的 15 000 美元财富的 0 方差。对于其选择符合期望效用理论的人而言,较低的期望财富和较高的方差会使其不选择赌局。但是,对于其选择符合前景理论的人而言,选择赌局符合差额厌恶。赌局的得失型效用均值是 –102.5 单位,即 –205 单位和 0 单位效用的均值,其要好于确定的 5 000 美元损失所带来的 –150 单位得失型效用。

差额厌恶的一个例子是赛事临近结束时,赛马场的赌徒更倾向于下赔率较大的赌注。设想上午已经损失 5 000 美元的赌徒们,其参考点是损失前的财富水平。他们会这样诠释其下午的选择:如果现在离开赛场会有 5 000 美元确定的差额;但若进行一个赔率较大的赌局,则有 10% 的概率赢得 5 000 美元进而消除该差额,有 90% 的概率再损失 10 000 美元,使得差额增加到 15 000

美元。差额厌恶程度非常高的赌徒会选择赌局，而差额厌恶程度不怎么高的赌徒会接受 5 000 美元的差额并离开赛场。

马拉松参赛者会将其完成时间的渴望值设定在整数数字上，例如 4 小时。完成时间聚集在此整数数字上的倾向明显反映出马拉松参赛者存在差额厌恶。一项对 900 万个马拉松完成时间的研究发现了这种聚集现象，这是由临近终点时，参赛者的努力程度增加所导致的，因为参赛者会竭尽全力避免与完成时间渴望值之间的差额。[6]

车主也是差额厌恶的。有一段时期，新加坡政策的变化导致汽车购买价格大幅变动，一项研究对该时期新加坡车主的驾车距离进行了考察。研究发现，汽车价格上升 4 500 美元导致车主驾车距离上升 8.8%。驾车者似乎在尽力实现盈亏平衡，避免相对于更高价格而言的差额。[7]

》渴望与差额厌恶

我们通过购买彩票、创办新企业、移民到新国家，获得实现自己愿望的机会。我们并非风险追求者。风险只不过是某种代价而已，我们通过付出这些代价获得实现自身愿望的机会。确实，避免差额的代价就是接受方差。

许多在 2006 年、2007 年房市繁荣期间买房的人，在随后年份因丧失抵押品赎回权而失去了其房产。我们很容易将这些购房者刻画成风险追求者，但是，驱动他们买房的是对下述收益的渴望：成为拥有自有房产的中产阶级所带来的功利性、表达性和情感性收益，而以方差形式存在的风险是为了避免无法达成愿望的风险而付出的代价。

较高社会阶层成员和较低社会阶层成员一样，都渴望更高社会阶层所带来的实用性、表达性和情感性收益。拉贾特·古普塔（Rajat Gupta）曾经是千万富翁阶层中的一员，在 1994 年到 2003 年期间管理麦肯锡咨询公司，之后担任高盛董事会董事。古普塔因为向 Galleon 对冲基金的拉杰·拉贾拉特南（Raj Rajaratnam）透露内幕消息而被判监禁，这是为了有机会加入亿万富翁阶层而用自己的千万财富和自由去冒险所造成的可悲结果，现在他的刑期已满。在庭审中，播放了一段电话录音，其中拉贾拉特南说道："我对古普塔的分析是，他对 Kohlberg Kravis Roberts（KKR）私募股权投资公司充满迷恋，我认为他想加入那个圈子，那是一个亿万富翁的圈子，对吧？高盛就像一个千万富翁圈子，对吧？"[8]

古普塔的渴望明显体现在他入狱之前的言辞中。在对大学生进行演讲时，古普塔说："在反省自身时，我承认，我是受金钱驱动的。你们都知道，自我出生后这个社会充斥着拜金主义，因此，我要反省自身的拜金主义。令我失望的是，今天的我比以前更加拜金，我认为金钱有极大的诱惑力……你必须小心提防，因为你越有钱，你就会越习惯于安逸，你们知道的，你会习惯于大房子和度假别墅，习惯于去任何想去的地方，做任何想做的事，因此，钱是很有诱惑力的。然而，不管你怎样说自己绝不会落入金钱的陷阱，你都会落入它的陷阱。"

古普塔渴望金钱带来的功利性、表达性和情感性收益——购买大房子和度假别墅。他更加渴望慈善家的社会地位，愿意用金钱带来的功利性收益交换高社会地位带来的表达性和情感性收益。新闻记者安尼塔·拉加万（Anita Raghavan）写道："他想通过慈善家的形象为自己的财产镀金，他关注与印度相关的慈善事业，例如印度商学院就是他钟爱的事业。在比尔·克林顿的劝说下，他已经开始帮助创建美国印度基金会。"[9]

将他人的财富和收入作为自身渴望水平参考点的，并非仅有古普塔一人。一项研究考察了不同国家人民的生活满意度、对参照组收入的感知以及收入比较频率之间的关系。日本人会与其朋友比较收入，而欧洲人更愿意与其同事比较收入。并且，日本人与参照组收入的比较频率要高于欧洲人。当收入水平低于感知到的他人的收入水平时，生活满意度会下降，与他人收入水平比较频率较高的人群的生活满意度会进一步下降。[10]

另一项研究对如下假设进行了检验：对于观察到自身收入水平与他人更高收入水平之间大额差距的低收入人群而言，收入不平等会导致财务压力。用加拿大较小社区中彩票中奖的金额来评估收入不平等的程度。中奖金额上升1 000加元，会导致中奖者邻居的破产率上升2.4%。导致此种因果效应的机制是炫耀性消费。中奖导致有形、可见的资产增加，例如房子、汽车、摩托车，但是，不会增加无形、不可见的资产，例如现金和养老金。[11]

第 6 章 \ 体验幸福、生活总体评价与选择：期望效用理论和前景理论

在诺奖得主米尔顿·弗里德曼（Milton Friedman）和数学家伦纳德·萨维奇（Leonard Savage）几十年前的观察中，渴望在人们的冒险行为中处于中心地位。"即使知道风险是什么，人们也会承担更大风险以使自己脱颖而出。"他们引用了亚当·斯密（Adam Smith）在多年以前的观察——"成功的奢望"诱使"那么多冒险家去做……危险的生意……"[12]

弗里德曼和萨维奇引入了具有如下特点的效用函数：人们从财富中获得效用并且是方差厌恶的，这与期望效用理论一致，但不同的是，在某个特定的财富区域，当人们通过达成所愿追求"脱颖而出"时，人们是方差追求——差额厌恶的。哈里·马科维茨对上述刻画进行了修改，他以当前财富水平作为方差追求财富区域的中心点，①认为人们在进行选择时会考虑相对于当前财富水平的得与失。[13] 丹尼尔·卡尼曼和阿莫斯·特韦尔斯基的前景理论以弗里德曼和萨维奇以及马科维茨的洞见为基础，其中效用由相对于参照财富水平的财富得失决定。[14] 人们的参照财富水平可以是当前财富水平，也可以是渴望的财富水平。

》概率权重、渴望与表达性和情感性成本与收益

期望效用理论预测人们在考虑各种选择时使用可能结果的客观概率，而前景理论预测人们会使用主观概率，且主观概率会偏离客观概率。"概率权重"是主观概率相对于客观概率的比例。客观概率表明彩票中奖的机会是一百万分之一，但是，10万的概率权重会使彩票中奖的主观概率达到1/10。

当我们不犯错误并且仅考虑功利性成本和收益时，主观概率等于客观概率。如果我们还考虑渴望以及表达性和情感性成本与收益，例如，希望和恐惧的成本和收益时，即使我们不犯错误，概率权重也会偏离1。

在电影《阿呆与阿瓜》（Dumb and Dumber）中，某男极度渴望吸引某女，当她告诉他其机会渺茫时，他问道："你的意思是我的机会小于1%吗？"女

---

① 译者注：此处疑有误，对于弗里德曼和萨维奇以及马科维茨效用函数的形状，可以参见《行为经济学》（尼克·威尔金森著，贺京同、那艺译，中国人民大学出版社，2012）的第三章。

子回答:"我的意思是连百万分之一都不到。"男子停下来考虑了一会儿,然后咧嘴一笑说道:"你是在告诉我还有机会!耶!"男子的渴望与实现它的愿望反映在一个异常大——并且是虚幻的——概率权重上,这个权重或许是1万,它将百万分之一的客观概率变为1%的主观概率。

我们可以这样看待该男子,吸引该女子的渴望为其设定了一个前景理论参考点,该点要远高于其当前境况。对于吸引该女子,由于厌恶与渴望值之间的差额,他赋予成功结果一个非常高的主观概率,远高于客观概率。

丹尼尔·卡尼曼描述了一种"四重模式",在四重模式中,概率权重反映了客观与主观概率之间的差距。[15] 如表6-2所示,考虑一张要价20美元的彩票,其以0.001%的概率赢得100万美元奖金。彩票的期望收益是10美元,即0.001%的客观概率乘以100万美元奖金。彩票收益的方差很高,因为100万和0美元潜在收益之间的差异非常大。期望效用理论预测人们将不愿意购买该彩票,因为10美元的期望收益只是20美元要价的一半,并且与放弃彩票保持当前财富水平的0方差相比,购买彩票导致的财富方差很大。

表6-2 概率权重与选择

希望中大奖的情感性收益	害怕大额亏损的情感性成本
问题:花20美元购买一张可能赢得100万美元大奖的彩票	问题:花2 000美元为100万美元的房屋上保险
中奖的客观概率=0.001%	火灾的客观概率=0.1%
中奖的主观概率=10%	火灾的主观概率=1%
概率权重=1万	概率权重=10
选择:购买彩票	选择:购买保险
因为放弃大额确定性收益导致的可能的懊悔带来的情感性成本	有望避免大额确定性损失带来的情感性收益
问题:接受70万美元以达成和解或者选择上庭审判,其以95%的概率获得100万美元赔偿	问题:支付70万美元以达成和解或者选择上庭审判,其以95%的概率支付100万美元
庭审后获得0赔偿的客观概率=5%	庭审后支付0赔偿的客观概率=5%
庭审后获得0赔偿的主观概率=40%	庭审后支付0赔偿的主观概率=40%
概率权重=8	概率权重=8
决策:接受和解	决策:选择上庭审判

当我们仅考虑功利性成本和收益时，无概率权重的前景理论的损失厌恶预测我们不愿意购买彩票。若彩票未中奖我们将损失20美元，相对于以0.001%的概率赢得100万美元奖金，前景理论的损失厌恶意味着该损失显得要更大。然而，当人们考虑功利性成本、收益之外的渴望以及情感性成本与收益时，前景理论预测某些人倾向于购买该彩票。

一张彩票会带有由中奖进而达成所愿的希望而产生的情感性收益。达成所愿的渴望以及希望反映在概率权重上，其会对中奖的客观概率加过高的权重。设想我们仅有20美元，但极度渴望拥有100万美元。渴望以及希望赢得100万美元大奖的情感性收益或许意味着概率权重是1万，使0.001%的中奖客观概率扩大为10%的主观概率。以10%的概率赢得100万美元或许会使人们克服对损失20美元的厌恶，最终购买彩票。就像一名彩票购买者所说："在过去的多年里，我深陷债务负担，实事求是地讲，中彩或许是我唯一的出路。"

现在考虑对自己价值100万美元的房屋上价格为2 000美元的火灾保险。房屋被烧毁的客观概率是0.1%。如果我们仅仅考虑功利性成本和收益，我们可能并不会购买保险合约。之所以有这种倾向是因为，相对于1 000美元的期望损失——100万美元的损失乘以0.1%的客观概率——购买保险合约要支付2 000美元，该确定性损失更大。但是，当我们同样考虑自身渴望以及恐惧带来的情感性成本时，我们或许会赋予0.1%的客观概率以10的权重，其中渴望是指渴望避免与当前状况（我们拥有一栋房子或者可以获得100万美元的保险赔付）的差额，恐惧的是房屋被烧毁时没有保险赔付100万美元。

概率权重为10会将房屋被烧毁的0.1%的客观概率扩大为1%的主观概率。1%的主观概率会使不购买保险的期望损失变成10 000美元而非1 000美元，这大大超过了保险合约2 000美元的价格。这种感知会诱使我们购买保险合约。

接着考虑下述选择：接受庭外和解70万美元的赔付或者选择上庭审判。获得有利判决的客观概率为95%，对方赔付100万美元；得到不利判决的客观概率是5%，对方不予赔付。仅仅考虑功利性成本和收益会使我们倾向于选择上庭审判，因为95万美元的期望赔付额（95%的概率乘100万美元赔付）

大大超过和解赔付的 70 万美元。然而，若判决不利，对少于 70 万美元赔付的差额厌恶以及懊悔带来的情感性成本可能使得不利判决 5% 的客观概率升高为 40%，即意味着概率权重为 8。以 60% 的概率获得有利判决并赔付 100 万美元，其期望值为 60 万美元，要少于和解赔付的 70 万美元。此概率使原告方倾向于接受庭外和解。

最后从被告方角度考虑下述选择：同意庭外和解赔偿对方 70 万美元或者选择上庭审判，其以 95% 的客观概率获得不利判决，要求我们赔偿 100 万美元，以 5% 的客观概率获得有利判决，不予赔偿。仅考虑功利性成本和收益或许使我们倾向于避免上庭审判，因为 95 万美元的期望赔偿额大大超过了庭外和解 70 万美元的赔偿额。然而，若庭审结果是有利判决，则差额厌恶以及有望避免大额损失的情绪性收益可能使得有利判决 5% 的客观概率升高为 40%，即意味着概率权重为 8。以 60% 的概率要求我们赔偿 100 万美元，其期望值为 60 万美元，小于同意庭外和解时需赔偿的 70 万美元。此概率使被告方倾向于拒绝庭外和解而选择上庭审判。

在一项实验中，情绪对概率权重的影响十分明显，实验要求一组同学进行下述选择：确定的 50 美元现金或者确定的如下机会——会见并亲吻自己喜欢的电影明星。要求另一组同学在两张彩票之间进行选择：一张有 1% 的机会赢得 50 美元，另一张有 1% 的机会会见并亲吻自己喜欢的明星。一个吻的现金价值或许小于 50 美元，但是它比现金更能引起情感共鸣。在确定的情况下，70% 的人偏爱现金胜过一个吻；在低概率的情况下，65% 的人偏爱一个吻胜过现金。很明显，亲吻明星的愿望增大了后者的概率权重，使之超过了 1% 的客观概率。

另一项实验通过如下选择——是支付 20 美元还是接受一次短时且痛苦但并不危险的电击——来考察恐惧对概率权重的影响。在此确定的情况下，大部分学生偏爱接受电击而不是支付 20 美元。在 1% 概率的情况下，恐惧诱使学生们平均愿意支付 7 美元来消除 1% 的受到电击的可能性；然而，为了消除 1% 的支出 20 美元的可能性，他们平均仅愿意支付 1 美元。[16]

情绪对概率权重的影响也体现在如下调查中，该调查与灾难性的股市崩盘概率有关："你认为在接下来的 6 个月里，美国出现像 1929 年 10 月 28 日或 1987 年 10 月 19 日那样的灾难性股市崩盘的概率是多少？包括其他国家出现崩盘并扩散到美国的情况（答案为 0 意味着这不可能发生，为 100% 意味着肯定发生）。"调查的结果是，崩盘概率介于 10% 到 19% 之间，这意味着非常大的概率权重（很可能是恐惧使然），因为像 1929 年 10 月 28 日或 1987 年 10 月 19 日那样的灾难性股市崩盘在一百多年里仅发生了两次。[17]

结　论

如果你尝试用一幅图画来描绘人们的幸福/效用背后的所有影响因素，并预测人们的选择，那注定无法成功，因为如此多的因素注定无法用一幅图画来描绘。不论用期望效用理论还是用前景理论来描绘都是如此。然而，两种理论都捕捉到了一些人们的幸福和选择背后的重要因素。

总财富是期望效用理论的核心要素。财富构成了持续型幸福——生活总体评价的基础。更多财富让我们爬上阶梯的更高级，从"最差生活"逐渐上升到"最好生活"。财富的得与失是前景理论的核心要素。收益会增加暂时型幸福——体验幸福，而损失会减少它。今天的财富增加提高了体验幸福，今天的财富损失减少了体验幸福。前景理论还强调选择中情绪的作用，例如，希望、恐惧、自豪和懊悔。

比较两种理论，我们可以看到风险和风险厌恶概念的差异（后者涉及方差厌恶、损失厌恶或差额厌恶）以及这些概念之间的矛盾。就为退休而储蓄的年轻人而言，全部由安全的政府债券组成的资产组合符合方差厌恶和损失厌恶，因为政府债券的日收益率方差很小，并且损失的可能数量及概率也很小。但对年轻人而言，此种资产组合不符合差额厌恶，因为这使得他们无法达成其退休收入目标。

CHAPTER 7
Behavioral Finance Puzzles
The Dividend Puzzle, the Disposition Puzzle,
and the Puzzles of Dollar-Cost Averaging and Time Diversification

第 7 章
行为金融谜团：
红利谜团、意向谜团、定期定额投资谜团与时间分散化谜团

结合"想获得功利性、表达性和情感性收益的欲望"（第 2 章），"认知型捷径与错误"（第 3 章），"情绪型捷径与错误"（第 4 章），"纠正认知型和情绪型错误"（第 5 章）的工具以及"体验幸福、生活总体评价与选择"（第 6 章）中期望效用理论和前景理论的含义，我们便可以对金融选择进行描述，解决相关金融谜团。结合这些内容，我们现在就可以解决四项重要的金融谜团：红利谜团、意向谜团、定期定额投资谜团与时间分散化谜团。

红利谜团指人们虽然会克制自己售出股票并花掉所得，但会花掉红利。意向谜团指人们迅速变现盈利但延迟做实亏损的意向。定期定额投资谜团与时间分散化谜团指的是，虽然支持某种投资策略的论据通常是错误的，但该策略在投资者中仍然很流行。

》 红利谜团

1985 年 10 月，当莫顿·米勒在美国芝加哥大学参加某会议时，瑞典科学院宣布将诺贝尔经济学奖授予弗朗科·莫迪利安尼，一部分是因为他与米勒合著的关于红利的文章。[1] 在当天清晨，世界各地的记者纷纷打电话给米勒，要求他用一句话形容他与费朗科的合作。米勒笑着说道："弗朗科和我严谨地

证明了：将钱从左口袋挪到右口袋并不能使你发财致富。"

那么，为什么还有那么多投资者关心自己的钱是放在左面的"红利"口袋，还是右面的"资本"口袋呢？这就是经济学家费希尔·布莱克（Fischer Black）所谓的红利谜团。"公司为什么会支付红利？投资者为什么会关心红利？我们对红利问题考虑得越深入，其看起来就越像一张各部分无法被拼凑到一起的拼图。"[2]

要解决红利谜团，我们需要结合下述内容：想要储蓄与支出的欲望；认知型和情绪型捷径与错误，包括框定、心理核算、后见之明、懊悔与自我控制；以及相应的纠正工具，包括红利与资本之间的区别、储蓄与支出的调整原则、期望效用和前景理论的启示。[3]

》想获得功利性、表达性和情感性收益的欲望

我们愿意为了明天而储蓄，然而，我们也想在今天将储蓄挥霍一空。储蓄会提供功利性、表达性和情感性收益，花钱同样如此，但这两种欲望是相互冲突的。区分资本和红利能够帮助我们平衡储蓄与支出欲望之间的冲突，并对它们进行管控。

今天在食品、住房、汽车、电影和度假上的支出可以给我们带来功利性、表达性和情感性收益。今天的储蓄也能以安全感、自豪感和高社会地位的形式在今天给我们带来表达性和情感性收益。储蓄超过100万美元的人可以取得例如"合格投资者"精英俱乐部会员等的资格，进而可获得较高社会地位，但投资与储蓄不足者则无缘对冲基金和其他"备选"的投资项目。即使对于没有那么多储蓄的人而言，因为知道自己可以用储蓄更换新车、抚养子女且永远不需要子女的扶持，他们也可以享受安全感和自豪感带来的情感性收益。

》框定与心理核算

中度无知型投资者将股票的资本金框定为一棵果树，而将红利诠释为其果实。在此诠释中，收取红利并将其花掉并不会减少资本金，这就好像将水

果从树上摘下并吃掉并不会使果树变小一样。然而，在正确的诠释中，我们会考虑吃掉水果的替代选项。卖掉水果并用所得收入购买新果树会扩大果园。同理，将红利再投资而非将其花掉会增加资本金。

理性投资者知道如何正确诠释红利和资本。他们知道，通过出售股票所得的"自制（homemade）"红利1000美元与兑现红利支票所得的1000美元虽然形式不同，但本质相同，而他们仅关心总财富量而非其形式。如果我们不考虑税赋和交易费用，则以红利形式存在的1美元和以股票资本金形式存在的1美元，两者只在形式上有别，但本质上并无差异。之所以如此是因为派发红利并不会影响投资者的总财富。当公司派发红利时，公司股票的价格会下降，但股东的财富并不减少，因为，此时股价的下降幅度等于股东存入红利时银行账户中现金的增加量。将红利花掉的投资者的资本金减少了，但是，不花掉而是将它们进行再投资的投资者的资本金并未减少。

中度有知型投资者知道，通过出售股票所得的"自制"红利1000美元与兑现红利支票所得的1000美元在本质上是相同的，但他们对于两者的偏好未必无差异。然而，中度无知型投资者通常会将本质与形式相混淆，认为出售股票所得的"自制"红利1000美元与兑现红利支票所得的1000美元在本质上是不同的。

米勒和莫迪利安尼注意到了在中度无知型投资者头脑中对形式和本质的混淆。他们写道，公司派发红利与自制红利形式有别，但本质上无差别是"细想之后显而易见的"事实。但是，他们补充道："虽然此命题显而易见，但是，在大量的关于红利问题的文献中，没有多少会提到它。"[4]确实，如果所有投资者都是理性或者中度有知的，则米勒和莫迪利安尼的文章就没有多少新意，没有必要发表。

你或许想知道，除了形式，自制红利与公司派发红利在本质上是否也存在差别？两者在本质上确实存在差别，但其只是深化了红利谜团，因为税法赋予了自制红利某些好处，当为了获得自制红利而售出股票时，该好处足以补偿经纪人佣金而有余。

考虑下述情况：红利的税率是20%，与资本利得税率相同。你的股票当前价格是40美元每股，低于你购买时100美元每股的买价，因此，未做实的亏损是每股 60 美元。你以 40 美元每股的价格售出 25 股股票，得到了 1 000 美元的自制红利。做实亏损后，20% 的税收返还相当于每股退税 12 美元，使你的财富增加了 300 美元。相反，公司派发 1 000 美元红利后征收 20% 的税会使你的财富减少 200 美元。[①]

现在考虑另一种情况，当前股价是 125 美元每股，高于你购买时 100 美元每股的买价，因此，当你售出时每股实现盈利 25 美元。你以每股 125 美元的价格售出 8 股股票，获得 1 000 美元自制红利。变现收益时 20% 的税相当于每股缴税 5 美元，使你的财富减少 40 美元。相反，公司派发 1 000 美元红利后征收 20% 的税会使你的财富减少 200 美元。

》自我控制

相比自制红利，公司派发红利具有一种优势，派发红利有助于实行自我控制。年轻的投资人想为退休储蓄，但又忍不住现在就将钱花在电影、度假和豪华轿车上。通过实行自我控制，他们可以限制今天的支出，抑制自己将旧车换成新款豪华车的冲动。然而，他们知道自己的自我控制有时太过无力，无法抵御花钱的诱惑，并且他们知道一旦控制无力自己就有可能出售股票来购买新款豪华车。

对于收入（例如工资、红利）和资本（例如股票），年轻的投资者通过设定不同的心理账户来增强自我控制。他们会施加某种规则——"花掉收入但不动用资本"。这种规则允许他们花掉收入心理账户中的工资和红利，但是，禁止他们通过售出资本心理账户中的股票获得自制红利。通过遵循该规则，年轻的投资者降低了发生下述情形的可能性：伴随着自我控制的失效，诱惑使其将自制红利从 3% 上升到 30%，进而逐渐耗尽资产组合并对退休产生负面影响。年老投资者遵循该规则也会大有好处，他们退休后需要从其资产组合中提取资金，因此他们也会担心自我控制失效导致自制红利从 3% 上升到 30%，进而过快耗尽其退休资产组合。

---

① 译者注：美国税法规定，投资者在证券投资出现亏损时可以申报抵税，每年申报额上限为 3 000 美元。

对于想要限制支出，但担心发放了红利、利息和资本收益后，花钱的诱惑会战胜软弱无力的自我控制的人们，不支付红利的股票以及将红利、利息和资本收益进行自动再投资的共同基金是较好的自我控制工具。

若不进行自动再投资，共同基金会将各种"派发"（红利、利息以及实现的资本增益）存入货币市场基金中，这样它们就与定期收入（例如，直接进行存储的薪水）混在一起，使其在人们想花钱时唾手可得。将各种派发自动再投资降低了红利、利息以及实现的资本增益的易得性，这样即使自我控制失效，人们也可以更容易地抵制花钱的诱惑。

由于阿拉伯石油禁运导致全球燃油价格暴涨，纽约的煤气和电力供应商——联合爱迪生公司（Con Ed）现金耗尽，其在1974年暂停了红利发放。在其股东大会上，参会股东心酸地描绘了暂停派发红利导致的艰难困境。一位女士说道："谁为我支付房租呢？我丈夫去世了。现在联合爱迪生公司必须承担起我丈夫的责任。"某位男士说道："一分钟前，一位女士走到我面前对我说，'请为老年人说句公道话吧。'她眼里满是泪花。我很了解她话中的含义。她的意思是她现在每个月只能获得一张支票了，那就是她的社会保障金，她无法过活，因为你不再给予红利。"联合爱迪生公司的这些股东甚至没有考虑过通过售出股票来获得自制红利，更别提将其花掉了。[5]

公司首席财务官认为持续派发红利与为有利可图的投资项目融资同等重要。[6]对于联合爱迪生公司的董事会主席查理斯·F.卢斯（Charles F. Luce）而言，派发红利的目标同样也很重要。在公司股东大会上，他语重心长地说道："投资者为获得有保证的收入而购买联合爱迪生公司的股票……我们的大部分股东是妇女，许多丧夫……当无法发放红利时，许多人确实会处境艰难。"

股票型红利进一步阐明了心理账户及其使用对自我控制的作用。支付股票型红利的公司不支付现金红利，而是按持有股份数量向股东等比例配发额外股份。在发放股票型红利之前拥有4股股票的股东，现在或许拥有8股股票。

对理性投资者而言，股票型红利毫无意义，因为这只不过是在不改变大小的情况下，将切成4块的比萨切成8块而已。将比萨或股票按不同方式切分改变的只是形式而非实质。莫顿·米勒热衷于通过讲述以下故事来阐明股票型红利的徒劳无用：在棒球比赛过后，比萨送货员来到尤吉·贝拉（Yogi

Berra）面前问道："尤吉，你想怎样切比萨？切成4块还是8块？"尤吉说："切成8块，今晚我饿了。"[7]

理性投资者知道这个比萨故事只是一个笑话，但是，对许多普通投资者而言，这个故事并非笑话，相比不发放任何红利，当公司配发股票型红利时，他们会更高兴。在联合爱迪生公司的股东会议上，一名股东询问为什么不配发股票型红利："这样，未能派发现金红利对股东造成的打击至少要小得多。"联合爱迪生公司主席回答，股票型红利不会改善股东的状况。这反映了理性的比萨逻辑，但是，通过降低表达性和情感性成本（虽然没有增加功利性收益），股票型红利会使许多联合爱迪生公司股东的状况得到改善。和现金红利一样，股票型红利会被置于收入类心理账户中，因而它们会被售出，所得收入会被花掉，同时，又不会明显违反花掉收入但不动用资本的规则。

后见之明、懊悔与自豪

相比自制红利，公司派发红利更具优势，因为其招致懊悔的可能性较小。比较约翰和简，约翰用其股票今天所得红利购买了一台1 399美元的笔记本电脑；简今天售出了该股票，用1 399美元自制红利购买了同款笔记本电脑。现在假定第二天股票价格上涨了3%。约翰和简都可能犯后见之明型错误，认为自己早已提前预见第二天股价会上涨3%。但是，简非常可能会承受更多的懊悔带来的情感性成本，因为她为选择承担了更大的责任。

情况确实如此，因为简能够轻易想出使结果变得更好的不同选择，例如，等一天再售出股票。然而，约翰却难以如此容易地想出不同的选择，因为红利的派发时机并非由其掌控。此外，对于选择获得自制红利，简要承担责任，而对于公司选择派发红利，约翰不承担责任。若第二天股价下跌而非上涨3%，则为选择负责确实会让简感到自豪，但是与亏损3%相伴的得失型效用减少量要超过与盈利3%相伴的得失型效用增加量，这符合前景理论的损失厌恶。

前景理论和期望效用理论中的框定

在前景理论中，框定赋予公司派发红利另一项优势。费希尔·布莱克在描述红利谜团时写道："假定给你下述选择：你可以今天获得2美元，而明天以五五等可能的机会，要么获得54美元要么获得50美元；或者你可以今天获得0美元，而明天以五五等可能的机会，要么获得56美元要么获得52美元。你会偏爱其中一个赌局胜过另一个吗？"[8]

布莱克推测"你很可能不会"，这符合对理性投资者的定义（即其不受框定型错误影响），也符合期望效用理论的预测。在产生的总财富上，这两个选项是相同的，因此，理性投资者认为两者是无差异的。如果你选择不支付现金红利的股票，则你最终各有50%的机会获得52美元或56美元。如果你选择发放红利的股票，则你同样各有50%的机会获得52美元或56美元。其中52美元由50美元的股票本身加2美元的红利构成，而56美元由54美元的股票本身加2美元的红利构成。那为什么还有那么多投资者关心红利呢？

在前景理论中能够找到上述部分答案，该理论关注财富的得与失而非总财富。考虑某名普通投资者，他花40美元购买了布莱克的股票。布莱克股票的红利派发结果包括2美元的红利再加上一个五五等可能的资本收益机会，资本收益要么是10美元，要么是14美元。该投资者会把红利放入一个心理账户，而把资本放入另一个心理账户。两个心理账户都表现为收益，该投资者会分开享用上述两个账户收益，它们就像两个单独包装的礼物：2美元的红利礼物与10或14美元的资本收益礼物。根据前景理论，相比将两种收益合并在一起作为资本收益——要么12美元要么16美元（不派发红利的布莱克股票会提供此种收益），该投资者从前者得到的得失型效用总值更大。

如图7-1a所示，2美元收益带来的前景理论得失型效用为80单位。10美元、12美元、14美元和16美元收益的得失型效用分别为287、314、337和357单位。2美元红利收益加上10或14美元资本收益的五五等可能机会产生的得失型效用总量为392：

$$80+(287+337)\times 50\%=392$$

这要高于资本收益为12美元或16美元时带来的335.5单位得失型效用总量：

$$(314+357) \times 50\% = 335.5$$

请记住得失型效用的单位是随意的，但其比例不是。10美元收益与2美元收益的比例是5，但与10美元收益相关联的得失型效用是287单位，要小于与2美元收益相关联的80单位得失型效用的5倍。类似，从10美元增加到12美元导致得失型效用增加27单位，但从12美元增加到14美元仅使得失型效用增加23单位。也请注意这里给出的得失型效用的比例并非普遍适用的。该比例会随着前景理论函数特定参数的变化而变化，而前景理论函数会因人而异。

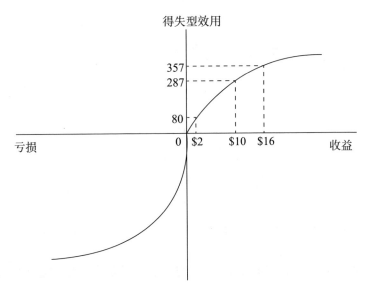

图7-1a 派发与不派发红利时，前景理论得失型效用的比较——股价上升时

现在假定上述投资者以70美元的价格购买了布莱克的股票。派发红利的布莱克股票带来2美元的红利以及五五等可能机会损失16美元或20美元的资本。我们的投资者再次将红利放入一个心理账户，而将资本放入另一个心理账户。资本心理账户表现为亏损，但红利心理账户表现为收益。不派发红利的布莱克股票未获得收益，这时单一的资本心理账户表现为要么亏损14美元，要么亏损18美元。

如图 7-1b 所示，2 美元红利收益带来的前景理论得失型效用为 80 单位。14 美元、16 美元、18 美元和 20 美元损失带来的得失型效用分别为 –546、–566、–584 和 –599 单位。2 美元红利收益加上五五等可能机会的要么 16 美元要么 20 美元的资本损失的得失型效用总量为 502.5 单位：

$$80-(566+599)\times 50\%=-502.5$$

这要好于资本损失为 14 美元或 18 美元时产生的 –565 单位得失型效用总量：

$$-(546+584)\times 50\%=-565$$

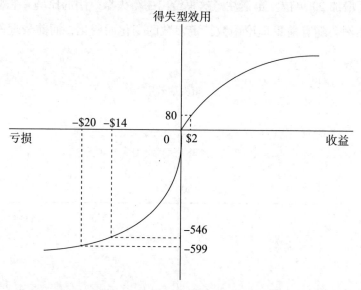

图 7-1b 派发与不派发红利时，前景理论得失型效用的比较——股价下跌时

最后假定我们的投资者花 51 美元购买了布莱克的股票。支付红利的布莱克股票会带来 2 美元的红利以及下述一个各占 50% 的机会：如果股价上升到 54 美元则有 3 美元的资本收益；若股价下跌到 50 美元则有 1 美元的资本损失。不派发红利的股票带来一个资本收益要么是 5 美元要么是 1 美元的五五等可能的机会。如果最终结果为股价下跌到 50 美元，并且我们的投资者能够整合心理账户，则他会偏爱将红利和资本损失整合为 1 美元的总收益，以此消除对损失的考量。否则，这会是投资者偏爱不派发红利的股票的一种情况。

第7章 行为金融谜团：红利谜团、意向谜团、定期定额投资谜团与时间分散化谜团

》意向谜团

理性投资者会快速做实亏损但缓慢变现盈利，因为，做实的亏损会减少税金账单而变现的盈利会增加账单。然而，通过表现出如下意向：过早售出盈利股票而过久持有亏损股票，许多普通投资者会快速变现盈利而缓慢做实亏损。有研究在美国、以色列、澳大利亚、芬兰、葡萄牙、中国和许多其他国家的投资者身上都发现了意向效应。[9] 该效应在专业投资者身上也很明显。上午交易时出现亏损的专业股票交易者，会尝试在下午通过更加激进的交易来挽回损失。[10]

投资者为什么会表现出这种意向呢？这就是意向谜团。对该谜团的解决方法要结合下述各方面：两种欲望（想要自豪感带来的情感性收益、想要避免懊悔带来的情感性成本）；期望效用理论和前景理论的作用、使用认知型和情绪型捷径以及认知型和情绪型错误带来的隐患（这些包括框定、心理核算、后见之明、懊悔和自我控制）；纠正错误的工具（包括诱使人们做实亏损的规则和方法）。[11]

□ 欲望、捷径与错误

1957年，金融分析师霍华德·斯奈德（Howard Snyder）努力教导投资者"如何承担损失并喜欢上它"。在解释做实亏损会通过减少税负增加功利性收益时，他写道，以更低的税赋来看，"天下没有不附带补偿的损失"。然而，斯奈德补充说，投资者们不愿意做实亏损，因为，他们还想实现盈亏平衡，即售出时的价格不低于买价。"人类的本性就是如此，若非迫不得已，我们不愿意承担损失。我们常常认为，通过忽略损失，终有一天我们会看到自己的资产不仅恢复了原值，还会表现出一定程度的增值。"[12]

做实亏损会因懊悔而增加情感性成本，而变现盈利会因自豪感而产生情感性收益。某项实验的神经学数据表明，当人们观察到某只股票的收益率为正时，他们会拒绝购买，懊悔信号会出现在大脑的某个区域中（该区域在进行奖赏处理时通常会表现活跃）。人们不愿意再次购入售出后价格上涨的股票，

虽然在该实验中再次购入是最优选择。当懊悔的神经学测度指标值较高时，人们不愿再次购入的倾向就越强烈。不愿再次购入倾向越强烈，意向效应也越大。[13]

勒罗伊·格罗斯（LeRoy Gross）是一名股票经纪人，对于不愿做实亏损的投资者他有丰富的经验，称其为"盈亏平衡病"。[14]在其股票经纪人手册中，他写道，许多客户"不愿在亏损状态售出任何东西。对于某项特定投资，他们不想放弃赚钱的希望，或者他们想在脱离泥潭之前实现盈亏平衡。相比其他因素，盈亏平衡病很可能会对投资组合造成更大破坏。许多投资会陷入更大的亏损，而不是恢复到最初的入场价格。"

当患有盈亏平衡病的人们尝试实现盈亏平衡时，不愿做实亏损会增加其欺骗行为。一项实验将人们分为四组，要求他们完成一项费力的任务。对于某种可能的结果，在其中两个配对组中其被诠释为收益，而在另外两个配对组中其被诠释为损失。两组配对组中有一组的任务绩效受到监测，而另一组不被监测。结果发现，非监测组自报的成绩要显著高于受到监测组监测到的实际成绩——这表明非监测组存在欺骗行为。并且，结果被诠释为损失的非监测组的欺骗程度最高。[15]

普通人会将今天花100美元购买的一股股票放入一个特别的心理账户中，我们可以将该心理账户想象为一个刚开立的有100美元存款的储蓄账户。我们之所以购买该股票是因为我们提前预见其价格明天会上涨到140美元，因此，通过出售该股票并实现40美元的盈利，我们就可以在盈利状态注销该心理账户。

赚得40美元带来的功利性收益会促使我们购买该股票，同样，赚得40美元的自豪感带来的情感性收益也会促使我们购买。然而，我们也会意识到以下成本：潜在的40美元亏损所产生的功利性成本以及懊悔带来的情感性成本。一系列原因的组合会导致我们购买该股票。首先，我们或许相信盈利40美元的概率要远高于亏损40美元的概率。其次，可以变现盈利但克制自己做实亏损的选项，可以让我们享受自豪感带来的情感性收益，而延迟或避免懊悔带来的情感性成本。再次，就像其他人从玩电子游戏或打高尔夫球中获得表达性和情感性收益一样，我们也可以从交易股票中获得表达性和情感性收益。最后，对于购买股票的选择，我们可以转移责任：当选择产生收益时，声称自己对选择负责并获得自豪感带来的情感性收益；当选择产生亏损时，推卸责任并逃避懊悔带来的情感性成本。

考虑下述情况，我们第二天发现股票价格下降到 60 美元，导致 40 美元未做实的亏损。对于做实的亏损，税法会带来功利性收益，这会使理性投资者迅速做实亏损。设想资本利得税为 20%。做实 40 美元的亏损会获得 8 美元的退税。对于变现的盈利，税法也会带来功利性成本，导致理性投资者延迟变现盈利。若股价从 100 美元上升到 140 美元，变现 40 美元盈利将会产生 8 美元的税。

然而，后见之明型错误误导普通投资者认为事后清晰可见的在事前同样清晰可见。我们花 100 美元购买股票，是因为我们事前预见到股价会上升到 140 美元。但是现在，事后回想，我们会记起股票购买当天显露出的显而易见的预警信号——政府打算提高公司所得税；公司打算召回所生产的汽车；CEO 宣布要调整过去的收益报告。

对于懊悔带来的情感性成本，对选择负有责任在其中起到关键作用。当经纪人承担选股责任并且其选择让我们持续亏损时，我们会体验到失望。但是，当我们自己为该选择承担责任时，我们会感到懊悔。当我们自己决定购买股票且其价格随后下跌时，我们会承担责任，因为，事后我们能够轻易想象出选择了另一家价格随后上涨的公司股票的情形。我们会延迟做实亏损，因为，当作实亏损时，懊悔导致的情感性痛苦非常强烈。这时，我们放弃了以盈利状态注销心理账户的奢望。就像格罗斯在其经纪人手册中所写的那样："投资者同样不愿意接受并做实亏损，因为，这样做本身证明他们最初的判断是错误的……接受亏损的投资者以后就不能向其爱人唠叨，亲爱的，这只是账面亏损，只要慢慢等，它会回来的。"[16]

在一系列实验中，某些人为选择承担责任，而其他人不承担责任。[17] 结果发现意向效应仅出现在那些承担责任的人群中。将投资选择委托给他人的投资者，也会将亏损的责任或罪责进行转移，进而促成亏损的做实。[18]

对于不愿做实亏损的倾向，格罗斯提出了一种诠释型疗法，即用"转移你的资产"作为"售出魔法咒语"。我们通过下述方式转移资产：售出通用的股票进而做实在该股票上出现的亏损,并用相应收入购买福特的股票。该售出魔法咒语会转移我们的注意力,从注销通用汽车心理账户时令人不悦的做实亏损移向有吸引力的福特心理账户的新开立。证据表明转移资产有神奇的效果。在同时进行售出和购入,即注销一个心理账户而开设另一个心理账户时,投资者未表现出意向效应。[19] 对于做实亏损所得的资金,其有吸引力的用途(例如,用来达成储蓄目标)会突出充满希望的新心理账户的开立,而模糊充满痛苦的旧心理账户的注销,进而也会促进人们做实亏损。[20]

相比其他月份,人们在 12 月会做实更多亏损,这进一步阐明了心理账户和注意力转移的作用。12 月在做实亏损方面会起作用是不理性的。相比任何其他月份,投资者在 12 月做实亏损并不会获得更多税收收益。实际上,相比等到年末,理性投资者在亏损出现时就做实亏损反而最能增加财富。但相比 11 月,人们在 12 月会将注意力更多集中在税赋上。在 11 月被标记为亏损的部分在 12 月会被标记为税收减免。实验表明,当投资者意识到做实亏损的税收收益时,他们更愿意做实亏损。[21]

"在亏损上有所斩获(harvest your losses)"是促成做实亏损的另一组魔法咒语,其会减少人们以亏损状态注销心理账户时的不快。在亏损上有所斩获使人联想到在果园漫步时采摘熟透的桃子,而不是想到在为资产组合呕心沥血时做实糟糕透顶的亏损。止损指令是另一个促成做实亏损的工具,其通过预先承诺和自动操作实现。以 100 美元购买了一股股票并将止损指令设置在 60 美元的投资者,不会面临以亏损状态注销心理账户的痛苦选择,因为当价格跌到 60 美元时,注销是自动进行的。[22]

诠释方式可以模糊作为得失参考点的购买价格,使投资者不确信其正在做实亏损,进而弱化意向效应。[23] 相反,诠释方式也可以强调作为得失参考点的购买价格,进而强化意向效应。2011 年 2 月,英国的博彩交易所必发(Betfair)引入了一个新的"兑换现金"界面。一个异常显眼的黄色横幅被置于电脑屏幕的中央位置,若赌客以当前价格结束现有赌局,则其会显示赌客实现的盈利或亏损。在界面上点击确定会结束赌局并做实相应的盈利和亏损。

在引入兑换现金界面之前,赌客通过回想赌局的初始价格计算收益和损失。在此段时期,赌客们表现出明显的意向效应。变现盈利的频率要比做实亏损的频率高出68.1%。而新界面加剧了意向效应,使变现盈利和做实亏损的频率之差增加了4.2%。[24]

尼古拉斯·巴尔贝里斯(Nicholas Barberis)和熊伟(Wei Xiong)用"变现效用(realization utility)"一词来描绘懊悔产生的情感性成本和自豪感产生的情感性收益。当人们变现盈利时,自豪感产生的情感性收益是正的变现效用;而当人们做实亏损时,懊悔产生的情感性成本是负的变现效用。[25] 功能性核磁共振成像能够反映这些或正或负的变现效用。对于有快速变现盈利并延迟做实亏损意向的人们而言,其大脑对选择的价值大小进行编码的区域会特别活跃。当人们发出变现盈利的命令时,大脑对愉悦进行编码的区域的活动也会达到峰值。[26]

❑ 期望效用理论与前景理论中的框定

设想某投资者昨天花100美元购买了一股股票,并且,很不幸地发现今天其售价仅为60美元。假定存在下述五五等可能的机会:股价明天可能上涨40美元达到其100美元的买价,也可能进一步下跌40美元至每股20美元。资本利得税是20%。投资者现在要决定:是今天以60美元的价格售出进而做实40美元的亏损,还是继续持有它直到第二天。

期望效用理论预测投资者会在今天做实亏损,因为其当前财富已经反映了股票的60美元现价。做实亏损会增加财富,使其超过当期财富水平8美元(即税收返还40美元的20%)。然而,前景理论预测投资者会延迟做实亏损。根据前景理论,投资者将其选择诠释为如下两个选项:

A. 今天售出股票,进而做实40美元的亏损。

B. 多持有一天股票,接受一个五五等可能的机会:再多亏40美元,使亏损总额达到80美元;或者价格上涨40美元回到其100美元的买价,实现盈亏平衡(这意味着无亏损)。

如果投资者难以接受40美元的亏损,进而未将参考点降到60美元,则选项 A 会让投资者承担 40 美元的确定性亏损（相对于 100 美元的参考点而言）。40 美元的亏损对应着 –140 单位的得失型效用，如图 7-2a 所示。

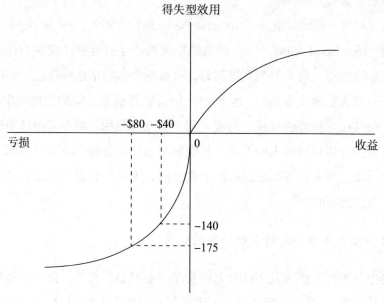

图 7-2a　与选项 A 和选项 B 相关的得失型效用

选项 B 蕴含着一个五五等可能的机会：亏损 80 美元，对应着 –175 单位的得失型效用；亏损 0 美元，对应着 0 单位的得失型效用。与选项 B 相关的得失型效用的期望值为 –87.5，即 –175 和 0 的均值。此预期使得选项 B 要好于选项 A。实际上，即使盈亏平衡的可能性小于 50%，前景理论函数在损失域的形状也意味着投资者倾向于多持有一天股票。然而，如果实现盈亏平衡的可能性变得足够小，我们的投资者会倾向于做实 40 美元的亏损。

前景理论不仅预测人们不愿做实亏损，同时还预测人们渴望变现盈利。设想某位幸运的投资者，昨天花 60 美元购买了一股股票，并且发现今天其售价变为 100 美元。假定存在下述五五等可能的机会：明天股价会进一步上涨 40 美元到 140 美元，或者会下跌 40 美元回到 60 美元。我们的投资者现在需要做出选择：是今天变现 40 美元的盈利还是继续持有股票？根据前景理论，投资者将其选择诠释为选项 C 和选项 D。

C. 今天售出股票，进而变现 40 美元的账面盈利。

D. 继续持有股票，接受一个五五等可能机会：如果明天股价下跌到 60 美元的购买价，则实现盈亏平衡；若股价上涨到 140 美元，则会再赚 40 美元，使盈利总额达到 80 美元。

如图 7-2b 所示，前景理论函数在收益域的形状表明，我们的投资者会倾向于选择选项 C，即变现 40 美元的盈利。选项 D 蕴含着一个五五等可能的机会：盈利 80 美元，对应着 95 单位的得失型效用；盈利 0 美元，对应着 0 单位的得失型效用。与选项 D 相联系的得失型效用期望值为 47.5，即 95 和 0 的均值。该预期使得选项 D 劣于选项 C（与之相联系的得失型效用为 60 单位）。

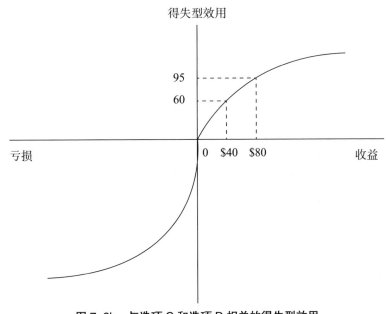

图 7-2b 与选项 C 和选项 D 相关的得失型效用

❏ 抵制意向效应

在完全以前景理论为基础的研究中，某些研究发现很难产生意向效应，而其他则得出了另外的更极端的预测，即投资者从来不会做实亏损。然而，研究意向效应时，强调前景理论的作用是搞错了重点。对意向效应的全面分析还必须考虑认知（包括框定与心理核算、后见之明）和情绪（包括自我控制、懊悔、自豪，以及恐惧、伤心、厌恶和愤怒）的作用。此外，全面的分析还必须考虑有知型投资者为纠正认知型和情绪型错误，抵制意向效应所采取的措施。

人类学家伊拉·格利克（Ira Glick）写道："与理性原则相悖，交易者非常倾向于对亏损听之任之……"[27] 他在对职业交易员行为的研究中发现，对亏损的控制是交易员面临的主要挑战，同时，他还强调了自我控制在应对该挑战方面的作用。自我控制涉及理性与情感的交互作用，涉及功利性收益与表达性和情感性收益之间的权衡取舍。以更低税负形式存在的功利性收益促使交易者快速做实亏损，但是，表达性与情感性成本（尤其是懊悔产生的情感性成本）会阻止做实亏损。格利克写道，"当交易员缺乏做实亏损所必需的自控力时，亏损就变成一种职业性难题。"

我们假定理性的投资者天生具有完美的自控力，然而，现实世界的中度有知型投资者千辛万苦才能获得不完美的自控力。一名交易员描述了此种困难"对于新手交易员，最难学会的是承认自己错了。它是难以下咽的苦果。你必须有足够的勇气向你的同僚承认自己错了，并勇于出局。之后你才能活下来，继续玩这个游戏。"[28]

共同基金经理们知道做实亏损会获得功利性收益，他们中的多数已学会调集必要的自控力以做实亏损，但仍有很大比例表现出意向效应，偏爱变现盈利而非做实亏损。管理基金的团队更容易表现出意向效应，特别是当投资者赎回基金时。[29]

规则是一种促使做实亏损的自控工具。一名职业交易员说道："我遵守严格的规则，绝不让某项交易的亏损超过10%。比如我买了一股10美元的股票，如果价格降到9美元，我就必须售出它并承受相应的亏损。有些人遵守5%规则，有些遵守15%规则。我是遵守10%规则的人……耗尽保证金的交易员可能仍抱有奢望……他们固执己见，拒绝承受亏损。"[30]

职业交易者会设定规则和控制机制来追踪交易，在交易员的自我控制失效时强制做实亏损。其中，一种规则以及与之相关的控制机制要求交易员在每天结束时清算其交易头寸，变现好日子的盈利，做实坏日子的亏损。然而，强迫交易员做实亏损的控制机制所起的作用类似于防止流氓交易员钻空子的那些机制所起的作用。某些重大的交易欺诈正是由于交易员不愿做实亏损，并且有能力钻控制机制的空子所导致的。臭名昭著的交易员，比如法国兴业银行（Societe Generale）的杰罗姆·科威尔（Jerome Kerviel）和瑞银（UBS）的奎库·阿杜波利（Kweku Adoboli），了解其银行的控制机制，知道如何钻这些机制的空子来掩盖亏损。不愿做实小额亏损使他们不断尝试下更大的赌注来挽回损失、实现盈亏平衡，这反而导致了更大的无法掩盖的亏损。

然而，更常见的是，规则和控制机会使职业交易员更快做实亏损。通过分析职业外汇交易员进行的交易，可以发现，做实亏损行为在接近年末时、在年长的以及经验更丰富的交易员中尤其明显。[31]类似地，对共同基金经理们的交易进行的分析也发现他们通常会快速做实亏损。[32]上述两项研究的作者们解释说，这些证据与意向效应相悖，然而，事实并非如此。相反，这些证据表明，后天获得的自我控制力以及有效的规则和控制机制能够帮助经验丰富的职业投资者克服不愿做实亏损的意向。

伊扎克·本－大卫（Itzhak Ben-David）和大卫·赫什莱弗（David Hirshleifer）发现投资者倾向于快速做实大额亏损，这看似与意向效应不符。此外，不做实亏损的投资者倾向于在其价格下跌时追加买入。本－大卫和赫什莱弗是如此解释其发现的：消费者对未来价格的信念导致其不愿做实小额亏损，但愿意做实大额亏损。投资者或许会快速做实大额亏损，因为他们断定其价格会上涨的预期是错误的。但他们不做实小额亏损，反而在价格下跌时追加买入，这是因为他们预期价格很快会上涨。在意向效应中，对未来价格的信念会起作用，但它并不起核心作用。[33]

大部分投资者最终会学会处理亏损，但做实亏损要经历一个过程，该过程可能要花几天、几个月甚至几年。设想约翰以100美元的价格购买了股票，他预期股价明天会上涨到140美元，结果第二天股价下跌了40%到了60美元。理智促使约翰反思购买股票的理由，并承认这些理由可能是错的。同时，恐惧情绪会融入理智之中，突出亏损会进一步增加超出其承受能力的可能性。懊悔和厌恶会阻碍做实亏损，但自我控制会克服这种倾向。规则（例如，强制要求做实超过10%的亏损）会增强自我控制，使约翰当天做实其亏损。

比较一下约翰和保罗，保罗以100美元的价格购买了股票，其预期和约翰一样，但是，第二天发现价格下跌了2%，跌到了98美元。如果形容约翰是一只落入沸水中的青蛙，亏损高达40%，则保罗就像一只落入温水中的青蛙，亏损仅为2%。理智或许不会促使保罗反思其购买股票的理由，因为股票价格下跌2%很常见，有可能在第三天出现反转。因为亏损较小，恐惧情绪有可能不会出现，而自我控制或许不会克服懊悔和厌恶。在随后几天或几周里，股价可能会反弹回100美元，有小额收益的时日穿插在有亏损的时日中间，这或许会使得实现盈亏平衡的希望持续下去。实际上，若在最初购买之后几天或几周内出现了亏损，保罗可能会增加在股票上的投入，增强其持有股票的意向。他可能会"摊低成本"，即在股价下跌时买入更多股票，减少认知失调，肯定其最初购买是睿智的。

然而，随着时间的推移，保罗的理智和情绪也在不断变化。现在股价或许已经从最初的100美元降到了40美元，而理智告诉我们实现盈亏平衡的可能性已经很小。当保罗做实亏损时，其懊悔感最为强烈。反之，知道自己还有未做实的亏损，保罗也会因懊悔而产生持续性的痛苦，只不过痛苦程度较小。这种持续性的痛苦以及因盈利的自豪感而产生的持续性的愉悦，会导致投资者不愿看到亏损而渴望看到盈利。在股市出现亏损的时日，投资者登录查看账户余额的可能性要低于股市出现盈利的时日。34

如果有另一项有吸引力的投资，最终保罗或许会做实亏损。经纪人"转移你的资产"或"在亏损上有所斩获"的建议也会使其做实亏损。在12月份，当亏损被诠释为税收减免时，保罗或许会发现做实亏损更加轻松。随着亏损的增加，恐惧感也会加剧，这种恐惧或许会进一步诱使保罗做实其亏损。当股票处于亏损状态，悲伤也或许会促使他通过出售股票来改变自己的境况。厌恶或许会促使其扔掉"糟糕的"股票，就像扔掉"变质的"食品一样。最后，愤怒或许会促使他采取果断行动，做实亏损。

❏ 公司经理人的意向效应

当公司经理人发起新的投资项目时，他们是乐观的，这就像投资者在购买新股票时是乐观的一样。他们同样易受意向效应影响，对于亏损项目，倾向于"在亏损后继续追加新资金"，而不是终止项目。这些决策部分是由于经理人与公司老板或经理人与股东之间的利益冲突,因为终止亏损项目可能导致项目经理人被解雇。然而,证据表明,在无利益冲突的情况下,人们也存在不愿做实亏损的倾向,这表明利益冲突并不是导致经理人意向效应的唯一原因。

标准金融学号召经理人将增加股东财富作为他们的唯一目标。坚持该目标引导经理人选择那些净现值为正的投资项目,继续那些净现值仍保持为正的项目,终止那些净现值转为负值的项目。但经理人们并不总是这么做。

对未来成本和利润的估计是不精确的。标准金融学要求无偏估计,既不过于乐观,又不过于悲观。悲观主义者通过成本高估或利润低估,从而低估净现值。受悲观估计误导的项目评审委员会会否决净现值为正的项目,妨碍公司价值及股东财富的增长。乐观主义者通过成本低估或利润高估,高估净现值。受乐观估计误导的项目评审委员会,会选出净现值为负的项目,降低公司价值及其股东财富。

考虑如下情况:公司的项目评审委员会接受了项目推动者提出的某个项目,在接受该项目后其推动者成为项目领导人。估计项目产生的净现值为349 766美元。项目要求现在投资10万美元,这笔投资包括项目领导人及其团队的薪资。此后一年还要投资50万美元于机器设备上,这些设备无任何转售价值。之后,在随后三年里,估计项目每年年末产生40万美元的利润。委员会会估计项目的资本成本以及成本和利润的折现率(10%)。

$$349\,766 = -100\,000 - \frac{500\,000}{(1+10\%)} + \frac{400\,000}{(1+10\%)^2} + \frac{400\,000}{(1+10\%)^3} + \frac{400\,000}{(1+10\%)^4}$$

一年之后,项目再次由项目评审委员会评审决定是继续还是终止。委员会委员们知道一年前投资的10万美元是覆水难收的"沉没成本"。重新估计发现,设备需要花费55万美元而非一年前估计的50万美元,随后三年里,估计每年的利润为20万美元而非去年估计的40万美元。这时项目的净现值(不考虑沉没的10万美元)为-52 630美元,如果委员会的目标是提高公司的市场价值进而增加公司股东的财富,则会要求终止项目。

$$-52\,630 = -550\,000 + \frac{200\,000}{(1+10\%)} + \frac{200\,000}{(1+10\%)^2} + \frac{200\,000}{(1+10\%)^3}$$

然而，在实践中，由于项目推动者的坚决推进（争辩说年利润要高于项目评审委员会估计的 20 万美元）以及项目评审委员会的默许，项目可能会继续而不是被终止。因此，项目通常被描述为，在项目评审站点速度放缓但绝不会停下来的快车。[35]

考虑一个关于 8 英寸软驱开发历程的报告。最初，某公司认为该项目是一个净现值为正的项目，当时该公司在磁盘驱动器方面已经建立起了自己的领导地位。该公司于 1980 年启动该项目，并给予大力支持。在经历了严重的时间和成本超支、竞争对手制造的磁盘驱动器被设计进计算机很久之后（该公司认为计算机也是其产品市场的一部分），项目才于 1983 年被终止。[36] 后来财务副总裁说道："当时我是主管，在 1982 年 8 月，我与时任财务副总裁给出了终止该产品的经济理由……磁盘驱动器部门的副总立即为产品进行了辩护，并保证会降低成本。为了辩护，他还提出了'资产回收'问题。我发现，只要有推动者愿意为某项目辩护，财务分析就会被置之不理。"

不能终止净现值为负的项目会减损股东的功利性收益，但会增加项目领导人及其团队的表达性和情感性收益，他们会规避与终止项目相伴的功利性、表达性和情感性成本。这些包括因丢掉奖金或工作而产生的功利性成本、因丧失地位而产生的表达性成本，以及因懊悔而产生的情感性成本（后悔选择了一个至少事后看来是错误的项目）。当众所周知的净现值为负的项目被终止后，公司股票价格会明显反映股东功利性收益与经理人功利性、表达性和情感性收益两者之间的差额。股票价格的上涨以及股东财富的相应增加表明股东们大感欣慰，因为他们看到经理人在亏损后不再继续追加新资金，不再通过强加功利性成本于股东身上来规避自身的功利性、表达性和情感性成本。

1981 年 12 月 7 日，Lockheed 公司宣布终止其 L-1011 Tristar 巨型喷气客机项目。Lockheed 与劳斯莱斯（Rolls Royce）合作，于 1968 年启动了该项目，希望与波音（Boeing）和 McDonnell-Douglas 公司一较高下，当时前者已经交付了其第一架波音 747 巨型客机，而后者启动了其 DC-10 客机项目。

在项目被终止前很多年，Lockheed 的 Tristar 客机项目就被认为是一个净现值为负的项目。确实，若无美国联邦政府的紧急救助，该项目会导致公司破产。[37] 在宣布项目终止当天，Lockheed 公司的股价上涨了 18%，这充分反映出股东对此大感欣慰。

Lockheed 的 Tristar 客机案例并不罕见。宣布终止公认的净现值为负的项目被看做是好消息，这反映在宣布项目终止后股价骤升上。相反，对于某些项目，在发布终止公告前人们不知道其净现值为负，则宣布终止这些项目后股价并不会骤升，这可能是由于好坏消息相互抵消所致，其中，坏消息为项目净现值为负，好消息为项目被终止。

选择项目时所负责任越大，不愿终止亏损项目的倾向也就越大，而这常常使经理人落入负净现值项目陷阱。一项实验阐明了责任所起的作用，人们在实验中扮演公司执行官角色，决定研发资金在不同项目上的配置。[38] 实验说明书描述了 Adams and Smith 公司，一个利润率在不断下滑的大公司，还向人们描述了公司的两个部门（工业产品部和消费产品部）以及 10 年的销售和盈利数据。

在做选择时，受试者所承担责任的大小会有所不同。在高责任情况下，受试者从两个部门中选出一个并投资 1 000 万美元；而在低责任情况下，他们被告知其上级财务主管已经选出了要投资的部门。之后，人们收到第二阶段的相应信息，包括进行 1 000 万美元初始投资后 5 年的销售和利润信息。其中，有一半人收到的信息表明他们选择的部门情况改善了，而另一半人收到的信息表明他们选择的部门情况进一步恶化了。所有人都被告知他们还有 2 000 万美元的额外预算要在两个部门之间进行分配。

结果发现，个人责任与选择之间有很强的交互作用。对于第一阶段选择的部门，当初始选择导致负面后果且受试者对该选择负有较大责任时，他们在第二阶段给该部门分配的金额最多。

在高个人责任情况下，人们明显不愿终止项目，这与人们渴望实现盈亏平衡相一致，反映了责任与懊悔之间的关系。自己选出项目的经理人要为其选择负责。相比项目由他人提前选出的经理人，此类经理人若在终止项目时未实现盈亏平衡，无法收回沉没成本，则他们的懊悔感会更加强烈。

清算部门能够解决对亏损项目负责任导致的过度投入问题。对初始贷款决策负责的信贷员更有可能接受对自己不利的协议，而不是勇于承认贷款变为坏账并终止贷款。相反，清算部门的主管对初始贷款决策不负责任，他们更有可能在追讨债务时，采取更具进取心的行动，即使追讨会证明以前的贷款决策是错误的，他们也会如此行动。

高层管理者并不总是会正视不良项目陷阱问题。实际上，有时候需要终止的项目恰好是高层管理者的整体战略。这种不愿终止整体战略的倾向明显体现在美国职业棒球大联盟中。新的棒球队经理更有可能转让成绩较差的球员。[39] 这种倾向也体现在 CEO 的投资周期中。新 CEO 在其任期内会较早终止前任 CEO 发起且不愿终止的业绩表现糟糕的投资项目。此后，在其任期内，新 CEO 也会发起业绩差劲但不愿终止的项目。不管前任 CEO 是因业绩较差被解雇还是因非业绩原因离职，新上任 CEO 的行为都是如此。[40]

》定期定额投资谜团与时间分散化谜团

打算将资金投入股票的投资者会进行定期定额投资，即将其资金分成几个部分，并按照预定的时间表将各部分资金转为股票。有 12 万美元现金的投资者或许会这样进行定期定额投资：在未来 12 个月的每月 10 日投入 1 万美元在股票上。与定期定额投资相对应的是一次性投资，即当天将 12 万美元全部投资于股票。逻辑和模拟都表明，相比定期定额投资，一次性投资更有可能增加投资者的财富，然而，定期定额投资的做法仍然存在。[41, 42] 投资者为什么要进行定期定额投资呢？这被称为定期定额投资谜团。

时间分散化的核心是认为股票的风险，随投资期限的延长而下降。业余和专业投资者都会持有这种信念，这种信念可以由图 7-3 证明，该图表明股市盈利的概率会随着投资期限的延长而增大。确实，在 1926—2015 年期间，投资期限为 15 年或 20 年期的股市未出现亏损。[43] 然而事实上，股票的风险并未随着投资期限的延长而下降。[44] 那么，为什么时间分散化的观念还会持续存在呢？这被称为时间分散化谜团。

第7章 行为金融谜团：红利谜团、意向谜团、定期定额投资谜团与时间分散化谜团

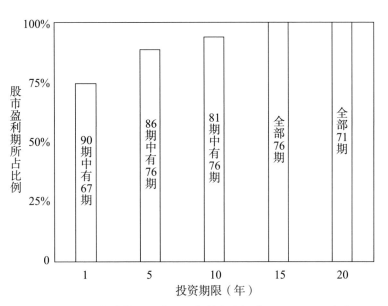

图 7-3 不同投资期限股市盈利期所占比例（1926—2015 年）

时间分散化与定期定额投资有很多相似之处。两者在投资者中都很流行，但是在标准金融学框架下却很难证明其合理性。要解决这些谜团需要结合下述内容：想要获得功利性、表达性和情感性收益的欲望，期望效用理论和前景理论的应用，认知型和情绪型捷径与错误的作用，以及纠正错误的工具。[45]

❏ 定期定额投资谜团与框定、期望效用理论和前景理论

考虑某个有 2 000 美元现金的投资者，他决定将资金投资于股票，因为相比现金，股票有可能获得更高的长期财富值（虽然股票也可能产生更高的财富方差）。如果投资者的方差厌恶程度不是特别高，则这种选择符合期望效用理论。然而，如果股票在第二天或第二周有可能产生短期亏损，并且投资者对该亏损的厌恶超过了对长期较高期望收益的渴望，则前景理论的一个特征——损失厌恶或许会阻止投资者购买股票。若在一个框架中，强调收益而掩饰亏损，则定期定额投资会克服损失厌恶。

我们的投资者采用定期定额投资方法，将其 2 000 美元现金分成两部分，每部分资金额为 1 000 美元，如表 7-1 所示，他当天将一部分资金投资于某股票，并保证在下个月的某一天将第二部分资金投资于同一股票。今天他以 50

美元每股的价格购买了 20 股股票。设想股价随后下跌到 12.5 美元，第二个月他购买了 80 股股票。

表 7–1 定期定额投资

时期	投资量（美元）	股价（美元）	所购股数
1	1 000	50	20
2	1 000	12.5	80
总和	2 000		100

注：两期期末所持股份的平均成本：2 000/100 = 20（美元）

两期内所购股份的平均价格：(50 + 12.5)/2 = 31.25（美元）

按照标准金融学的理性方式进行诠释，我们的投资者开始有 2 000 美元现金，而现在（即在一个月之后），其拥有 100 股股票，每股价值 12.5 美元，总值 1 250 美元，这表明有 750 美元亏损。按一般方式诠释，就像定期定额投资提倡者所做的那样，我们的投资者购买了 100 股股票，平均成本为 20 美元一股，两期的价格分别为 50 美元和 12.5 美元，因而每股均价为 31.25 美元，这意味着每股有 11.25 美元的盈利。实际上，若按照一般方式来诠释，除了股价不变的情况，其他情况下投资者看到的都是盈利。

定期定额投资的流行至少可以追溯到 20 世纪 40 年代。其流行程度从未消退，例如，美国个体投资者协会近期将定期定额投资描述为"一种基本投资理念""按照相等的时间间隔投入固定数额并在长期内持续这样做，结果是，当价格相对较低时能够买到更多股份或基金份额，而当价格相对较高时购买到的较少。随着时间的推移，最终将收获更低的股票平均成本。"[46]

上述较为近期的对定期定额投资优点的描述类似于 1949 年弗雷德·韦斯顿（Fred Weston）的经典描述："通常在阐释定期定额投资原则时，其优点之所以被竭力强调是基于下述总是成立的关系：在证券价格发生波动后的任何时点，所持有的全部股票的平均成本要低于股票的平均价格。"[47]

韦斯顿还认为，上述事实对理性投资者而言无关紧要："关键性的考验是，所持股份是否在任意时刻都能以盈利状态售出。要使其成为可能，平均成本必须低于每股股票当前的市场价格。"类似地，威廉·夏普在其投资学教科书中写道,定期定额型投资者支付的每股平均成本要低于每股平均价格,这虽然在数学上很有趣,但它实际上没有任何经济意义。[48] 股票价格的高波动性会导致每股平均成本与每股平均价格之间产生较大差异,但定期定额投资并未从根本上改变不确定性。然而,时间的流逝并未减退人们对定期定额投资的热情。

❏ 定期定额投资与自豪、懊悔和恐惧

普通投资者在进行选择时会预期自豪感带来的情感性收益和懊悔带来的情感性成本,并且知道亏损的懊悔感产生的情感性成本要超出等量盈利的自豪感产生的情感性收益。有12万美元现金的普通投资者或许倾向于保留现金而不是购买股票,因为如果股价随后下跌,投资者将承担随之而来的懊悔产生的情感性成本。有12万美元股票的普通投资者同样倾向于保留股票,而不是售出股票变现,因为如果股价随后上涨,则相对于12万美元股票的参考点会出现机会损失,投资者需承担随之而来的懊悔产生的情感性成本。

若投资者今天仅仅将其一部分现金转为股票,则可以减少预期的懊悔带来的情感性成本。若股价在随后月份暴跌,他们这样做可以安慰自己:现在可以用另一部分现金以更低的价格购买股票了,甚至可以享受自豪感带来的情感性收益。类似地,若他们今天仅仅将部分股票变现,则也可以减少预期的懊悔带来的情感性成本。若股价在随后月份暴涨,他们这样做可以安慰自己:现在可以以更高价格售出剩余股票了,甚至可以享受自豪带来的情感性收益。

定期定额投资是一种"无条件"投资计划。定期定额投资的这种无条件本质反映在计划发起时所设定的严格规则上,在随后每一期都投资特定的数量,其不依随后信息变化而改变,这些信息包括:利率、经济增长率和股价的变动情况。

经济学家乔治·康斯坦丁尼德斯(George Constantinides)证明,在理性投资者眼中,无条件的定期定额投资要劣于以出现的信息为条件的投资计划。他据此强调说,定期定额投资的倡导者不遗余力地强调投资者必须有勇气忽略新信息,以贯彻其拙劣的无条件投资计划,这是令人啼笑皆非的。康斯坦丁尼德斯引用一本投资教科书的内容说明了倡导者所提倡的要点:"重要的是

要坚持你的计划——要购买，即使股价在持续下跌，虽然这在心理上很难做到……当前景看似暗淡时，要进行定期定额投资，你必须既有资金，又有勇气在熊市继续买入。"[49] 然而，普通投资者会发现严格的无条件规则有其优势，因为规则会增强自我控制、抵消恐惧并减轻懊悔。

□ **定期定额投资与自我控制**

设想某投资者开始了其定期定额股票购买计划，并且预期下一期股价上升与下跌的概率相同。一旦出现了几个下跌时期，投资者就不得不修正其预期，根据过去的亏损推断未来出现亏损的概率更大。在旧概率下有吸引力的股票购买计划此时或许不再具有吸引力，他更倾向于放弃计划。然而，定期定额投资的严格规则会防止自我控制失灵，迫使他坚持股票购买计划。"要购买，即使股价在持续下跌，虽然这在心理上很难做到。"

定期购入股票是401（k）和类似退休储蓄计划的一个特征，这些计划会自动从工资中扣除资金来购买股票。这种定期购入不同于定期定额投资，因为雇员们并未面临一次性投资或分期投资的选择。然而，401（k）和类似退休储蓄计划为普通投资者提供了类似定期定额投资的收益。因为随着时间推移，投资者购买股票的平均成本会低于股票的平均价格，投资者可以将自己刻画成赢者。而从工资账户到退休储蓄账户的自动转入可以防止自我控制失灵。

》 反向定期定额投资

定期定额投资的一个明显特征是，不论投资者是考虑将现金转为股票还是将股票转为现金，该建议都同样适用。该特征对于驳斥下述观点——定期定额投资的好处在于减少风险——很是有用。

股票的风险可以由收益率的方差或潜在损失的概率和大小来测度，其要大于现金的风险。某投资者有2 000美元现金，今天他将全部资金转为股票，则相比遵循定期定额投资——今天仅将1 000美元转为股票而保留另外1 000美元现金——前者明天要承担更多方差风险和亏损风险。上述阐释支持了下述观点：定期定额投资的好处在于减少风险。然而，现在考虑反向定期定额投资。某投资者有价值2 000美元的股票,今天他将全部股票变现,则相比遵循反向定期定额投资——今天仅将价值1 000美元的股票变现而保留另外价值1 000美元的股票——前者明天承担更低的方差风险和亏损风险。

减少风险并不能成为进行定期定额投资和反向定期定额投资的理由。设想有两名投资者,约翰和简,约翰有2 000美元现金而简有价值2 000美元的股票,除此之外两者在其他方面都一样。约翰面临下述选择:保留现金或将其转为股票,而简面临着相反的选择。若两人都是理性的,则约翰和简面临的选择是相同的,因为简可以将其股票变现,使其境况与约翰完全相同。因此,可以预测他们的选择也是相同的。

然而,当约翰和简是普通人时,他们的诠释和选择是不同的。假定两者都认为现金的收益率是0,而价值2 000美元的股票明天要么上涨600美元达到2 600美元,要么下跌280美元达到1 720美元,两种情况出现的概率相同。则约翰会如何诠释其选择呢?约翰的参考点是2 000美元现金,他将其选择诠释为持有2 000美元现金或者将其转为股票,如图7-4a所示。

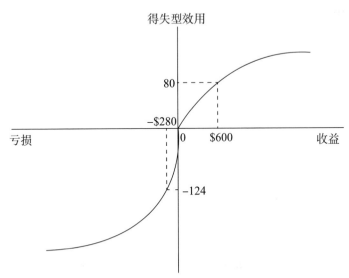

图7-4a 持有2 000美元现金或将其转为股票的选择

保留现金:有确定性的0美元收益

将现金转为股票:有均等的机会盈利600美元或亏损280美元

如果约翰选择将2 000美元现金转为股票，则盈利600美元会获得80单位效用，亏损280美元会损失124单位效用，其得失型效用的期望值是两者的均值，为-22。如果约翰选择保留2 000美元现金，则其得失型效用为0，大于-22，这使得约翰倾向于保留2 000美元现金。定期定额投资会克服这种倾向，诱使约翰去购买股票。

简如何诠释其选择呢？简的参考点是价值2 000美元的股票。她将其选择诠释为持有价值2 000美元的股票或将其变现，如图7-4b所示。

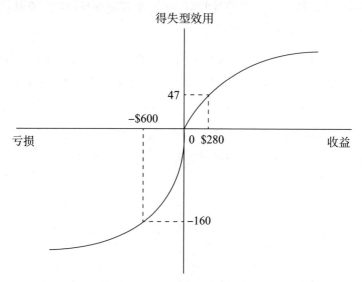

图7-4b 持有价值2 000美元的股票或将其变现的选择

将股票变现：如果股票价格下跌，则（机会）盈利为280美元；如果股票价格上涨，则（机会）亏损为600美元，两者的可能性都为50%。

保留股票：确定性的0美元的（机会）盈利。

如果简选择将价值2 000美元的股票变现，则盈利280美元会获得47单位效用，亏损600美元会损失160单位效用，其得失型效用期望值是两者的均值，为-56.5单位。如果简选择保留价值2 000美元的股票，得失型效用为0，大于-56.5单位，这使得简倾向于保留价值2 000美元的股票。反向定期定额投资会克服这种倾向，诱使简售出股票。

时间分散化与框定、期望效用理论、前景理论

时间分散化谜团与股权溢价谜团相关联。当股票的长期期望收益率大大高于国库券时,为什么长期投资者不愿意将其大比例的资产组合放在股票上呢?经济学家杰里米·西格尔(Jeremy Siegel)和理查德·塞勒(Richard Thaler)如此描述股权溢价谜团:在1925年年末,价值1 000美元的国库券按复利计算到1995年年末仅为12 720美元,而价值1 000美元的股票按复利计算可以达到842 000美元。[50]

对于股权溢价谜团,西格尔和塞勒提出了几种可能的解决方案,但是他们更赞同经济学家什洛莫·贝纳茨(Shlomo Benartzi)和塞勒提出的"短视型损失厌恶"的解答。[51] 短视型损失厌恶以前景理论的损失厌恶为基础。亏损的频率随收益观察期的长短而变化。亏损在短期要比长期出现得更频繁。在短期内观察到收益的投资者或许会表现出短视型损失厌恶——误以为在长期出现亏损的可能性要高于实际值。

贝纳茨和塞勒向人们展示了1年期和30年期投资的模拟收益率的分布,其形态类似于图7-5a和图7-5b。两图基于对美国1926—2014年股票和债券

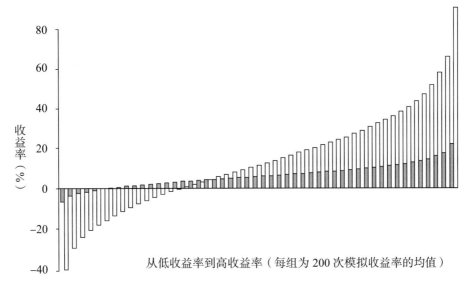

注:灰色表示债券收益率,白色表示股票收益率。

图7-5a 1年期投资的模拟收益率分布

收益率的 1 万次随机抽取。图 7-5a 中左边第一个灰色方条表示 1 年期收益率最低的 200 只债券的平均收益率。下一个白色方条表示 1 年期收益率最低的 200 只股票的平均收益率，以此类推。类似地，在图 7-5b 中，左边第一个灰色方条表示 30 年期债券年化收益率最低的 200 只债券的平均收益率，以此类推。[52]

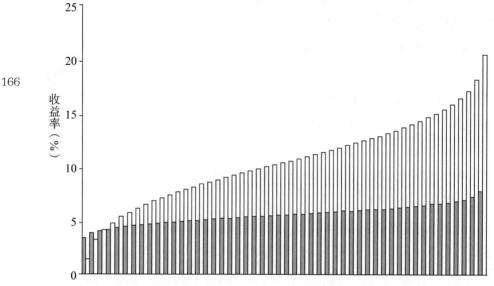

注：灰色表示债券收益率，白色表示股票收益率。

图 7-5b　30 年期投资的模拟收益率分布

　　看到 1 年期投资图的人和看到 30 年期投资图的人，在股票上的配置有天壤之别。看到 1 年期图的人，其股票配置的中位数为 40%，而看到 30 年期图的人，其股票配置的中位数为 90%。贝纳茨和塞勒认为看到 1 年期图的人做了错误选择，因为他们被短视型损失厌恶所愚弄，认为长期亏损的概率要高于实际亏损概率。

　　然而，近期的证据表明，短视型损失厌恶对投资选择没有多少影响。人们在看到 1 年期或长期的股票历史收益率分布后，他们在股票上投资同样多的数量，但是在未看到历史收益率分布时，他们在股票上投资的数量较少。这种行为表明，投资者对未来股票收益率极度悲观是因为对较高的股票历史收益率缺乏了解,而非短视型损失厌恶。[53] 实际上,对股票未来收益率极度悲观的是那些知识较少的投资者。有知的投资者认为未来收益率会接近于历史收益率。这些人包括一生收入较高、受教育水平较高、认知能力较高的人,以及参加养老金固定缴款计划而非养老金固定收益计划的人。[54]

❏ 时间分散化与框定型错误

经济学家(诺贝尔奖获得者)保罗·萨缪尔森认为时间分散化的主张,是建立在框定型错误之上,该错误误导投资者想象一种虚幻的幸福结局,认为长期亏损的概率为0。通过下面的例子,可以更好地理解这种框定型错误的本质:某投资者,将1 000美元投资于某资产组合,该资产组合每年各有50%的机会盈利20%或亏损10%。如果期限是1年,则投资者有50%的概率亏钱;如果期限是2年则只有25%的概率亏钱。如果风险被诠释为亏钱的概率,则风险随期限的延长而降低,但是若风险被诠释为亏损总量,则风险随期限的延长而增加。1年后,投资者或许会亏损100美元,但2年后或许会亏损190美元。亏损概率和亏损量如图7-6所示。

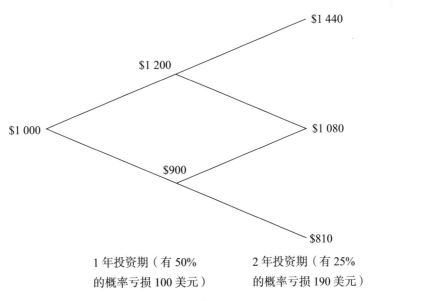

图7-6 亏钱概率和亏损量

萨缪尔森指出，时间对亏损总量的影响可以完全抵消时间对亏损概率的影响。如果是这样，则随着投资期限的延长，风险既不增也不减。但是，当投资者未正确评估长期亏损概率并忽略亏钱总量时，情况会如何呢？

许多倡导时间分散化的人都错误地假定，长期持有股票会亏损的概率为0。1999年9月，经济学家詹姆斯·格拉斯曼（James Glassman）和凯文·哈塞特（Kevin Hassett）出版了他们的新书《道指36 000点》（*Dow 36 000*），不久之后股市经历了2000—2002年的巨额亏损,道琼斯指数下挫至7 300点以下。2002年8月，他们在《华尔街日报》上写了一个专栏"对道指36 000点的再探讨"。他们写道："高收益通常与高风险相关联，但是沃顿商学院的杰里米·西格尔和其他人的研究发现，如果长期持有股票，风险会急剧降低。西格尔先生考察了接近200年的数据，发现即使在最差劲的20年投资期，股票也上涨了20%多。"[55] 某投资专家在《金融分析师期刊》（*Financial Analysts Journal*）上写道："股票在长期的正收益近乎是确定的……没有理由预期覆盖面最广的股价指数会出现负收益。"[56]

然而，在非常长的时期内，即使对于覆盖面最广的股价指数而言，也是有理由预期其会出现负收益的。将小概率诠释为零概率的错误可以被称为虚幻幸福结局型错误。就像萨缪尔森所写的那样："当一个35岁的人在1929—1932年损失了其82%的养老金资产组合时，你还会认为在他65岁退休时的资产组合会恢复原值并结出400%收益率的累累硕果吗？"[57] 萨缪尔森指出的虚幻幸福结局型错误，与短视损失厌恶型错误恰好截然相反。

❑ **时间分散化与懊悔和自我控制**

连续3年亏损就可以将打算投资30年的投资者变为投资期限为3年的投资者——他们会想要离场。股价上涨后，投资者会变得乐观，而下跌后其会变得悲观。与定期定额投资会降低风险的观点相似，认为时间分散化会减少风险的观点也是错误的，但是它们都有益于增强自我控制，减轻亏损带来的恐惧和懊悔感。

时间分散化与坚持到底规则相伴而生，当市场处于低点时（此时根据股市的3个糟糕年份，会外推得出世界末日即将到来的结论），坚持到底规则会使投资者未来获得高收益的愿望保持下去并遏制售出所有股票的冲动。但是，终归会有这样的时刻：长期坚持到底的投资期期满而盈利的愿望落空。这时，可以延长投资期限的选择权非常有价值。

通常我们是这样描述时间分散化的：其投资期是固定的，且在进行投资时就已设定好。但是，投资者常常用一种灵活的方式来描述投资期限（例如"长期"），而不是用固定形式（例如"30年"）。时间期限的灵活性并不会影响实际财富。在30年投资期期末，有1万美元账面亏损的投资者与做实了1万美元亏损的投资者相比，他们的财富水平并无差异。但是，有权对投资期限进行选择的投资者可以延迟做实账面亏损，进而避免以亏损状态注销心理账户，避免遭受与懊悔相伴而生的痛苦。

对投资期限有选择权，其吸引力可以体现在投资者偏爱"债券阶梯"上。债券阶梯由到期日相互错开的一组债券组成。某个债券阶梯或许包括1只1年后到期的债券、1只2年后到期的债券……1只10年后到期的债券。投资者通常会对债券阶梯进行再补充，即用到期的1年期债券的收入购买10年期债券，使阶梯的构成保持不变。

许多人认为债券阶梯要优于债券型共同基金。某人写道，债券阶梯"会帮助投资者保护其资本、并改善其收益……当联储推高利率时，债券型基金有可能遭受潜在亏损，而债券阶梯则有助于防止这种潜在亏损。"[58]

对理性投资者而言，这种感觉——相比债券型共同基金，债券阶梯这种投资工具有助于保护资本，提高收益并防止潜在亏损——是令人困惑的，因为债券阶梯在本质上，是自制的债券型共同基金。当利率上升时，债券阶梯和债券型共同基金的价值都会下降。并且，如果债券型共同基金比债券阶梯更加分散化，则债券阶梯的违约风险非常有可能会超过基金。债券阶梯的真正好处在于对投资期限有选择权。

比较刚刚组建的债券阶梯以及由相同债券组成的相应债券型共同基金，假定利率提高了。现在债券的价值下降，因此债券阶梯中的所有债券都表现为亏损。债券型共同基金的资产净现值同样降低了。但是，不愿做实其亏损而又想获得现金的债券阶梯投资者却可以在不同选项间进行选择。他们可以售出部分债券并做实亏损，也可以一直等到1年期债券到期从而避免做实亏损。而共同基金投资者无法在不同选项间进行上述选择，不论等待多长时间，他们都无法肯定自己能够避免做实亏损。

某金融评论员解释了个体债券相对于债券型共同基金，在投资期选择权上的优势，他强调虽然两者的价格都会波动，但"投资者很少注意"个体债券的价格波动并且对此"并不十分担心"。出现这种行为是因为"如果在到期前售出，就会像债券型基金一样按当前市价售出，该价格可能低于或高于你的最初支付价格。然而，如果你一直持有到到期日，则可以保证收回你的本金——这是债券型基金做不到的"。[59]

零息债券的买价要低于到期时的收入，因此若一直持有至到期日则可以保证实现盈利。其投资期选择权体现在对它的描述上——将它描述为在蹦床上蹦跳时的安全网。[60] 如果债券价格在到期之前上升，你能够实现盈利；如果债券价格在到期之前下跌，则你持有它直至到期日，也能够实现盈利，因为你知道在到期日你会获得债券承诺的面值。

》结　论

红利谜团与投资者的偏好有关——投资者偏好公司派发的红利，胜过通过售出股票获得的自制红利。某些投资者的这种红利偏好是由错误导致的。他们错误地认为，公司派发红利与自制红利不仅在形式上，而且在本质上都是不同的。一旦其错误被纠正，这些投资者就不再偏爱公司派发红利。然而，对某些投资者，这种偏好是由欲望导致的，特别地，是由想储蓄和支出的欲望与增强自我控制的规则之间的冲突导致的。规则对于调整储蓄与支出是必要的，其中最常见的规则是"花掉收入但不动用资本"。

重要的问题不在于想要调整储蓄与支出的欲望是否是普遍的，而在于如何以最低的成本满足欲望。红利俘获型基金会满足人们高支出的欲望。此类基金的红利收入要高于正常的红利收入，既能满足投资者想要更高支出的欲望，又不明显违反花掉收入但不动用资本的规则。但是，红利俘获型基金较昂贵，因为，相比其他基金其整体收益率较低且征税较高。对于人们想要调整储蓄与支出的欲望，存在成本更低的满足方法，其中一种方法是定期支付型共同基金，它会根据基金余额按照预设的百分比定期向投资者进行支付。

意向谜团是关于意向效应的：投资者倾向于快速变现投资盈利，但延迟做实投资亏损。其也与经理人的下述意向有关：他们倾向于延迟终止亏损项目，以及在亏损后继续追加新资金。

类似地，这里的问题不在于意向效应是否普遍，而在于我们如何以最低的成本来抵制它。一旦亏损达到一个预设的百分比，则强制要求做实亏损的规则就是其中一种方式。评估项目进程并决定是继续还是终止项目的项目评审委员会，是另一种方式。

定期定额投资谜团是指投资者不愿意一次性将全部资金投资于股票，而更喜欢用定期定额投资方法，随着时间推移逐渐投资股票。时间分散化谜团是指人们执意相信股票风险会随着投资期限的延长而下降。

投资者想要获得股票高期望收益带来的功利性、表达性和情感性收益，但是，他们也想避免因树立失败者的形象所产生的表达性成本，以及对亏损的恐惧和懊悔所带来的情感性成本。当建议他们一次性投资股票时，他们倾向于拖延，但是他们愿意定期定额地逐渐投资股票。

定期定额投资与时间分散化的处方，类似于人们选择眼镜时的处方。对于视力好的人，若眼镜会扭曲视力，则戴眼镜是错误的。对于视力差的人，若眼镜会改善视力，则戴眼镜是正确的。对于视力差的人，眼镜通过引入另一种扭曲来纠正其视力的扭曲。

试比较两名咨询师，其中一名建议某客户将资金一次性转为股票，而另一名建议该客户进行定期定额投资。对于理性投资者而言，一次性将现金转为股票或许是最优的，这就像不戴眼镜对视力好的人是最优的一样。但是，这种方法对于投资眼光不好的普通投资者而言并没有吸引力，他们不敢采取行动，因为他们会考虑下述可能性：若股市在不久后崩盘，他们会感到懊悔不已。定期定额投资提供了一种纠正性的财务眼镜，使投资者将部分财富配置在股票上。

短视的人会关注短期而不关注长期。短视型损失厌恶导致他们在股票上配置得过少。他们需要纠正性的财务眼镜帮助他们关注长期。远视的人会关注长期而不关注短期。他们对虚幻的幸福结局深信不疑，这导致他们在股票上配置过多。他们也需要纠正性的财务眼镜来帮助他们关注短期。在这些情况下，财务咨询师类似于验光师。他们开具财务眼镜处方，纠正投资者的投资"视力"，引导他们做出审慎的投资选择。当有必要劝说投资者以渐进的方式将现金转为股票或将股票转为现金，而投资者却倾向于完全不进行转换时，审慎的财务咨询师会主张定期定额投资。当股市行情暴跌刺激投资者匆忙处理掉其所有股票，并且有必要阻止投资者一次性将股票变现时，审慎的咨询师会主张时间分散化。

第二编 / PART TWO

行为金融学与资产组合、生命周期、资产价格、市场效率

Behavioral Finance in Portfolios, Life Cycles, Asset Prices, and Market Efficiency

CHAPTER 8
Behavioral Portfolios

第 8 章
行为资产组合理论

哈里·马科维茨在 1952 年提出的均值–方差资产组合理论是标准金融学的资产组合理论,[1] 而行为资产组合理论是行为金融学的资产组合理论,其初始形式是由赫什·谢夫林和迈尔·斯塔特曼在 1987 年和 2000 年提出的。[2] 两种理论的区别请见表 8-1。

均值–方差资产组合理论向投资者推荐的资产组合在均值–方差前沿上,投资者的欲望仅是想获得高期望收益和低风险带来的功利性收益,其中,风险通过资产组合收益率的方差来测度。我们称其为"教科书型"均值–方差资产组合理论,因为典型的投资学教科书阐述的就是均值–方差资产组合理论。

行为资产组合理论描述的资产组合在行为–欲望前沿上,投资者的欲望已经扩延到高期望收益和低风险带来的功利性收益之外,将表达性和情感性收益包括进来了,例如显示自己诚实履行了社会责任、较高的社会地位、有望致富、免受贫困之扰等带来的收益。

马科维茨注意到,早在 1952 年以前,分散化的资产组合的好处就已经众所周知。"在 1952 年之前,唯一缺的就是一个令人满意的投资理论,其要说明在风险相关条件下,分散化的影响;要区分有效的和非有效的资产组合;要将资产组合作为一个整体来分析风险与收益之间的权衡取舍。"[3] 于是,马科维茨给出了教科书中我们见到的均值–方差资产组合理论。

之后,1959 年,马科维茨提出了他所谓的"人生赛事(game-of-life)"资产组合,其体现的欲望超越了高期望收益和低风险,涉及照顾孩子与家庭等其他事项。这种简略模型与行为资产组合理论密切相关。[4]

表 8-1 均值 – 方差资产组合理论和行为资产组合理论的区别

均值 – 方差资产组合理论（MVPT）	行为资产组合理论（BPT）
1. 有效资产组合位于均值 – 方差前沿上	1. 有效资产组合位于行为 – 欲望前沿上
2. 在均值 – 方差前沿上的资产组合满足对功利性收益的欲望（高期望收益和低风险）	2. 在行为 – 欲望前沿上的资产组合不仅满足对功利性收益的欲望，而且还满足对表达性和情感性收益的欲望（例如，诚实履行社会责任、较高社会地位等）
3. 投资者认为资产组合是一个整体	3. 投资者认为资产组合是一个分层的金字塔，其中，每一层是一个与欲望和目标关联的心理账户或"桶"
4. 投资者通过收益率的方差测度风险	4. 投资者通过与目标相比出现差额的概率、差额数量或者是两者的组合来测度风险
5. 投资者仅有一种风险厌恶，其与资产组合整体相关	5. 投资者有多种风险厌恶，其与各自心理账户相关
6. 投资者总是风险厌恶的，其中，风险通过收益率的方差来测度	6. 投资者总是风险厌恶的，其中，风险通过与目标相比出现差额的概率、差额数量或者是两者的组合来测度。在行为资产组合理论中，测度的风险厌恶可能相当于均值 – 方差资产组合理论中所测度的风险追求

马科维茨写道："对这一时期家庭所享有的愉悦进行模拟，发现其依赖下述几个方面：家庭规模、住所是大房子还是小公寓、是否不得不搬家等。这就要求研究方法既应是'行为的'，也应是'理性的'。其应该是行为的，因为它要反映人类的合理选择。其也应该是理性的，举例来说，这是因为进行理性决策的家庭了解高息信用卡债务的后果。"[5]

教科书上的均值 – 方差资产组合理论，首先估计投资的相关参数——每一项投资的期望收益率、收益率标准差以及每两项投资收益率之间的相关系数。

接着，投资者将这些参数输入均值 – 方差优化程序，得到均值 – 方差前沿，如图 8-1 所示。该前沿由各标准差水平上期望收益率最高的资产组合构成。

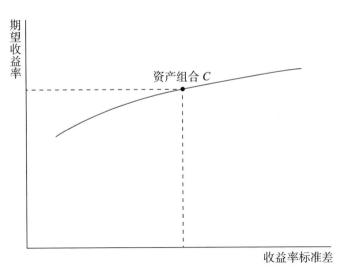

图 8-1 均值-方差前沿与前沿上的资产组合 C

最后,依据对高期望收益和低标准差两种欲望的权衡取舍,投资者在均值-方差前沿上选出某个资产组合,例如图 8-1 中的 C 点。

实际的均值-方差资产组合操作不同于教科书的描述,会体现出行为资产组合理论的特征。美国某大型公共养老基金的董事会要求投资咨询机构给出一个最优的资产组合。咨询机构开始了如下的优化过程:首先,得出基金经理们对每项投资的期望收益率、收益率的标准差以及每两项投资收益率之间的相关系数,这些投资包括美国股票、国际股票、债券、房地产和其他投资等。接着,他们对估计值进行修订,使它们更加合理,与更普遍的估计值相一致。最后,他们确定有效的均值-方差资产组合(如图 8-2 中的 E 点所示),其标准差与基金当前资产组合 D 的标准差相同。优化后的均值-方差资产组合有同样的标准差,但是,提供的年期望收益率要高出 3.72 个百分点。

然而,咨询机构并不会立即着手向委员会推荐该优化后的均值-方差资产组合,这是因为他们预期董事会将"难以接受"该资产组合——推荐的配置非常不同于该养老基金或类似基金当前的配置。例如,该养老基金将 33% 的资产组合配置在美国股票上,20% 配置在国际股票上,但优化后的均值-方差资产组合推荐的是在国际股票上配置 54%,而完全不配置美国股票。

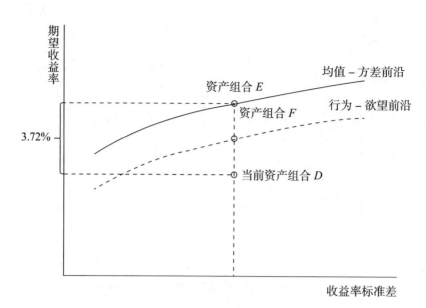

图 8-2　均值 – 方差前沿与行为 – 欲望前沿

接着，咨询公司在均值 – 方差优化过程中会对投资配置进一步设定约束条件，例如，在美国股票上进行最低限度的配置，而在国际股票上进行最大限度的配置。他们会推荐资产组合 F，其期望收益和标准差的组合低于均值 – 方差前沿，而高于当前的资产组合 D。

资产组合 E 在不增大标准差的条件下能够承诺带来最高期望收益，它为什么会被认为是难以接受的呢？

通过投资组合与被称为日常食谱的"食物组合"之间的类比，我们可以找到答案。经济学家乔治·斯蒂格勒（George Stigler）在 1939 年（即在他获得诺贝尔经济学奖之前很多年）考察了 77 种食品（从面粉、西冷牛排到草莓果酱），发现成本最低的日常食谱仅由五种食品构成。体重 154 磅、运动量中等的男性每年花费 39.93 美元就可以完全满足其全年的营养需求。该食谱由 370 磅面粉、57 罐炼乳、118 磅卷心菜、23 磅菠菜以及 285 磅干菜豆构成。[6]

教科书式的均值–方差型用餐者将各种食物看做一系列营养成分的组合。除了营养带来的功利性收益及其成本之外，其他收益和成本都不重要，因为所有食物都要在胃中混合，不管是昂贵的牛排还是廉价的汉堡都会释放同样的营养成分。类似地，教科书式的均值 – 方差型投资者将各种投资看做一系列期望收益、标准差以及它们之间相关系数的组合。除此以外的其他特征并不重要，因为，资产组合中的所有的投资（不管是通用电气的股票，还是通用汽车的股票）都会混合在一起。

斯蒂格勒的食谱位于食物的营养-成本前沿上，如图8-3所示。它以最低的成本提供了必需的营养成分。类似地，位于投资的均值-方差前沿上的资产组合以最低的收益标准差提供了必需的期望收益。但是，普通食客想要的并不仅仅是位于食物的营养-成本前沿上的食物，而普通投资者想要的也并不仅仅是位于投资的均值-方差前沿上的资产组合。

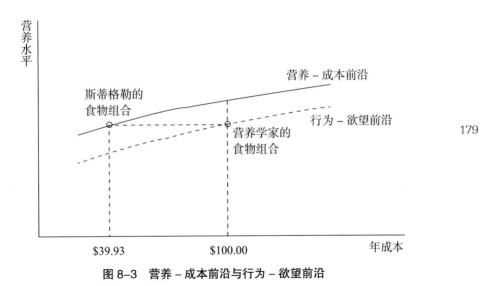

图8-3 营养-成本前沿与行为-欲望前沿

斯蒂格勒将其最低成本食物组合与营养学家们的食物组合进行了对比，营养学家们认为他们的组合在满足营养需求的条件下是最廉价的食物组合。该食物组合在1939年要花费100美元，是斯蒂格勒食物组合成本的两倍还多，这使之位于食物的营养-成本前沿的下方，如图8-3所示。

为什么营养学家建议的最廉价的膳食食谱所花费的超过斯蒂格勒食谱如此之多呢？斯蒂格勒写道，答案在于营养学家不仅考虑高营养和低成本带来的功利性收益，同时也考虑可接受性、多样性、体面与否以及文化所带来的表达性和情感性收益。他强调，以此为基础，我们就能够解释为什么营养学家在推荐时会将肉和糖包含在最低成本食谱中。对于投资咨询机构的资产组合推荐同样也是如此。

营养学家推荐的食物组合位于图 8-3 所示的行为-欲望前沿上,它考虑了食客想要获得全系列食物收益——功利性、表达性和情感性收益的欲望。该推荐是最优的,虽然对于仅想获得食物的功利性收益的食客而言,该组合位于其营养-成本前沿的下方。

类似地,对于想要获得全系列投资收益(功利性、表达性和情感性收益)的投资者而言,位于行为-欲望前沿上的投资组合也是最优的。咨询机构推荐的资产组合位于养老基金管理者的行为-欲望前沿上,与当前资产组合相比,其在相同标准差条件下提供更高的期望收益,带来更多功利性收益,同时还提供表达性和情感性收益,其中包括符合该养老基金和类似养老基金资产组合惯例所带来的收益。

》投资者的欲望与行为-欲望前沿

当资产组合满足了投资者对功利性、表达性和情感性收益的获取欲望,并且投资者未犯认知型和情绪型错误时,则该资产组合位于行为-欲望前沿上。处于行为-欲望前沿上的资产组合通常在均值-方差前沿之下。位于行为-欲望前沿上的资产组合的例子之一是能够提供表达性和情感性收益的资产组合,这些收益包括社会责任、自豪感避免懊悔、传统习惯等所带来的收益。

❑ 履行社会责任的欲望

在均值-方差资产组合理论框架内,我们很难理解为什么有社会责任感的投资者在其资产组合中会将核能公司的股票剔除在外。为什么不将资产组合的"生产"与"支出"分离呢?若核能公司股票在合意的风险水平上会产生最大的财富,那么可以在构建资产组合时加入核能公司股票,然后将额外所得财富花在反核运动捐赠上。

对于有社会责任感的投资者而言,将财富的生产与其支出目标分离没有意义。同样地,将功利性收益,与表达性和情感性收益分开也没有什么意义。1985 年,美国天主教主教会议撰写了一封关于社会公正与经济的信函。

Trillium 资产管理公司（一家为有社会责任感的投资者服务的公司）的谢丽尔·史密斯（Cheryl Smith）讲述了此后自己的经历。"这封信强有力地向参会者们阐明，在参与国家经济生活时需要合乎伦理道德规范，而他们不断询问：'大主教将资金投资到什么地方了？'结果发现大主教辖区持有的资产包括运营 Rocky Flats 核武器工厂的公司的股票，而大主教辖区的和平与正义办公室不断派出示威者将自己绑在核武器工厂的围栏上。"[7]

在行为资产组合理论框架下，在资产组合中剔除核能公司的股票的原因变得显而易见。这样的资产组合或许恰好位于行为–欲望前沿上，与支出目标及其功利性、表达性和情感性收益一致。Spectrem Group 的调查显示，资产净值为 100 万—500 万美元的投资者中有 37% 在投资时会考虑社会责任。[8]

一项研究比较了受限制的最优均值–方差资产组合和不受限制的最优均值–方差资产组合，其中前者仅包括履行社会责任的共同基金，而后者包括所有的共同基金。[9] 结果发现，受限制的尽社会责任的资产组合的年期望收益率要比不受限制的低 3 个百分点以上。[10] 想要获得履行社会责任所带来的功利性、表达性和情感性收益或许会使受限制的尽社会责任的资产组合位于行为–欲望前沿上，如图 8-4 所示。

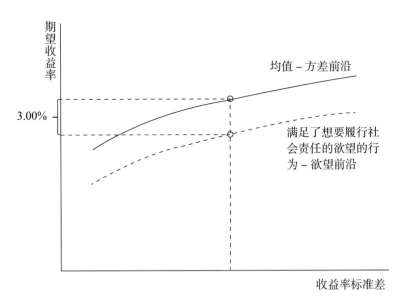

图 8-4　满足了想要履行社会责任的欲望的行为–欲望前沿

❏ 爱国和获得熟悉感的欲望

表现爱国主义精神的食品会产生表达性和情感性收益，表现爱国主义精神的投资同样如此。第一次世界大战期间，美、德作战时，法兰克福香肠被改称为热狗。由于法国反对伊拉克战争，不满的美国人将法式炸薯条（French fries）改称为自由炸薯条（freedom fries）。类似地，自由债券在第一次世界大战期间表达了爱国主义精神；战争债券在第二次世界大战期间表达了爱国主义精神；而爱国者债券在美国"9·11事件"之后表达了爱国主义精神。[11]

爱国主义是国家主义的一部分，不同于全球主义。社会心理学家乔纳森·海德特（Jonathan Haidt）写道，全球主义者想要一个没有爱国主义的世界，用约翰·列侬（John Lennon）的话来说，这个世界没有国家，世界是一统的。然而，国家主义者"将爱国主义看做一种美德，他们认为自己的国家和文化独一无二，值得保留。这是一种真正的道德承诺，而不是故作姿态来掩饰种族主义偏见。"[12]

对爱国主义的欲望促成了"本土偏向"——偏爱投资于本国。该术语存在认知型和情绪型错误，误导投资者在未获得额外期望收益条件下承担额外的风险，因为他们放弃了利用全球分散化投资来减少风险的好处。爱国的欲望有可能构成了"本土偏向"的基础。相比不怎么爱国的国家，爱国公民比例高的国家的投资者会将更大比例的资产组合投资于本国股票。相比不怎么爱国的地区，美国的爱国地区的投资者会将更大比例的资产组合投资于本地区。[13]

"本土偏向"使得资产组合位于均值-方差前沿之下。如果"本土偏向"源于错误，则它也使得资产组合位于行为-欲望前沿之下。但是，如果"本土偏向"源于想要获得爱国所产生的表达性和情感性收益，则它会使资产组合位于行为-欲望前沿上。

就像偏好本土食品一样，在对本土投资的偏好中，想要获得熟悉感与爱国的欲望都会发生作用。确实，熟悉的食物不仅在口味方面提供情感性收益，同时，还提供卡路里摄入方面的功利性收益。对于从原籍邦迁徙到其他邦的印度人而言，其从每卢比食物中获得的卡路里数量，要比当地人少7%。此外，移民和当地人卡路里摄入量之间的差额，依赖于移民对当地食物的适应性，以及移民对原籍食物的偏爱强度。[14]

人们不喜欢名字听起来像外国人的基金经理，这明显反映出对熟悉感的欲望。对于此类基金经理，其基金的资金流入量要比其他基金经理的低大约10%。他们还面临着取得好业绩后较低的资金流入和差业绩后更高的资金流出。例如，在"9·11事件"之后，有中东姓名的经理的基金的资金流入量降低了。[15]

20世纪90年代后期，不仅是互联网发生大泡沫的时期，同时也是美国股票和国际股票收益率的差距变大的时期。在1997年10月之前的5年里，美国股票S&P 500指数的累积收益率超过151%，而国际股票EAFE（Europe, Australasia, Far East）指数的累计收益率低于71%。

在20世纪90年代后期，许多投资者受到代表性和后见之明型认知错误，以及懊悔带来的情感性成本误导，而放弃了全球分散化投资。代表性错误导致他们根据过去的收益率推导未来，并得出结论：国际股票的未来收益率会继续落后于美国股票。后见之明型错误误导他们认为：国际股票相对糟糕的业绩在事前就像事后一样清楚明确。而由于之前没有将国际股票转换成美国股票，懊悔加剧了后见之明，造成挫败感。

《华尔街日报》一篇文章的副标题是"放弃无意义的全球投资"，这篇文章明显体现出了对熟悉感的欲望。[16] 它嘲笑并这样描述全球分散化投资的倡导者：他们"如此定义'明智的'投资者——将一大笔资金从自己了解的国家转出，再转入自己不熟悉的国家……"

由于投资者的欲望以及他们在功利性、表达性和情感性收益之间的权衡取舍存在差异，投资者的行为-欲望前沿也会有所不同。在某些投资者的行为-欲望前沿上，或许有20%的投资为国际股票，而在其他投资者的行为-欲望前沿上，投资组合中或许有60%的投资为国际股票。

❏ 自豪感和避免懊悔的欲望

自豪感是一种情感性收益，而懊悔是一种情感性成本。盈利会使人感到自豪，从而带来情感性收益；会给人们树立赢家的形象，从而带来表达性收益。亏损会使人懊悔，从而导致情感性成本；也会给人们树立输家的形象，从而使人们遭受表达性成本。抛补看涨期权①框架强调了盈利、模糊了亏损、放大了自豪感、减弱了懊悔感。下面是勒罗伊·格罗斯（Leroy Gross）在其经纪人手册中为抛补看涨期权所编写的推销辞令：[17]

推销员乔：你曾告诉我你对股市投资的结果不太满意。

潜在客户约翰：是的。我对自己的股票投资组合的收益率不满意。

推销员乔：从明天开始，你购买的每一只普通股票都会为你带来三种利润，你感觉怎么样？

潜在客户约翰：三种利润？哪三种呢？

推销员乔：首先，你会仅因答应以比买价更高的价格售出所购股票而获得一笔钱，或许几百块，有时上千块。该笔收入会立即，也就是在第二个工作日，支付给你，这些钱永远都是你的了。第二种利润是你作为股票持有者应得的现金红利。第三种利润是股价从买价到协议的卖价之间的上涨。

设想你购买了一股30美元的股票，同时以1美元的价格售出了该股票的看涨期权，行权价为40美元。当你因售出期权而获得1美元时，你享受到了第一种收益，这就是"这笔收入……这些钱永远都是你的了"。当你在股票上获得2美元的红利时，你享受到了第二种收益，并且，如果股价从30美元上升到40美元，你可以从这可能的10美元价格上涨中享受到第三种收益。然而，抛补看涨期权的潜在损失被模糊了。如果股价暴涨超过40美元直到100美元，则你损失了60美元的潜在利润。

在资金管理者中，"追踪误差优化"是均值－方差分析的一种流行应用。在应用过程中，收益率被追踪误差取代，其中追踪误差是指相对于基准资产组合收益率而言的盈利和亏损。类似地，收益率方差被追踪误差的方差所取代，收益率及其标准差的均值－方差前沿被追踪误差及其标准差的均值－方差前沿所取代。在关于追踪误差的均值－方差前沿上，资金管理者选出他们认为最佳的追踪误差资产组合——该资产组合的期望收益率要高于基准资产组合，

---

① 译者注：抛补看涨期权是指在出售某股票看涨期权的同时买入该股票的投资策略。

这意味着较高的正追踪误差，但是追踪误差的标准差要相对较低。

位于追踪误差及其标准差的均值-方差前沿上的资产组合，在收益率及其标准差的均值-方差前沿之下。[18] 但是，追踪误差优化有可能使资产组合恰好位于行为-欲望前沿上，因为它能满足资金管理者的下述欲望——避免因为收益率低于其基准而树立起输家的形象所产生的表达性成本，避免懊悔带来的情感性成本，避免丢失客户产生的功利性成本。[19]

❏ **遵守传统习惯的欲望**

在构建资产组合时，人们常常要对资产组合的配置进行约束，不论是均值-方差资产组合还是行为资产组合都是如此。某项约束或许会禁止在美国股票上的配置低于资产组合的30%，抑或禁止在黄金上的配置超过2%。这些约束能够确保投资遵守传统习惯，使资产组合能够被接受。回想前面提到的养老基金咨询机构，为遵守该养老基金和类似基金的配置惯例，其对均值-方差优化程序施加了约束。

一些人认为，在无约束条件下优化得出的均值-方差资产组合之所以难以被接受，是由于下述原因：不精确的投资参数估计值导致在股票、债券、黄金或其他资产上出现难以接受的极端配置。然而，即使用精确的估计值构建的有效均值-方差资产组合，也必定会产生极端配置。[20] 就像上述养老基金案例所阐明的那样，下述建议——投资者即使难以接受也应将优化后的均值-方差资产组合作为最佳资产组合——在过去被否决了，其在未来也会被否决。

实际上，在构建好的资产组合的过程中，提出均值-方差资产组合理论及其优化程序的哈里·马科维茨将约束条件描述为有益的判断工具。[21] 对均值-方差参数的估计涉及判断。即使完全采用历史数据进行估计也会涉及估计时期的判断——是用最近10年的数据还是用近40年的数据，是用月收益率还是用年收益率。此外，投资者的欲望已经扩展到高期望收益和低收益率方差带来的功利性收益之外，包括了想要获得遵守传统习惯带来的表达性和情感性收益的欲望。要将判断和欲望融入资产组合中，对配置施加约束是一种明智的方式。

用知识取代无知并纠正认知型和情绪型错误

好的资产组合是实务的。不论是均值-方差资产组合还是行为资产组合，都要求用知识取代无知，并纠正认知型和情绪型错误，从而改善投资者的行为以及资产组合的业绩。这项任务是有可能完成的，德国的经验证明了这一点。民主德国人在德国统一后迅速获得了投资知识并改变了他们的金融行为。他们像联邦德国人一样投资风险证券，并且更有可能使用消费贷款而无后悔迹象。[22]

然而，用知识取代无知的任务并不容易完成。许多投资者不仅不知道高投资成本对储蓄的有害影响，而且还抵制此类知识。以色列证券管理局的一项规定尝试传播关于投资成本的知识——在经纪人执行客户交易收取回扣方面，要求资产组合管理者需获得其客户的书面许可。随后的一项研究发现，老练的投资者不同意收取回扣，但是大部分投资者抵制关于回扣的知识或者对其听之任之——大约有89%的投资者同意收取回扣。考虑到那些没有回答该问题的投资者被视为不同意回扣，该研究作者认为实际比例比89%更高。同意回扣的投资者的资产组合在此后一年里的业绩表现不佳。[23]

社会经济地位较低的人，大部分没有股票投资。没有股票投资对财富积累是有害的。社会经济地位或许会影响人们的学习过程。对于股票收益率，社会经济地位较低的人持有的信念，要比社会经济地位较高的人更悲观。[24]

另一个例子涉及对资产组合分散化好处的误解，其也反映了用知识取代无知的困难。分散化会降低资产组合的波动性而保持期望收益率不变，其中波动性由收益率标准差来测度。而许多人误解了分散化的好处。金融素养较低的人认为，分散化会增强资产组合的波动性。之所以会产生这种误解是因为，相比资产组合的收益率，如，S&P 500 资产组合（这是一个由人们最不熟悉的 500 只股票构成的分散化资产组合），熟悉的证券（例如苹果或 IBM）的收益率看上去更具可预测性。此外，那些拥有较高金融素养的人认为，分散化会提高资产组合的期望收益（而实际上其只能保持期望收益不变）。结果是，金融素养较低的投资者或许未进行分散化，因为他们误认为分散化会增加风险；而金融素养较高的投资者或许会选择风险更高的分散化资产组合，因为他们错误认为这样的资产组合会提供更高的收益率。[25]

难以用知识取代无知的再一个例子涉及与相关系数有关的错误。在哈里·马科维茨的分析性贡献中，一个重要的部分是阐明相关性在分散化中所起的作用。未考虑相关性或误解它们在分散化中的作用都属于错误，会增加资产组合的风险，提高功利性成本并且没有功利性、表达性和情感性收益作为补偿。考虑表8-2的例子。

表8-2 相关系数对资产组合收益率标准差的影响

投资	期望收益率	标准差
投资1	6%	20%
投资2	10%	40%

两种投资收益率的相关系数：0.3

由等量的两种投资构成的资产组合的期望收益率，是两种投资期望收益率的均值，为8%：

$$E(R_p)=1/2\times 6\%+1/2\times 10\%=8\%$$

但是，如果两项投资收益率的相关系数不是1，则由等量的两种投资构成的资产组合的收益率标准差，要小于两项投资收益率标准差的均值（其为30%）。

$$\sigma_{(R_p)}=\sqrt{(1/2)^2\times 20^2+(1/2)^2\times 40^2+2\times(1/2)^2\times 0.3\times 20\times 40}=24.9\%$$

在构建资产组合时未考虑相关系数十分常见，表明了投资者的认知型错误。一项研究向人们展示了三项投资A、B和C的期望收益率、标准差以及两两收益率之间的相关系数。A和B，以及A和C收益率的相关系数为0。[26] 然而，对于B和C收益率的相关系数，第一组人群被设定为0，第二组被设定0.8，第三组被设定为–0.8。提供给三组人群的相关系数差异非常大，因此，如果人们考虑相关系数，他们会选择非常不同的资产组合。然而，研究却发现三组人群选出的资产组合没有显著差异。这表明人们在构建资产组合时基本上会忽略相关系数。

由于对相关系数及其在分散化收益中所起作用的误解，即使经常考虑相关系数问题的职业投资者也会犯错。2008年的全球金融危机在一定程度上暴露了这种误解。某财务咨询师杂志在2009年早期的一则新闻报道中问："马科维茨错了吗？"一名财务咨询师回答道："分散化的问题是相关系数。相关系数的趋势在熊市达到了顶峰。"[27]

当投资收益率之间的相关系数达到 1 时，分散化的好处确实会消失，但是，我们倾向于将 0.9 的相关系数误解为其不再会带来多少分散化效益。实际上，0.9 甚至 0.99 的相关系数也会带来巨大的分散化效益。此外，分散化的好处不仅依赖于投资收益率之间的相关系数，还依赖于它们的标准差。当相关系数较高时分散化的效益较低，但当标准差较高时分散化的效益较高。实际上，与通常的看法相反，在熊市分散化的效益要比牛市更高。虽然，在熊市相关系数倾向于比牛市更高，但标准差也倾向于更高。在熊市，更高的标准差增加了分散化的效益，更高的相关系数减少了分散化的效益，而前者要比后者大。[28]

在考虑分散化带来的好处时，就相关系数所起作用，通过考虑收益率差额，我们可以用知识取代无知。两种投资（例如美国股票和国际化股票）的收益率会存在差额。相比仅使用相关系数，收益率差额能够更好地测度分散化的效益，因为其同时考虑了相关系数和标准差的影响。此外，对于分散化的效益，这些差额提供了一种直观但准确的测度指标。表 8-3 表明，当相关系数较高时，收益率差额以及相关的分散化效益较低，但当标准差较高时，收益率差额以及相关的分散化效益较高。

两项资产收益的收益率差额估计如下：

$$收益率差额估计值 = 2\sigma\sqrt{\frac{(1-\rho)}{2}}$$

其中 σ 是两项投资收益标准差的平均值，ρ 是两项投资收益的相关系数。

表 8-3 相关系数与标准差不同的两项投资的年收益率差额估计值

相关系数 \ 标准差	10%	15%	20%
0.99	1.41%	2.21%	2.83%
0.9	4.47%	6.71%	8.94%
0.8	6.32%	9.49%	12.65%
0.5	10%	15%	20%
0	14.14%	21.21%	28.28%

注：其中标准差是两项投资收益标准差的平均值。

进行分散化的投资者应该问:"如果我没有分散化,则相比分散化的资产组合我会领先或落后多少?"收益率差额回答了该问题。比较三名投资者,他们正在考虑的资产组合由美国股票和国际股票构成。其中,一人将其全部资产组合投资美国股票,另一人全部投资国际股票,第三人对资产组合进行分散化,等比例投资两种资产。

设想我们在 2007 年 12 月 31 日,预测仍然未知的 2008 年的收益率。到 2008 年年末,我们会发现美国股票的收益率是 –37%,而国际股票的收益率是 –45%。2008 年的收益率差额是 8 个百分点,如图 8-5 所示。将资产组合全部集中在美国股票上的投资者,位于该差额缺口的顶端。将资产组合完全集中在国际股票上的投资者位于该差额缺口的底端,而在美国和国际股票之间等比例进行分散化投资的投资者,位于该差额缺口的内部,亏损了 41%。41% 的亏损也是惨重损失,但并不像亏损 45% 那样惨重。

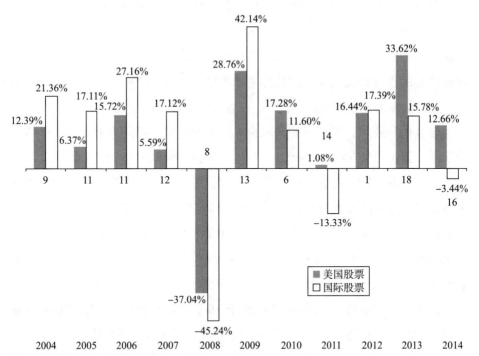

注:美国股票为 MSCI 美国广泛市场指数(按美元总收益计算),国际股票为除去美国后的 MSCI ACWI 指数(按美元总收益计算)。

图 8-5 2004—2014 年美国和国际股票的收益率差额

分散化的好处只不过是使收益率落入差额缺口内。进行分散化的投资者放弃了使整体资产组合收益率达到差额缺口顶端的希望，但是也免去了整体资产组合收益率处于差额缺口底端所产生的恐惧。差额缺口的顶端未必提供正的收益——整个差额缺口都可能位于损失域。分散化并没有消除亏损的可能性；仅仅使其有所减轻。只有无风险利率才会消除亏损的可能性，但该利率是很低的。

用投资者问卷评估欲望并纠正错误

投资者和财务咨询师可选的问卷种类繁多，例如，风险问卷、投资者问卷、投资策略问卷等。大部分问卷会对相互冲突的欲望进行评估（比如获得高期望收益和低风险的欲望），并指导投资者选择适当的资产组合。有时风险厌恶采取方差厌恶的形式，其中方差由"价值的波动"来表示。某问卷通过对以下陈述的认可程度来检测人们的方差厌恶程度："总体而言，我偏爱价值波动很小或不波动的投资，并且我愿意接受这些投资较低的收益率。"非常认可该陈述的投资者被认为方差厌恶的水平较高，应对其推荐低方差的资产组合，配置较多低方差的债券和现金，配置较少高方差的股票。

在其他问题中，风险厌恶采取损失厌恶的形式。某问卷展示了一张表，显示了1万美元于三项假想投资中1年内的亏损和收益。然后问卷询问："给定上述1年的潜在收益和亏损，我会将钱投资……"选择范围介于亏164美元或赚593美元的五五等可能机会与亏3 639美元或赚4 229美元的五五等可能机会之间。但是，所下赌注的大小很重要，人们的损失厌恶程度会随赌注的增加而提高。[29] 在亏3 639美元或赚4 229美元的五五等可能机会上，下了1万美元赌注的人，很多或许不愿意继续下注10万美元或1 000万美元。

经济学家罗伯特·巴斯基（Robert Barsky）及其合作者写道："就旨在测度风险厌恶的问卷问题而言，首要的要求是其一定要涉及终生收入。"他们补充道："现存文献中的实验所涉及的赌注通常对终生资源没有多少影响。"[30] 要解决该问题，巴斯基及其合作者要求人们考虑大额赌注——从一生来看的年收入。他们提供了一个五五等可能机会——使终生收入翻倍或使之减少一定比例，例如 1/5。该比例会根据人们的一生资源进行实际调整，例如区分年收入是 10 万还是 100 万美元。

另一个问题测度亏损承受力（loss capacity）。该问题会问："当进行长期投资时，你计划持有该投资多少年？"提供的答案范围从 1 年或 2 年到 9 年、10 年或更多年。年龄较大的人有可能让大部分财富以投资组合的形式，而非以人力资本的形式存在，因为他们未来就业的年限较少。通常认为，年龄较大的投资者在其投资组合上的亏损承受能力较低，这使得推荐倾向于在债券和现金上进行更多配置（其导致的亏损较小），而在股票上配置较少。

问卷评估的欲望不仅限于想获得高期望收益和低风险的欲望，其中风险可以由方差厌恶或损失厌恶测度（还包括最大化的欲望）。想最大化的欲望是想要获胜的欲望。一项对美国男性和女性的调查通过对以下陈述的认可程度来评估他们最大化的欲望："我总是想要最好的，次好对我来说还不够好。"[31] 相比女性，男性有更强的最大化欲望；相比老年人，年轻人也有更强的这种欲望。最大化欲望较强的人会宣称，自己的亏损容忍力（loss tolerance）也较强，这表明当人们宣称自己有较高的亏损容忍力时，有必要考察是否是最大化欲望造成的假象。

另一个问题问："对你自己做出好金融决策的能力，你有多少信心？"这个问题是关于置信程度或过度自信的，而与方差或亏损容忍意愿无关。但是，过度自信与亏损容忍力之间的高相关性或许表明过度自信的投资者更能容忍损失。但是，过度自信不同于较高的亏损容忍力。确实，上述对美国男性和女性的调查发现，过度自信的人也宣称自己有较高的亏损容忍力，这表明有必要考察人们宣称的较高亏损容忍力，是否是过度自信造成的假象？

考虑下述两个对美国男性和女性的调查所询问的问题。

一些人认为能否成功挑选出收益率超过平均收益率的股票主要取决于技能，其他人认为主要取决于运气。你是怎么认为的？

一些人认为他们能够挑选出收益率超过平均收益率的股票，其他人认为他们无法选出。你是怎么认为的？

对问题的回答表明男性倾向于认为，能否成功挑选出收益率超过平均收益率的股票主要取决于技能，而女性倾向于认为其主要取决于运气。对问题的回答表明 57.3% 的男性和 49.6% 的女性认为成功主要依靠技能。其他投资者认为成功主要依靠运气或者不确定。[32]

相比女性，男性也更有可能犯过高定位型过度自信错误。但整体而言他们不存在过高定位倾向。对问题的回答表明，41.9% 的男性和 32.3% 的女性认为自己能够挑选出收益率超过平均收益率的股票。其他投资者认为他们无法挑选出此类股票或者不确定。

对最大化的追求与懊悔厌恶相关。决策研究学者乔治娜·南科夫（Gergana Nenkov）及其合作者写道："后悔的可能性总是存在的，因为最大化者总是问自己，其选择产生的结果是否是最好的，并且总是不断怀疑自己，认为自己本可以做出更好的选择。"[33] 上述对美国男性和女性的调查通过对下述陈述的认同程度来评估懊悔厌恶："每当我做出选择后，我会尽力获取其他替代选择所产生结果的信息，如果某替代选择比我的选择表现更好，则我会感到难过。"较高的最大化追求程度与较高的懊悔厌恶程度相联系，但是，懊悔厌恶与损失厌恶无关。两者的差异表明懊悔厌恶与损失厌恶是不同的，虽然它们经常结合在一起。

一个旨在评估风险厌恶的问题询问投资者是否愿意购买以前以亏损状态售出的股票。"假设 5 年前你购买了某个饱受赞誉的公司的股票。同年该公司因管理不善经历了销售额的严重下滑。公司股票价格急剧跳水，你售出股票时亏损严重。公司在新管理层领导下进行了重组，并且大部分专家现在预期该公司股票收益要好于平均水平。考虑到过去你在这家公司上的痛苦经历，你现在还会购买该股票吗？"可选答案范围介于"肯定会"到"肯定不会"之间。然而，该问题是关于懊悔厌恶而非风险厌恶的。确实，投资者不愿意购买以前以亏损状态售出的股票，因为他们想避免懊悔。[34]

约翰·克拉森（Johann Klaassen）为 First Affirmative Financial Network（这是一家专营社会责任投资的公司）下属的财务咨询师设计了一份客户问卷。他说：

我们首先询问客户对风险的态度,因为我们的首要任务是明确客户的财务目标是否被满足了。我们的第二大任务是明确客户的社会和伦理目标是否被满足了……对于资产配置,我们遵循非常传统的饼状图方法,然后,在每一种资产类别中,我们尽力选出那些符合客户价值观的投资。

问卷中一组问题是关于风险的。例如,对于波动性、稳定性和投资的增长性,下面哪一项对你的总体看法进行了最佳描述?可能的答案为:

1. 相比最大化收益,我更担心账户中资产价值向下大幅波动的风险。
2. 如果能够限制大幅波动的风险,我愿意接受稳定不变的收益。
3. 我会强调资产组合的长期增长性,愿意接受某种程度的低收益率,但要在一定程度上避免资产价值向下的大幅波动。
4. 我想使增长最大化,因此,愿意接受资产组合价值周期性向下大幅波动的可能性。

另一组问题是关于社会价值观的:

对于历史上有下述做法和政策的公司,你找出或规避它们的倾向有多大?
可选答案包括:努力寻找、不确定、规避、倡导持有。
一个例子和堕胎政策有关:"支持堕胎权利"或者"反对堕胎权利。"另一个例子关于"在药品和医疗技术开发与测试中""在消费品开发与测试中""为获取肉、毛或皮革"禁止使用动物。[35]

在投资公司 Loring Ward 的投资者问卷中,有一部分内容旨在教育投资者进行全球分散化投资,指导他们克服认知型和情绪型错误,并揭示其欲望。
首先进行全球分散化教育:

随着时间的推移,国际市场以及该市场中的资产类别与美国市场并非总是同步变动的。图 8-6 展示了美国股票表现好于国际股票的时期,以及国际股票表现好于美国股票的时期。历史表明,将部分资产组合投资国际股票和债券会降低波动性。

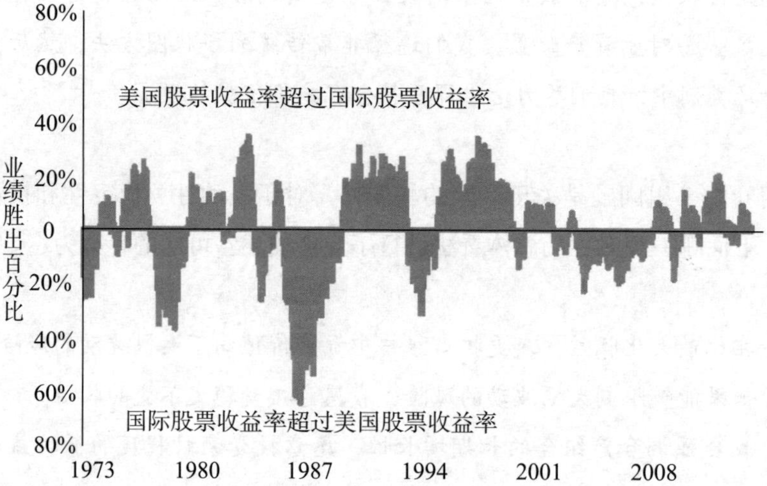

注：S&P 500 指数收益率与 MSCI EAFE（欧洲、澳大利亚和远东）指数收益率之间的 12 个月滚动差额。

图 8-6　1972—2014 年美国股票和国际股票间的收益率差额

图 8-6 表明美国股票的收益率在某些时期高于国际股票，而在其他时期低于国际股票。

接着揭示欲望：

下面哪项表述最准确地反映了你对国际化投资的看法？
- 我非常乐于进行国际化投资。
- 我乐于进行国际化投资。
- 在一定程度上，我乐于进行国际化投资。
- 在某种程度上，国际化投资令我心神不宁。
- 国际化投资令我心神不宁。

问卷调查者会建议那些选择"国际化投资令我心神不宁"的投资者在总股票中配置 20% 的国际股票。而对那些"非常乐于进行国际化投资"的投资者，建议他们在总股票中配置 60% 的国际股票。对于介于两者之间的投资者，会建议他们在上述两个比例之间进行配置。

》当欲望仅限于高期望财富和低风险时，在行为–欲望前沿上的资产组合选择

均值–方差资产组合理论向下述类型投资者推荐资产组合——他们追求高期望财富但是厌恶高风险，其中风险通过构成财富的资产组合的方差来测度。我们称均值–方差型投资者的风险厌恶为方差厌恶。

首先考虑普通投资者的行为–欲望资产组合，其中普通投资者的欲望局限于高期望财富和低风险带来的功利性收益。风险通过与渴望的财富水平或目标财富水平（例如退休时实现财富目标100万美元）相比出现差额的概率来测度。我们称这种风险厌恶为差额厌恶。该差额概率可以由期望差额或者差额概率与期望差额的乘积来代替。①

出于自身利益，普通投资者并不追求高方差。承担高方差是为了以较低的概率偏离渴望值。均值–方差型投资者会将高方差的资产组合评估为高风险，而当其与渴望财富水平相比出现差额的概率较低时，普通投资者会将其评估为低风险。有时候差额厌恶对应着方差追求，但是，普通投资者受差额厌恶驱动，并不认为方差追求是风险追求。

对于以0.001%的概率赢得100万美元大奖的彩票，仅拥有20美元的均值–方差型投资者不会购买。这是因为，彩票的期望收益率为–50%且伴随着非常高的方差，而控制自己不购买彩票的投资者可以在0方差条件下享受确定性的20美元，并且前者要劣于后者。

然而，如果普通投资者只有20美元，并且其目标财富是100万美元，他或许会购买该彩票。该张价值20美元的彩票提供了微小的0.001%的概率实现100万美元的目标财富，然而，20美元的分散化股票与债券资产组合提供的机会更加微小。

---

① 译者注：疑有误，这里期望差额似乎应为各差额与差额概率乘积之和；其次，对于差额厌恶的风险定义与测度方法，这里的文字表述有些模糊不清。请对照本章表8-1对风险测度的阐述。

行为资产组合理论与责任导向型投资有密切联系。养老基金的目标财富水平是其"对受益人的责任",个人的目标财富水平是其"对自己的责任"。然而,养老基金不同于个人。养老基金的责任是由法律或合约确定的,而个人可以经常且随心所欲地改变其目标财富水平(也即自己的责任)。

行为资产组合理论的风险测度与跌价风险测度(例如,风险价值度 VaR)之间也存在密切关系。但是 VaR 测度的风险与相对于当前财富水平而言的损失有关,而行为资产组合理论中的风险与相对于目标财富水平而言的损失有关。当使用 VaR 来测度时,投资彩票有高风险,因为彩票有较高的概率损失全部投资,但是对于仅有少量财富且仅能通过赢得彩票才能达到其高目标财富水平的投资者而言,彩票所涉及的风险相对较低。

行为-欲望前沿的变动与(相对于当前财富水平而言的)目标财富水平的变动相对应。考虑某投资者,其当前财富为 10 万美元,较高的目标财富水平为期止日(1 年后)达到 13 万美元。投资者可以构建由下述两类股票构成的资产组合,L(彩票型)和 M(稳健型)。L 是类似于彩票的股票,期望收益率为 –10%,收益率的标准差较高,为 80%。M 股票的期望收益率为 20%,收益率的标准差较低,为 12%。L 和 M 收益率之间的相关系数为 0。

投资者将当前全部财富 10 万美元投资于 L,期止时的期望财富水平是 9 万美元,如图 8-7 所示。80% 的标准差相当于 7.2 万美元,这意味着该投资者在期止日大约有 2/3 的概率发现其财富水平介于 16.2 万美元(比 9 万元高 80%)和 1.8 万美元(比 9 万美元低 80%)之间。

投资者将当前全部财富 10 万美元投资于 M,期止时的期望财富水平是 12 万美元,如图 8-7 所示。12% 的收益率标准差相当于 1.44 万美元,这意味着该投资者在期止日大约有 2/3 的概率发现其财富水平介于 13.44 万美元(比 12 万美元高 12%)和 10.56 万美元(比 12 万美元低 12%)之间。

图 8-8 给出的均值-方差前沿从完全由 M 构成的资产组合扩展到资产组合 LST(最低型)——其在期止日的财富标准差最低。资产组合 LST 大约由 96.15% 的 M 和 3.85% 的 L 构成。[36] 资产组合 LST 在期止日的期望财富水平为 118 845 美元,标准差为 14 120 美元。[37]

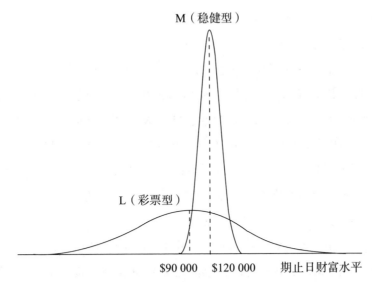

图 8-7 投资于股票 M（稳健型）和股票 L（彩票型），财富在期止日的分布

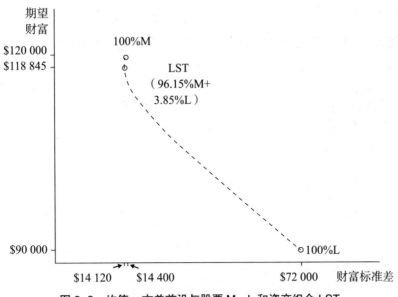

图 8-8 均值–方差前沿与股票 M、L 和资产组合 LST

对财富标准差极度厌恶的均值–方差型投资者会选择标准差最低的资产组合。对财富标准差感觉无差异的均值–方差型投资者会选择期望财富水平最高的资产组合，而不考虑其标准差。对财富标准差有某种程度厌恶的均值–

方差型投资者会为了较低的标准差而牺牲一些期望财富。但是均值-方差型投资者不会为了更高的标准差而牺牲期望财富。

对财富标准差极度厌恶的均值-方差型投资者会选择将10万美元投资资产组合LST，其财富标准差最低，为14 120美元。他们会进行如下组合：将10万美元的3.85%投资于L，96.15%投资于M。对财富标准差感觉无差异的均值-方差型投资者会选择将10万美元全部投资于资产组合M，当财富标准差为1.44万美元时，其期望财富水平最高，为12万美元。对财富标准差有某种程度厌恶或较厌恶的均值-方差型投资者，会沿着均值-方差前沿将10万美元分别投资于M和L，为了较低的期止日财富方差牺牲一些期望财富。但是，均值-方差型投资者不会选择完全由L构成的资产组合，因为，其他资产组合要占优于L，这些资产组合包括完全由M构成的资产组合，其期望财富水平为12万美元（要高于L的9万美元期望财富水平），财富标准差为1.44万美元（低于L的7.2万美元）。

然而，完全由L构成的资产组合位于图8-9展示的行为-欲望前沿上，因为相较于13万美元的期止日财富水平，其出现差额的概率最低。完全由L

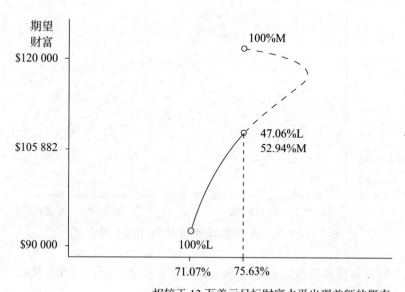

相较于13万美元目标财富水平出现差额的概率

图8-9 相比10万美元的当前财富，当目标财富水平（13万美元）较高时的行为-欲望前沿

构成的资产组合出现差额的概率为 71.07%，而任何其他资产组合出现差额的概率要更高。例如，相较于 13 万美元的期止日财富水平，完全由 M 构成的资产组合出现差额的概率为 75.63%，在 L 和 M 之间平均分配的资产组合出现差额的概率为 75.21%。[38]

相比当前财富水平而言的低财富目标投资者或许会发现，完全由 L 构成的资产组合不在行为 – 欲望前沿上，如图 8-10 所示。考虑某投资者，其目标财富水平为 10 万美元，相比其 10 万美元的当前财富，这是一个较低的期止日财富目标。完全由 L 构成的资产组合不在行为 – 欲望前沿上，因为其他资产组合（包括完全由 M 构成的资产组合）要优于 L。相较于 10 万美元的目标财富水平，完全由 L 构成的资产组合出现差额的概率为 55.52%。完全由 M 构成的资产组合出现差额的概率仅为 8.24%，然而，M 资产组合在期止日的期望财富水平为 12 万美元，要高于 L 的 9 万美元。

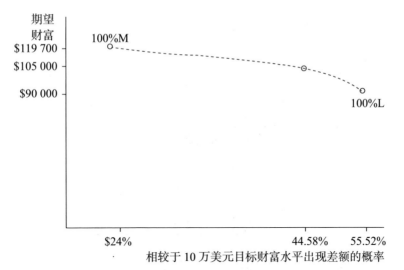

图 8-10　相比 10 万美元的当前财富，当目标财富水平（10 万美元）较低时的行为 – 欲望前沿

欲望金字塔式的行为－欲望资产组合以及相关目标

行为资产组合理论的一个核心特征构建在下述观察之上——投资者将其资产组合看做资产组合金字塔中不同层次的心理账户的集合，如图 8-11 所示。每一个心理账户都对应着某特定欲望、相关目标以及功利性、表达性和情感性收益。最优的行为－欲望资产组合在避免认知型和情绪型错误的同时能够有效平衡各种欲望。

其中一个心理账户或许对应着"跌价保护"欲望，其功利性收益包括可以防止贫困导致的低消费水平，其表达性和情感性收益包括财务独立并避免由贫困带来的恐惧。另一个心理账户或许对应着"升值潜力"欲望，其功利性收益包括富裕带来的高水平消费，表达性和情感性收益包括高社会地位和自豪感。

图 8-11 欲望金字塔式的行为资产组合以及相关目标

跌价保护心理账户中的目标财富水平相对较低，而升值潜力心理账户中的目标财富水平相对较高。在跌价保护心理账户中，投资者或许是方差厌恶的，而在升值潜力心理账户中，投资者或许是方差追求的。然而，当风险厌恶是差额厌恶时，两个心理账户中的投资者都是风险厌恶的。在每一个心理账户中他们都厌恶相较目标财富而言的差额。

通过将整体资产组合分成不同的关于欲望和相关目标的心理账户，投资者可以开始行为资产组合构建过程。再次考虑上述拥有10万美元当前财富，目标财富水平为13万美元的投资者；以及拥有10万美元当前财富，目标财富水平为10万美元的投资者。将他们合并成一个拥有20万美元当前财富的投资者，其财富放置于两个心理账户中：一个为升值潜力心理账户，有10万美元当前财富，目标财富水平为13万美元；一个为跌价保护心理账户，有10万美元当前财富，目标财富水平为10万美元。和以前一样，投资者可以构建由L和M两种股票构成的资产组合。

该投资者的最优资产组合构成如下：大部分或全部由L构成的非分散型的升值潜力心理账户（如图8-9所示）与大部分或全部由M构成的分散型的跌价保护心理账户（如图8-10所示）。更一般而言，跌价保护心理账户可能由分散化的一系列股票、债券和类似投资构成，升值潜力心理账户可能由非分散化的少量股票和类似投资构成。实际上，"核心与卫星"以及"风险预算"资产组合由两部分构成：适合跌价保护的有效分散化的核心层以及有升值潜力的分散化程度较低的卫星层，这其实反映了行为资产组合理论的金字塔结构。

以分层金字塔式心理账户存在的资产组合早已为我们所熟知。一篇1929年的文章推荐用保险作为资产组合金字塔的基础层心理账户，以对极端的跌价进行保护，而其上层心理账户是储蓄银行中的现金储备。当这些心理账户层被填满后，投资者会被建议购买安全的债券和房地产抵押贷款。再上一层的心理账户层可由优先股构成，相比抵押贷款，优先股会承诺更高的收益率。顶部的心理账户用来满足人们对大幅升值潜力的欲望，由普通股构成，其承诺的收益率要高于优先股。[39]

有人可能会主张，虽然资产组合被描述为心理账户金字塔（这符合行为资产组合理论），但投资者会将资产组合作为一个整体来评估（这符合均值－方差资产组合理论）。然而，这种观点并未得到证据支持。作为例证，考虑下述问题，该问题来自某投资公司向投资者推荐投资组合时使用的调查问卷。

如果通过承担更多风险，改善收益的机会会提高，则你：

1. 愿意用自己的全部资金承担高风险。
2. 愿意用自己的部分资金承担高风险。
3. 愿意用自己的全部资金承担少量风险。
4. 愿意用自己的部分资金承担少量风险。
5. 不太可能承担更大风险。

答案1和答案3在均值－方差框架下是有道理的。在该框架下，只有整体资产组合（你的全部资金）的风险是重要的。但是答案2和答案4在均值－方差框架下是没有道理的。这是因为答案2和答案4将资产组合分成不同的心理账户，在这些心理账户上，投资者愿意用部分资金承担高风险或少量风险。在均值－方差理论中，投资者对风险仅有一种态度（其中风险通过资产组合整体的收益率方差来测度），而不是有多种态度（每个心理账户一种）。相反，在行为资产组合理论中，投资者对风险有多种态度，在每个心理账户中，风险通过相较于目标财富水平的差额来测度。在升值潜力心理账户中，投资者或许愿意接受较高的差额风险，但在跌价保护心理账户中，仅愿意承担较小的差额风险。

也应注意到，选择答案2（愿意用自己的部分资金承担高风险）非常有可能增加资产组合的整体风险，并且风险增加幅度等于选择答案3（愿意用自己的全部资金承担少量风险）的增加幅度。然而，对投资者和投资专业人员的调查一致地发现了他们对答案2的明显偏好，这符合下述观察：投资者将其资产组合看做分层的金字塔，并且对金字塔的上层愿意增加更多风险，以满足对升值潜力的欲望；但是对金字塔下层却不愿意增加多少风险，以满足对跌价保护的欲望。

行为资产组合心理核算的金字塔结构，为分散化谜团提供了一种解释。

该谜团是指典型的投资者偏离均值－方差资产组合理论的建议，仅将部分资产组合进行分散化投资（例如投资共同基金），而将另一部分资产投资在非分散化的少量个别股票或商品上。对某券商公司超过 4 万个股票账户的考察发现，每个账户资产组合中个体股票数量的平均数为 4，中位数为 3。[40] 另一项对 1400 万个家庭的考察发现，他们的典型资产组合包括 1 到 5 只单个股票。[41] 这些资产组合都不是最优的均值－方差型资产组合，因为相比广泛分散化的资产组合，它们提供的期望收益并不高，还会导致更高的收益方差。

非常看重增长潜力心理账户的投资者，也不会忽略跌价保护心理账户。在资产组合的升值潜力层，投资者或许会持有 1 到 5 只单个股票，而在跌价保护层，投资者或许会持有广泛分散化的共同基金以及安全的养老金和社保基金。实际上，投资者构建资产组合时，就好似他们会首先填满跌价保护心理账户，然后再继续填充升值潜力心理账户。许多冒险者在升值潜力心理账户中用资金进行赌博时，在跌价保护心理账户中也拥有大量资金。[42] 相比非冒险者，冒险者更有可能用社会保障和养老金计划来保障其未来，他们会拥有更多资产。

我们也可以从年轻和年老投资者之间的差异中看出行为资产组合的金字塔结构。比较在工作和投资组合背景下人们的选择。[43] 工作背景问题是：假定你是家庭中唯一的收入赚取者，你有一个好工作，可以保证在你的有生之年为现在的家庭提供收入。现在给你一个机会换一个新的而且同样好的工作。在你的有生之年，新工作有 50% 的机会使你的生活水平提高 50%。然而，新工作也有 50% 的机会使你在有生之年的生活水平降低 $x\%$。你最多愿意接受生活水平下降百分之多少？

投资组合背景问题是：假定你有机会用新的投资组合替换你当前的投资组合。新投资组合有 50% 的机会使你在有生之年的生活水平提高 50%。然而，其也有 50% 的机会使你在有生之年的生活水平降低 $x\%$。你最多愿意接受生活水平下降百分之多少？

工作与投资组合之间的差异很重要，因为工作所得收入为年轻人在工作期间提供了跌价保护，而投资组合在这些年间主要为他们提供了增长潜力。投资组合或许主要由股票构成（可能仅是少量股票），反映了相对较低的损失厌恶程度。但是，随着逐渐年老退休，人们的工作所得收入的重要性降低，投资组合所得收入成为跌价保护的基石。年老者的投资组合或许会包括更高比例的债券，反映了他们较高的损失厌恶程度。然而，年老者的投资组合的增长潜力层并不是空的。实际上它可能包括少量股票及彩票。

证据表明，年轻人在工作背景下的损失厌恶感确实高于投资组合背景下的，而年老者在投资组合背景下的损失厌恶感要高于工作背景下的。平均而言，在投资组合背景下，为了以 50% 的概率使生活水平提高 50%，18—24 岁年龄段的人愿意接受生活水平下降 14.08%。但是，在工作背景下，对于相同的收益机会，他们只愿意接受 12.07% 的生活水平下降。与之相对，在投资组合背景下，55 岁及以上年龄段的人仅愿意接受 10.65% 的下降，而在工作背景下愿意接受 11.54% 的下降，可以参见图 8-12。[44]

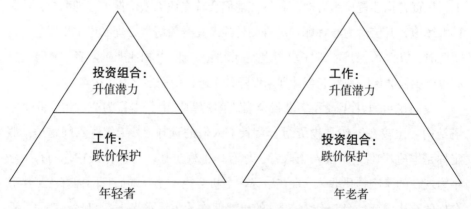

图 8-12　工作和资产组合在年轻和年老者中的作用

》带有心理账户的均值 – 方差资产组合

心理核算资产组合框架将行为资产组合理论的心理核算结构与均值 – 方差优化融合在一起，在桑吉夫·达斯（Sanjiv Das）、乔纳森·沙伊德（Jonathan Scheid）和迈尔·斯塔特曼发展该框架的过程中，哈里·马科维茨也加入进来。[45]

考虑某个 50 岁且有 100 万美元资产组合的投资者。他将其资产组合分成三个关于欲望与相关目标的心理账户，并相应给出在期止日时的目标财富水平。他在一个用于退休支出的心理账户上存入 80 万美元，目标财富水平为

1 917 247 美元，这意味着到期止日，这 15 年的年化收益率为 6%。他在一个用于教育支出的心理账户中存入 15 万美元，目标财富水平为 188 957 美元，这意味着到期止日，这 3 年的年化收益率为 8%。在一个用于遗赠的心理账户中，他存入 5 万美元，目标财富水平为 850 003 美元，这意味着到期止日，这 25 年的年化收益率为 12%。每一个心理账户（如图 8-13 所示）用均值 – 方差程序进行优化，其中风险通过收益率的标准差来测度。

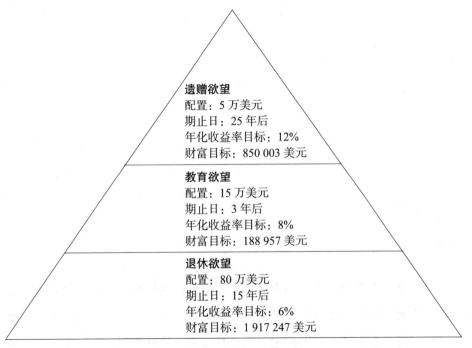

图 8-13　有三种欲望（退休、教育和遗赠）的行为 – 欲望资产组合

我们的投资者面对三种投资：债券型共同基金（期望年收益率为 2%，收益标准差为 5%）；保守的股票型共同基金（期望年收益率为 8%，收益标准差为 20%）；激进的股票型共同基金（期望年收益率为 15%，收益标准差为 40%）。债券型基金和各股票型基金之间的相关系数为 0。两个股票型基金之间的相关系数为 0.25。

对于三个心理账户中的每一个账户以及资产组合整体，投资者会计算最优均值 – 方差资产组合，参见表 8-4。退休心理账户的年化收益标准差最低（为 10.45%），其次为教育心理账户（为 15.23%），最后是遗赠心理账户（为

25.28%）。资产组合整体的期望收益率为6.6%，是三个心理账户资产组合收益率的加权平均。但是，资产组合整体的标准差是11.85%，要低于三个心理账户标准差的加权平均。

表8-4 各欲望的心理账户与资产组合整体

各欲望的心理账户	心理账户的配置额	期止日	年化收益率目标	期止日时的财富目标
遗赠欲望	5万美元	25年	12%	850 003美元
教育欲望	15万美元	3年	8%	188 957美元
退休欲望	80万美元	15年	6%	1 917 247美元
	退休欲望	教育欲望	遗赠欲望	资产组合整体
配置额	80万美元	15万美元	5万美元	100万美元
债券型基金	52.51%	29.40%	−16.80%	45.58%
保守的股票型基金	31.06%	45.4%	74.06%	35.36%
激进的股票型基金	16.43%	25.20%	42.74%	19.06%
总量	100%	100%	100%	100%
期望收益率	6%	8%	12%	6.6%
标准差	10.45%	15.23%	25.28%	11.85%

债券型基金在退休欲望心理账户上的配置比例最高，其次为教育欲望心理账户，配置比例最低的是遗赠欲望心理账户。按照三个心理账户的形式安排资产组合并不意味着我们需要三个"真实的"债券账户，一个存放退休欲望心理账户上的债券型基金，另一个存放教育欲望心理账户上的债券型基金，第三个存放遗赠欲望心理账户上的债券型基金。实际上我们只有一个真实的债券账户，还有三个"虚拟的"债券账户，用其来列示债券型基金在各心理账户上的配置。投资者可以用两种形式来观察资产组合：从资产组合整体来看的实际账户形式以及从各心理账户来看的虚拟账户形式。

所有的心理账户以及资产组合整体都位于行为-欲望前沿上。当对资产配置不施加约束，例如不禁止空头和杠杆头寸时，心理账户和资产组合整体也位于均值-方差前沿上，如图8-14所示。当施加此类约束时，心理账户可能会位于均值-方差前沿的下方。然而，在日常操作中这种情况很少见，因为投资者很少在资产组合整体中持有空头或杠杆头寸。

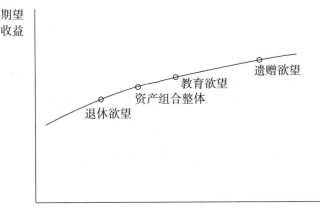

图 8-14　心理账户和整体资产组合同时位于行为－欲望前沿和均值－方差前沿上

相比仅仅展示整体资产组合，按照三个心理账户以汇总方式展示整体资产组合有一定优势。心理账户式的展示方式使用的是普通投资者的语言。投资者的欲望是达成其目标，并非仅仅是使资产组合处于均值－方差前沿上。基于欲望的心理账户允许投资者清楚表达每个心理账户的欲望和与之相关的目标、期止日的财富目标，以及在各心理账户中其对风险（用标准差测度）的态度。

》行为资产组合理论实践

资产组合实践反映了行为资产组合理论的核心特征，这些特征包括投资者的欲望及其与之相关的目标；资产组合是由不同心理账户构成的金字塔；风险是相较于欲望及与之相关的目标而言的差额；投资者会避免在满足欲望过程中产生的认知型和情绪型错误等。好的资产组合实践还包括标准和行为资产组合理论共有的一些特征，例如分散化、低成本和简单性。

融合行为资产组合理论特征的实践案例包括 MoneyGuidePro、Wealthcare 和 Brunel Associates[①] 建议的计划。还包括一些金融服务公司（例如 Schwab, Fidelity, Vanguard），以及一些在金融公司工作或独立工作的咨询师的计划。

---

① 译者注：都为投资顾问类公司。

☐ MoneyGuidePro

MoneyGuidePro 注意到客户的财务目标并非仅仅是开支——而是希望和梦想。MoneyGuidePro 以下述目标作为起点——教育目标（对自己、子女和孙子女）、退休前目标（例如翻修厨房）、超出日常生活支出的退休目标（例如购买一栋新房子、对家庭和慈善的遗赠）。客户根据重要性对每一个目标进行评分，评分尺度：8分到10分对应着"必要"，4分到7分对应着"想要"，1到3分对应着"渴望"。计划可行性通过模拟进行评估。表8-5给出了一个关于财务目标的例子。

表8-5 MoneyGuidePro 关于财务目标的例子

重要性	目标描述	数额
必要		
10	退休——生活费用	
	尼克	2021年65岁
	玛莎	2021年65岁
	两人的退休生活（2021—2046）	120 000 美元
	玛莎一人的退休生活（2047—2049）	90 000 美元
想要		
7	退休后旅游， 两人均退休时， 每年一次，共10次	10 000 美元
	为孙子女529教育储蓄计划进行存款，从2015年开始，每年一次，共5次	15 000 美元
渴望		
3	当尼克的计划结束时， 对大学的捐赠	50 000 美元

数据搜集过程变成了一场关于投资者欲望和目标的对话。MoneyGuidePro 写道："财务规划不一定要像坐在牙医椅上的会诊，实际上它可以非常有趣。"下面是哈罗德·埃文斯基（Harold Evensky）给出的一个例子，他是财务咨询师兼作家，对 MoneyGuidePro 的发展做出了很大贡献，在给出建议时他经常

使用下面这个例子。

尼克和玛莎是一对58岁的夫妇,有两个已成年的孩子,三个孙子女。埃文斯基将他们的退休目标分为基本生活支出(作为"必要"类别)和旅游支出(作为"想要"类别)。在接下来的5年里向孙子女的教育储蓄账户存钱是另一件他们"想要"做的事。而向尼克的母校捐赠是他们的"渴望"。

初始计划使得尼克和玛莎处于"置信区"的中间位置,模拟发现他们有81%的概率不落后于目标。初始计划之所以能够做到这种程度,是因为它剔除了捐赠目标,对其他目标数额进行了适度削减,并使社会保障金最大化。埃文斯基认为当客户在考虑其欲望和资源时,咨询师应该帮助他们弄清楚目标之间的权衡取舍。因为尼克和玛莎喜欢他们所做的工作,他们决定延迟退休1年,以保持其旅游、教育和捐赠目标不变。

实际上,客户对不同欲望的权衡取舍的评估能力、考虑对自身重要的情境的能力是规划的核心。尼克因为自己的父亲在老年需要护工照理,因此考虑到自己到80岁时需要3年护工护理。结果发现护工护理成本仅可能影响捐赠目标(或许不得不剔除或削减该目标),而不会影响所有其他目标,如图8-15所示。

结果	当前情境		推荐情境	
	平均收益情境	艰难时刻情境	平均收益情境	艰难时刻情境
完成全部目标的可能性 置信区间 (70%—90%)	成功概率:置信区间的73%位置		成功概率:置信区间的80%位置	

	当前情境	假想情境2	变动量
退休			
尼克	2021年65岁	2022年66岁	晚1年
玛莎	2021年65岁	2022年66岁	晚1年
目标			
规划期总支出	3 615 000美元	3 495 000美元	减少3%

推荐情境——达成目标的可能性		
仅"必要"目标	仅"必要"与"想要"目标	"必要"、"想要"与"渴望"目标
成功概率：置信区间的81%位置	成功概率：置信区间的78%位置	成功概率：置信区间的77%位置

图 8-15 MoneyGuidePro 关于财务计划的例子

□ **Wealthcare**

Wealthcare 在咨询过程中，会区分与客户欲望相关联的"理想目标"与"可接受目标"。一个例子是关于 58 岁的汤姆和凯蒂的，他们有一个 19 岁的儿子，两人的年总收入为 395 000 美元。他们想进行更多旅游、为儿子的研究生学习提供支持、为退休提供足够的花销。他们当前的资产包括 130 万美元应纳税投资、汤姆退休储蓄账户上的 80 万美元以及凯蒂账户上的 30 万美元。

汤姆和凯蒂两人的理想退休年龄都是 58 岁，而可接受退休年龄是 65 岁。他们的理想年收入水平是每人 175 000 美元，而可接受水平是 160 000 美元。他们理想的风险容忍度是 0，而可接受容忍度是每年损失 15%，他们对儿子的理想教育目标是研究生学历，但是本科学历也是可接受的。

图 8-16 展示的是一项压力测试和财务规划，使用模拟来评估相关欲望及其目标、资产、投资配置。如果有 83% 的模拟达到或超过目标，则置信水平是 83%，这意味着出现差额的概率不会超过 17%。如果置信水平高于 75% 但低于 90%，则 Wealthcare 认为该计划位于"置信区间"内。置信水平超过 90% 的计划被认为拨款过度，意味着投资者为了更高目标或更低风险而牺牲了机会，置信水平低于 75% 的计划被认为拨款不足，需要进行调整。

拉斯·桑顿（Russ Thornton）是使用 Wealthcare 程序的一名财务咨询师，他描述了其在 2009 年 6 月（股市触底后不久）会见的两名客户。他们属于工作努力的中产阶级，50 多岁，两个孩子已成年，有三个孙子女。丈夫曾经当过警察，现在在一家私营企业工作，妻子是经理助理。他们收入丰厚，生活上量入为出，因而有很多储蓄。当他们对自己的欲望以及相关的理想目标与可接受目标进行平衡时，桑顿对这对夫妇进行了指导。

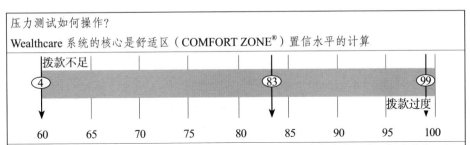

	推荐案例		
	理想的	推荐的	可接受的
退休年龄	58岁 58岁	62岁——汤姆 62岁——凯蒂	65岁 65岁
退休收入	175 000美元	175 000美元	160 000美元
风险容忍度	无风险	每年跌价7%	每年跌价15%
不动产	2 000 000美元	500 000美元	100 000美元
教育	MBA	MBA	本科
储蓄	-15 000美元	10 000美元	10 000美元
牙买加旅游	25 000美元	25 000美元	10 000美元
舒适度	4%	83%	99%

图8-16　Wealthcare压力测试和财务规划案例

在为2009年6月的会面进行准备时，桑顿更新了他们的信息，他发现通过持续不断地进行储蓄，他们现在能够在理想水平上满足他们所有的欲望及相关目标。现在是时候考虑新的欲望和目标了。桑顿设计了一份年度旅游预算，该预算可满足客户想要每年请全家度假的欲望。此外，妻子还透露她想早退休1年到2年，以便在她母亲身体仍然健康时与其一起度过更多时光。

根据客户的财务资源对其新欲望和理想目标进行审查后，桑顿发现他们并不能满足所有欲望以及相关目标,但是他们通过规划能够让妻子比原计划早退休几年,这是他们所希望的优先级最高的目标。他们还能满足其想要更低投资风险的欲望,并部分满足他们想要全家每年进行度假的欲望。[46]

❏ Brunel Associates

吉恩·布鲁内尔(Jean Brunel)是一名财务咨询师(针对非常富有的家庭),也是《基于目标的财富管理》(*Goals-Based Wealth Management*)一书的作者,他采用了一种被称为"前瞻排序(forward sequencing)"的方法。[47] 第一个排序关注欲望及其相关目标,按照"必要""想要""渴望"和"梦想"进行排序。对以80%的概率达成目标和以90%的概率达成目标,人们很难将它们区分开,但是他们大多能够区分必要的事物和想要的事物、能够区分渴望拥有和梦想拥有的事物。相比客户,在客户给出这些信息后,咨询师能够更好地将概率赋予这些"必要""想要""渴望"和"梦想"的事物。某个客户或许会说:"我应该满足自己所有必要的事物,大部分想要的事物,部分渴望的事物。临死时,我肯定会有某些未满足的梦想,心满意足的死亡意味着我的梦想还不够宏大。"

一些情况是要尽力避免的。布鲁内尔对这些情况的排序包括"梦魇""恐惧""焦虑""忧虑"。某个客户或许会说:"我非常确信自己能够避免大部分梦魇、多数恐惧和部分焦虑。然而,毫无忧虑的死去意味着我不曾关心家庭、朋友和社区的梦魇、恐惧和焦虑。"

对要达到的目标和要避免的情况进行排序的过程使咨询师从投资管理或财产规划的专家转变为能干且体贴的专业护工,他们擅长揭示客户的欲望及相关目标并帮助客户实现它们。布鲁内尔使用了三种类型的决策系列——两种通用型的和一种定制型的。通用型决策是用来进行市场预测和资产组合管理的。定制型决策是用来进行资产组合调整的,使之适合特定客户的欲望及相关目标、期止日期、现金流模式、出现剩余和差额的概率。

对某个拥有5 000万美元总财富的家庭进行的财务规划阐明了布鲁内尔的程序。这个家庭每年要支出100万美元维持现有生活,并且认为除了接下来的5年里年通胀率仅为2%以外,在可预见的未来,年通胀率平均为3%。

这个家庭希望在接下来的5年里以95%的概率达到维持其现有生活的

年支出要求，这意味着出现差额的概率不超过5%。其想要在此后25年里以80%的概率达到维持其生活的年支出要求，25年与这对夫妇的预期寿命相对应，他们现在都是55岁。在深入进行讨论时，该家庭提到他们存了1 000万美元作为让与人信托（grantor trusts）给4个孩子。他们还指出不久之前他们准备了500万美元作为隔代信托。该家庭希望在10年后设立一个家族基金，初始规模定为1 000万美元。他们还指出，他们想保留300万美元的现金或者准现金作为所谓的"枕边钱"，虽然这在财务上没有多少道理。

该家庭希望将所有剩余资产投资增长和资本保值并重的基金——留给子孙后代或留做慈善，留做慈善的比例尚未确定。最后，家庭总资产中有1 000万美元在退休账户中，至少在15年到20年里这些资金不能动用。

布鲁内尔创建了一个"基于目标的账户组"，它们的风险和期望收益率各不相同。枕边钱账户由现金和准现金构成。让与人信托账户由成长型投资构成，以此类推。资产组合整体是所有这些账户的总和。布鲁内尔会对这些账户以及资产组合整体定期进行评估，根据市场价值变动以及家庭欲望和相关目标的变动进行调整。

❑ 共同基金公司

金融服务公司，例如Schwab、Vanguard、Fidelity会提供模型资产组合。与MoneyGuidePro、Wealthcare和Brunel Associates相似，它们在向投资者建议并构建资产组合时，依赖于其对投资者欲望的感知，反映在本土偏向中的对熟悉感和传统习惯的欲望就是一个例子。美国股票的总体市场价值（即总市值）大约相当于世界股票总市值的一半左右，另一半则是国际股票。[48] 若投资者的欲望不包括对熟悉感和传统习惯的欲望，则其对股票的配置应该有一半为国际股票。然而，金融服务公司的模型资产组合中，国际股票的比例通常仅为总股票配置的1/4。类似地，共同基金公司通过提供有社会责任感的基金来满足人们想要履行社会责任的欲望，通过提供对冲基金和其他"替代"基金来满足人们对高社会地位的欲望。

金融服务公司的模型资产组合十分相似。例如，Schwab的"中度保守型"模型资产组合将40%配置为股票，60%配置为债券和现金，这与Fidelity的"平衡型"资产组合的配置相同。Vanguard 的"平衡型"资产组合也没有太大差异，50% 配置于股票而 50% 配置于债券和现金；在全部股票中，只有 25% 配置于国际股票，这类似于 Vanguard 资产组合的配置比例。

考虑 Schwab 的"稳健型"资产组合，其 40% 为债券和现金，60% 为股票，如表 8-6 所示。在股票中，15% 为国际股票，35% 为大盘股，10% 为小盘股。Schwab 稳健型资产组合的期望收益率为 10.34%。这些全部基于对 1972—2011 年 40 年间年收益率的均值 – 方差参数估计，但是，若使用其他估计值，整体结论没有太大差异。资产组合的标准差是 11.73%。与 Schwab 稳健型资产组合进行类比的最优均值 – 方差资产组合是标准差不超过 11.73% 且期望收益率最高的资产组合。最优均值 – 方差资产组合的期望收益率是 11%，比 Schwab 稳健型资产组合的 10.34% 没有高出太多，但该最优资产组合的配置却有很大不同。

表 8-6 Schwab 模型资产组合与最优均值 – 方差资产组合

	稳健型资产组合		
	Schwab 资产组合	最优均值 – 方差资产组合	差异
大盘股	35%	0	35%
小盘股	10%	40%	−30%
国际股票	15%	5%	10%
债券	35%	55%	−20%
现金	5%	0	5%
总量	100%	100%	
资产组合的期望年收益率	10.34%	11.00%	−0.66%
资产组合年收益标准差	11.73	11.73	0.00

注：利用 1972—2011 年的年收益率来计算最优均值 – 方差资产组合。大盘股由 S&P 500 指数来反映；小盘股由 CRSP 6-10 指数来反映；国际股票由 MSCI EAFE 指数来反映。1972—1975 年间，债券由 5 年期美国国库券来反映；而在 1976—2011 年间由巴克莱资本综合债券（Barclays Capital US Aggregate Bond）指数来反映。现金由 1 月期美国国库券来反映。

若注意到最优资产组合在配置时已经约束其剔除了空头头寸，则这些差异尤其令人惊奇。例如，在最优资产组合中，大盘股的配置为 0，而在 Schwab 稳健型资产组合中其配置为 35%。最优资产组合对小盘股的配置是

40%，而 Schwab 稳健型资产组合对其配置为 10%。显然，人们会选择模型资产组合的配置，因为它能满足投资者的欲望，更容易被投资者接受。

战略性与战术性资产配置

在 MoneyGuidePro、Wealthcare 和 Brunel Associates，以及共同基金和大部分财务咨询师所建议的资产组合中，资产配置是战略性的。战略性资产配置指最适合投资者的资产类别配置，例如 60% 配置为股票、30% 为债券、10% 为现金。由于人们所处环境的变化，例如，婚姻、孩子、年老或退休，战略性资产配置会随时间而变化。

战术性资产配置是指，资产配置偏离战略性配置的临时变动，例如将股票的配置增加到 70%，而将债券的配置下降到 20%。这是一种提高资产组合收益率的尝试，通过识别和利用资产价格对价值的临时背离，超越战略性资产配置的收益率。

证券筛选指从某个大类资产的所有证券中筛选出特定证券。这也是一种提高资产组合收益率的尝试，通过在该大类资产中识别和筛选出承诺更高收益率的证券（例如，筛选出通用汽车的股票而删除福特的股票）来超越战略性资产配置的收益率。

货币基金经理加里·布林森（Gary Brinson）和合作者研究了美国 91 个大型养老金计划的业绩，发现战略性资产配置的变动平均解释了资产组合整体收益率波动的 93.6%，余下部分由战术性资产配置和证券筛选的变动解释。[49]

对于上述发现，通常的解释是，其表明战略性资产配置要比战术性资产配置或证券筛选更加重要。然而，这种解释是有误导性的，因为解释收益率的波动不同于解释收益率的大小及其符号（或正或负）。布林森及其合作者认为，相比战略性资产配置本身能获得的收益率，战术性资产配置和证券筛选平均而言转移了资产组合收益率 1.1 个百分点。

战略性资产配置是重要的，战术性资产配置和证券筛选也可能同等重要，但它们的重要性体现在不同的方面。对好的战略性资产配置进行调整就好像裁剪出合身的套装。好的战术性资产配置和证券筛选就好像配置高质量和低成本的套装面料。两者都很重要，但是体现在不同的方面。若46号的套装穿在体型为40号的人身上，则即使以低成本、高质量的面料做成，也一点都不舒适。

战略性资产配置是投资者管理的一部分，重点关注欲望、相关目标和财务资源，接着进行缺陷诊断，最后指导投资者避免认知型和情绪型错误，以实现欲望和相关目标。而战术性资产配置和证券筛选是投资管理的组成部分，重点关注在不增加风险条件下提高收益率。战略性资产配置涉及的是在前沿上的移动，例如图8-17所示的从资产组合A到资产组合B。而战术性资产配置和证券筛选涉及的是前沿的移动，例如，从前沿1上的资产组合A到更高的前沿2上的资产组合C。[50] 进行战术性资产配置和证券筛选的投资者的目的是使前沿向上移动，但是，大多情况下却使它向下移动了。

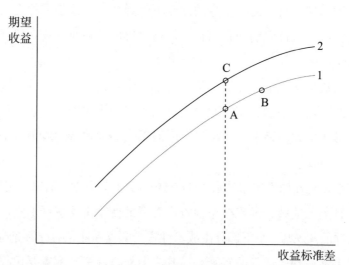

图8-17 战略性资产配置、战术性资产配置和证券筛选——在前沿上的移动

结　论

均值-方差资产组合理论向投资者推荐的资产组合在均值-方差前沿上，投资者的欲望仅为高期望收益和低风险带来的功利性收益，风险通过资产组合收益率的方差或其标准差来测度。

行为资产组合理论向投资者推荐的资产组合位于行为-欲望前沿上,投资者的欲望已经扩展到功利性收益之外,并且希望避免认知型和情绪型错误。例如,在行为-欲望前沿上的资产组合包括提供表达性和情感性收益(比如能提升社会责任感、表现爱国主义、享受自豪感、避免懊悔感等)的资产组合。

行为资产组合理论的核心特征基于观察到的下述现象——投资者将其资产组合看做资产组合金字塔中不同层次心理账户的集合。每一个心理账户对应着特定的欲望、相关目标及其功利性、表达性和情感性收益。最优的行为-欲望资产组合在避免认知型和情绪型错误的同时会平衡各种欲望。

在实践过程中,前沿(不管是均值-方差前沿还是行为-欲望前沿)与选定资产组合的得出,并不仅仅是在优化程序中设置参数估计值。前沿并不仅是公式的应用,其需要弄清楚人们的想法;其要弄清楚期望收益和风险之间的权衡取舍(在均值-方差资产组合理论中,风险可以由标准差来测度,而在行为资产组合理论中,则由相对于目标财富的差额来测度)。并且,还要弄清楚不同欲望(例如,是想要履行社会责任还是想要社会地位)之间的权衡取舍。我们不应被均值-方差优化程序的优雅和表面上的精确所愚弄。均值-方差理论的应用并不像我们通常想像的那样生搬硬套公式,其更多的是如行为资产组合理论所描述的那样,要适合投资者的欲望。

CHAPTER 9
Behavioral Life Cycle of Saving and Spending

第 9 章
储蓄与支出的行为生命周期

资产组合理论是关于如何配置资产组合的理论,指导我们将诸如股票与债券等投资组合在一起。生命周期理论是资产组合理论的补充,是关于积累资产以形成投资组合(即将现金转化为投资),以及负积累(即将投资转化为现金)的。我们主要通过生命周期中的工作年龄段的储蓄进行积累,非工作年龄段(例如,求学和退休期间)的支出进行负积累。

标准生命周期理论是标准金融学的理论,行为生命周期理论是行为金融学的理论。经济学家弗朗科·莫迪利安尼和理查德·布伦伯格(Richard Brumberg)在 1954 年阐述了标准生命周期理论,[1] 米尔顿·弗里德曼在 1957 年提出了类似的"永久收入假说"。[2] 赫什·谢夫林和理查德·塞勒在 1988 年奠定了行为生命周期理论的基础。[3]

标准生命周期理论认为,我们进行储蓄的唯一原因是支出。理想的结果是在我们生命的最后一刻花完最后一块钱。我们想在整个生命周期中"平滑"支出。更准确地说,在我们的生命周期中,我们想平滑消费和闲暇的边际效用。

我们先大概估计一下我们整个生命周期的财富——当前收入、当前资本和未来收入的现值。然后,按照该值选择一条储蓄与支出路径,以平滑整个生命周期的支出。该理论预测我们每年会以一定数额支出"永久收入",该数额会耗光我们整个生命周期的财富。

行为生命周期理论认为,我们进行储蓄的原因是想要获得财富带来的一系列功利性、表达性和情感性收益。这些收益来自下述支出——在吃、住等必需品上的支出;在娱乐和旅游等随意项目上的支出;在奢侈品(例如豪车和珠宝)上的支出。此外,它还认为,除了支出,单单拥有财富本身也会产生表达性和情感性收益。实际上，某些支出可能会导致表达性和情感性成本。想像某个人晚餐花了 100 美元，却心怀懊恼，因为他本可以花不到 100 美元在家做一顿更好的晚餐。

电视节目《60 分钟》（*60 Minutes*）有一集以利昂娜（Leona）和哈利·赫尔姆斯利（Harry Helmsley）为主角，他们是赫尔姆斯利宫酒店和纽约其他 200 栋建筑的所有人。当他们站在酒店阳台俯瞰纽约中央公园时，利昂娜和哈利描述了财富给他们带来的表达性和情感性收益。哈利指着一些建筑说道："我正在清点存货。这栋是我的，这栋是我的，还有那一栋，那一栋。"[4]

赫尔姆斯利夫妇让我们看到了所谓的"消费缺口"，因为他们本可以卖掉他们的房屋，并将所得收入花掉。然而，他们从来没有想过卖掉房屋并堵上消费缺口。相反，仅仅从所有权上，他们就获得了表达性和情感性收益。

对赫尔姆斯利夫妇和类似的亿万富翁们而言正确的东西，同样也适用于多数中等收入者。确实，即使在具有中位数金融资产的人群中，也明显存在消费缺口。[5] 在标准生命周期理论中，这种态度是令人迷惑不解的。迈克尔·基塞斯（Michael Kitces）是一名财务咨询师兼金融评论员，他在博客中写道："在标准生命周期理论中，为退休而储蓄和投资的要点是，人们会在退休后将钱花光并乐于将钱花光。实践中，不断有研究发现，在人们退休后，大多数退休人员只会让其退休前的资产组合持续增长，这表明在退休人员能够和应该花掉的金额与实际花掉的金额之间存在'消费缺口'。"[6]

基塞斯对该谜团进行了如下解释："对于任何预期自己将活很长时间，害怕未来通胀的潜在影响，进而认识到其退休资产组合需要继续增长，以抵抗未来长期退休生活的不确定性的人而言，在退休的前些年继续积累、增长财富实际上是普遍且谨慎的做法。"这种解释肯定不适用于赫尔姆斯利夫妇，也不适用于基塞斯所描述的很多人，即那些让退休资产组合继续增长的退休人员。在基塞斯的博客，一名退休者进行了如下回应：

我发现金融行业喜欢用图表和二年级算数处理这些极度人性化的议题，这太有趣了。我是说真的，考虑一下：在你临死那一天，花光最后一块钱。这太荒谬了……

我想方设法储蓄，并且喜欢看到自己的财富不断增加……我更加喜欢储蓄给我的力量，在必要时可以资助我所爱的人，或者对感动我的社会问题进行援助。这种愉悦胜过单纯花钱带来的欢乐，并且为这些愉悦存钱是值得的……

以前我可能没有认真思考，就随大流地认为储蓄是为了"退休时消费"。按照这种想法，在为"退休时消费"而储蓄的过程中，我变得很节俭。现在再改变这种节俭，对我而言是很痛苦的。

不是说我不喜欢牛排加红酒……只不过我能用优质的有机食材自己做，且花费要远低于 Ruth's Chris 餐厅要价 100 美元的牛排……我的意思是我并没有摒弃什么……只不过我的平均每日食物成本可能要远远低于我"应该"的支出……

上文这个退休者可能有较高的个人储蓄取向（personal saving orientation，PSO），这是一个指标，对人们稳定且可持续的储蓄活动进行衡量，该指标反映了个人的习惯，且这种习惯已经与其生活方式融为一体。个人储蓄取向通过分析人们对问卷问题的回答来测度其日常行为和储蓄风格。

日常行为符合高个人储蓄取向的人，可能会同意以下陈述，例如"对我而言，将钱存入个人储蓄账户是一种习惯""我每天都会密切注意自己的支出""我从不会乱花钱，我宁愿将钱存起来以备不时之需"。

储蓄风格符合高个人储蓄取向的人，可能会同意以下陈述，例如"我经常毫无目的地存钱""定期存钱应该是人生的重要部分""存钱就像一种生活方式，你必须不停做下去"。[7]

当然，并非所有人都会积累适量的财富。即使那些想要让支出与"永久收入"相匹配的人也很难做到这一点，因为我们会发现很难估计自己整个生命周期的财富、寿命以及未来的支出需求（比如医疗费用）。这些因素都会使我们面临以下可能：未死之前花光了所有钱或者死后钱仍未花光。若想在工作期间积累足够的退休储蓄但又不至于过多，我们必须努力自我控制；若想在工作和退休期间防止自己过快或过慢花光储蓄，我们也必须努力进行自我控制。

行为生命周期理论认为，我们通过框定、心理核算和自我控制规则来调和支出与储蓄欲望之间的冲突。标准生命周期理论预测，我们将当期收入、当期资本和未来收入仅仅看做生命周期财富的组成部分；而行为生命周期理论预测，我们认为它们是不同的。当期收入包括当期工资、当期利息，从债券、股票和其他投资中所获红利。当期资本包括债券、股票和其他投资构成的资产组合的当期价值以及未来收入（未来工资、未来利息和红利，以及从其他投资中获得的未来收入）的现值。

我们将当期收入、当期资本和未来收入框定为不同的心理账户，并设定自我控制规则，限制自己只能动用指定的心理账户，例如不能为了今天的度假支出而动用子女的教育心理账户。相反，标准生命周期理论认为，对于要为明天而储蓄的欲望和今天将储蓄全花完的欲望之间的冲突，人们不需要框定、心理核算和自我控制规则来解决。

标准生命周期理论和行为生命周期理论的详细对比，请见表 9-1。

表 9-1　标准生命周期理论和行为生命周期理论

标准生命周期理论	行为生命周期理论
1. 人们想要在整个生命周期"平滑"支出，并且很容易解决支出欲望和储蓄欲望之间的冲突	1. 人们想要的不仅仅是在整个生命周期"平滑"支出。他们想要的是财富带来的全系列功利性、表达性和情感性收益，包括只是拥有财富（而不是将其花掉）所带来的表达性和情感性收益。此外，即使想要"平滑"整个生命周期支出的人也会发现，很难解决支出欲望和储蓄欲望之间的冲突
2. 在解决欲望冲突方面，人们不需要什么工具和帮助	2. 人们通过框定、心理核算和自我控制规则（限制自己只能动用指定的心理账户）等工具来调和欲望之间的冲突 公共政策可以通过诸如社会保障等计划来帮助调和欲望之间的冲突，可以通过法律法规（例如信托法规）来帮助人们克服认知型和情绪型错误

支出 – 来源和支出 – 用途金字塔

行为生命周期理论包括"支出 – 来源"和"支出 – 用途"金字塔，如图 9-1a 和 9-1b 所示。它们类似于第 8 章"行为资产组合理论"描述的资产组合金字塔。支出 – 来源金字塔的层次根据流入先后顺序来组织安排。支出 – 用途金字塔的层次根据更高支出优先于较低支出的顺序来组织安排。

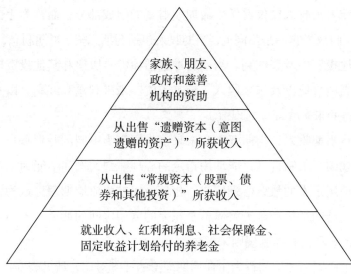

图 9-1（a） 支出 – 来源金字塔

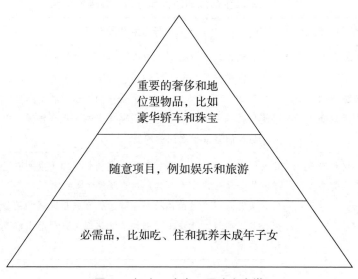

图 9-1（b） 支出 – 用途金字塔

支出 – 来源金字塔的底层由各种各样的"收入"构成，包括就业收入、红利和利息、社会保障金、固定收益计划给付的养老金。上面一个层次为从出售"常规资本"所获的收入，包括从股票、债券以及其他投资——例如401(k)计划、个人退休账户、其他类型的固定缴费退休储蓄账户等——所获收入。再上面一层为从出售"遗赠资本"所获收入，是售出意图遗赠的投资所获收入，房产是最常见的遗赠资本形式。再上面一层是从家庭、朋友、政府和慈善机构获得的资助，这主要针对那些金字塔下层没有多少资金的人。

支出－用途金字塔的底层包括在必需品上的支出，例如，吃、住和抚养未成年子女。对某些人而言，该层还包括对生活艰难的成年子女、年迈的父母，以及身患残疾的兄弟姐妹等的资助。对于其他人而言，这些支出会用于更高的随意项目，该层包括娱乐、旅游，以及给孙辈们的礼物、小额的慈善捐赠。对于某些人而言，储蓄属于底层的必需品；而对其他人而言，储蓄属于较高的可随意支配的项目。在这些层次之上是奢侈和地位型物品层，例如豪华轿车、珠宝、大额慈善捐赠和遗赠。

有证据表明人们不愿意动用遗赠资本。对于大部分美国老年人而言，房产净值是其首要资产，仅次于社会保障金（对某些人而言仅次于雇主提供的类养老金）。然而，平均而言，随着人们逐渐变老，他们并未售出房屋来支持非住房消费。[8] 此外，住房所有者也不愿意签订反向抵押贷款合同（该合同借钱给房主且让他们继续在房屋中居住）。有反向抵押贷款资格的房屋所有者中仅有 2% 签订了该合同。[9]

证据也表明人们不愿意动用常规资本。一项研究发现人们在其退休早期很少动用 401(k)、个人退休账户和其他固定缴费退休账户中的资金，更别提用光这些账户了。在 60 岁到 69 岁的人群中，有固定缴费退休账户的人仅有 7%的人的年领取额超过账户余额的 10%，仅有 18% 在某特定年份有提取行为。此外，从实际退休到 70.5 岁（这时固定缴费退休账户规定的最低发放额要求开始生效），提取率很低。即使在 70.5 岁之后，固定缴费退休账户的资产提取比例也很低。在 60 岁到 69 岁，该提取比例平均为 1% 到 2%，到 70.5 岁上升到大约 5%，此后直到 85 岁提取比例均在该水平上下波动。实际上，对于 70.5 岁以后仍然被雇用的人而言，固定缴费退休账户的余额是持续增长的。[10]

对于支出－来源和支出－用途的讨论，通常或明或暗地假定，父母不为成年子女提供物质支持，而子女也不为年老的父母提供物质支持。与此相伴的分析进一步计算个体或夫妇只供养自己时的可持续支出水平。然而，这种假设是没有事实根据的——"夹心代"这个术语便是证据，它描述的是同时供养孩子与年老父母的父母。有需要赡养的老人，个人的大学储蓄和股票持有的概率将会降低，其降低幅度是个人健康状况不良导致的降幅的两倍。[11]

老年家庭成员向年轻一代的平均转移支付数额很大，足以被视为老年人的一个重要的支出项目。父母，在至少一人年龄为50—64岁时，每年平均向孩子转移支付8 350美元。当父母中至少有一位在85岁及以上时，该数额平均为4 787美元。年轻家庭成员向老年成员的现金转移支付额较小，但现金转移支付低估了年轻家庭成员给予老年成员的物质支持总量，因为大部分支持是以实物形式存在的，例如对年老父母的照料（年老父母可能仍住在自己家里或搬到孩子家里）。[12]

低估年轻人对老年人的物质支持，这明显体现在补充保障收入计划中。该计划对老年人提供有保障的最低年收入，然而合格人员的参加率刚刚超过50%。50%这个数字表明，在合格的非参加者中，来自子女的转移支付很多，这也说明家庭援助或许可以弥补公共援助之不足。[13]

每10个低收入家庭里大约有6个会从亲朋好友处获得帮助，这些帮助包括找工作、支付账单、提供食物与栖身之所、照料孩子。穷人还会获得慈善组织的援助，例如，在找工作、教育、技能培训、读写能力、住房补助、应急现金、临时食品补助和医疗保健等方面。[14]

相比美国这样的个人主义国家，在集体主义国家里，子女会对父母提供更多支持。在集体主义国家，父母也希望获得这种支持。某些父母甚至通过婚姻包办扭曲子女的配偶选择，因为他们愿意用新婚夫妇之间的爱情换取用来赡养自己的金钱。父母包办婚姻与下述现象相关：新婚夫妇之间更低的婚姻和谐度、更加顺从的妻子，以及更强烈的儿子应该赡养老年父母的信念。[15]

和富裕家庭一样，贫困家庭也渴望能反映财务偿付和自给自足能力的社会身份。当家庭面临经济困境时，其通常不愿意寻求援助，因为这动摇了其社会身份。债务偿还不像房租和食品支出那样紧急，因此，其在月度预算中所获优先级别较低。贫困家庭会优先考虑偿付那些能证明自给自足或者社会身份提高的债务，而拒绝或忽略偿付他们认为不公平或不公正的债务。这种应对策略通常使贫困家庭陷入成本高昂的债务周期，阻碍社会阶层流动。[16]

某些支出是受社会地位驱动的，不太富裕的家庭会尝试"赶上左邻右舍"。在最高收入较高的地区，中等收入和中上收入家庭会承担更多的房产债务，有

更高的债务 – 收入比例。[17] 然而，当朋友和邻居减少地位驱动型支出后，人们对社会地位的竞争也会减弱。在经济衰退时，不仅在收入和财富下降的人群中，而且在收入和财富不受影响的人群中，奢侈品消费（例如珠宝和旅游）也会减少。[18] 遭受破产的人的左邻右舍减少支出的速率相当于月收入降低了 7%。[19]

》自我控制

自我控制很难实行，一些人完全无法进行自我控制。[20] 当自控力较弱时，今天将钱全花光的欲望会战胜为明天而储蓄的欲望。美国职业橄榄球大联盟（National Foofball League，NFL）球员会经历收入的巨幅上涨，即使只持续几年时间，这也相当于巨额的生命周期财富。该财富额可以提供相当殷实且平滑的生命周期支出，然而，今天将钱全花光的欲望会战胜为明天而储蓄的欲望。在 NFL 球员结束其职业生涯后不久，他们便开始提交破产申请，并且至少在接下来的 12 年里，破产申请会持续快速增长。并且长时间打球且收入丰厚并不会为破产提供多少有效防护。破产率并不受球员的总收入或职业生涯长短影响。[21]

受自我控制力较弱以及相关的规划技能不足的局限，人们会陷入财务困境。此外，相比受教育水平或金融素养的差异，自我控制力差异对财务困境的发生率影响会更大。[22] 想花钱购买奢侈品的欲望与弱自我控制力一起发挥作用削弱储蓄，加重财务困境。将收入的大部分花在奢侈品上的人经常会违约。[23]

我们更善于发现他人的自控力不足却难以察觉自己的。一项课堂调查发现，学生们认为自己要比同班同学更早上交作业。在一项实验室实验中，人们被要求预测自己未来的行为以及他人的平均行为。人们几乎未注意到自身自控力的不足，而却能预料到他人自控力的不足。[24]

贫困会削弱自控力，滋生匮乏，紧缩冗余资金。匮乏与拮据会使人们的认知和情绪资源超载，妨碍储蓄、工作业绩与决策。也会有人对贫困加以利用，例如，最有利可图的美国信用卡——其消费者是那些处于破产边缘的人。[25]

用完信用卡额度的人意味着其拥有较少的冗余资金，即使利率提高 3 个百分点，他们也不会减少其对信贷的需求。[26] 在 2008 年金融危机之前，当房价上涨时，居住于低收入区域的人们更倾向对抵押贷款进行再融资并大幅增加支出，而居住于高收入区域的人们并未这样做。[27] 次级放款者对昂贵的房屋贷款产品进行广告宣传，误导借款者做出不划算的房屋贷款选择。当广告面向知识贫乏人士时效果最佳，这些人通常受教育水平较低而且贫困。[28]

现在的金融产品要比过去复杂得多。这种复杂性尤其体现在提供给个体投资者的结构化产品上，例如，指数化年金。复杂性使投资者困惑，误导他们以自身利益为代价购买使提供者得益的产品。实际上，提供给知识贫乏投资者的金融产品的复杂程度会特别高。[29]

某些人天生就是储蓄者，拥有较高的个人储蓄取向（personal saving orientation, PSO），有可能实现财务安全，积累远超所需的财富，而另一些人恰好相反。责任感是大五人格中与自我控制联系最为紧密的特质，为退休生活准备充分的人群责任感较高，而神经质（另一种大五人格特质）程度较低。支出和财富都会随着责任感的提高而增加，而财富也会更快增加，这表明有责任感的人储蓄较多。[30]

承诺可以增强自我控制。在一项实验中，某菲律宾银行的客户被随机分为三组。第一组客户获得一个机会，可以开设一个承诺账户，该账户只有他们自己能够存取，并且只有达成预设目标后才能支取。该机会还包括保有一个上了锁的存钱箱的选项，可以将现金存在这个箱子里，但箱子的钥匙由银行保管。对于第二组客户，就为某目标而储蓄的重要性，对其进行一对一的教育。第三组是控制组。

相对于控制组，接受承诺账户的客户们的储蓄在第二年增加了81%。此外，有自我控制困难的客户偏爱承诺账户的可能性更大。后续调查和银行数据显示，两年半以后储蓄行为仍然会继续，对那些在开设承诺账户前决策力相对不足的女性而言尤其如此，她们开始购买女性导向的耐用品（female-oriented durable goods）。[31]

然而，当责任感和自我控制指引人们以高利率借款，同时坚持保有低利率的储蓄账户时，责任感和自我控制也可能过度。当人们认为花掉储蓄是不负责任的行为时，人们就有可能在紧急情况出现时以高利率借款，而不动用储蓄。[32]

在恋爱和婚姻关系中，我们也会看到支出和储蓄欲望之间的冲突。守财奴会受过度自我控制所累，支出要少于其所希望的。而挥霍者会受自我控制不足所累，支出要超过其所希望的。守财奴通常会与挥霍者结婚，这是个性相反者相互吸引的罕见实例。[33] 然而，两个对立者之间的婚姻通常是不稳定的，因为不同的支出和储蓄习惯会导致摩擦。[34] 婚姻关系稳定的夫妇具有相似的信贷评分，这表明其支出和储蓄欲望是相似的。[35]

在恋爱环境下，如果感觉其拥有足够的财力资源，则人们偏爱挥霍者胜过储蓄者。然而，若感觉花钱会耗尽资产，则人们偏爱储蓄者。一项实验表明，不需要沟通，仅仅通过匆匆一瞥就能区分储蓄者和挥霍者。进一步实验表明，储蓄者被认为拥有更强的自我控制力，这提高了他们的恋爱吸引力。对其外表吸引力的感知进一步提高了储蓄者的恋爱吸引力，因为人们预期储蓄者会更好地保养身体。当然，并不是任何方面都有利于储蓄者，因为自我控制减少了乐趣。[36]

2015 年，贾斯汀·特鲁多（Justin Trudeau）宣誓就职加拿大总理，他的母亲（玛格丽特·特鲁多）参加了就职仪式，仪式重新唤起了她与皮埃尔·特鲁多（Pierre Trudeau，贾斯汀的父亲，加拿大最著名的前总理）的生活与婚姻的记忆。《纽约时报》的一篇文章写道，虽然皮埃尔·特鲁多"由于其父亲在加油站业务上的成功而非常富有，但特鲁多夫人很快发现她的丈夫是一个罕见的吝啬鬼。"在他们的婚姻破裂时，他们已经有了三个孩子。大手花钱——"与滚石乐队开派对、与安迪·沃霍尔（Andy Warhol）一起去 54 夜总会、由理查德·阿威顿（Richard Avedon）亲自教授摄影，这些都使得特鲁多夫人……成为全世界小报的素材。"[37]

》关于标准和行为生命周期理论的证据

支持行为生命周期理论的最令人信服的证据或许正是规模庞大的财务咨询行业，它帮助人们规划和落实其整个生命周期的支出与储蓄。政府储蓄和支出计划（例如，社会保障）以及公司储蓄和支出计划（例如，固定收益养老金计划和固定缴费退休储蓄计划）是进一步的支持行为生命周期理论的证据。在标准生命周期理论的世界里，人们自己就可以轻易规划储蓄和支出并使之落实，因此上述行业本没有必要存在。其他证据包括资本与收入之间的区分、表现出的认知型和情绪型捷径与相关错误、金融流动性与心理流动性之间的差异。

❏ **资本与收入**

询问一个问题就可以区分标准生命周期理论与行为生命周期理论，即在我们做出支出决策时是否区分资本与收入。标准生命周期理论预测我们不做这种区分，因为，在我们的生命周期财富总额中，一美元资本和一美元收入是无法区分的。然而，行为生命周期理论预测我们会做这种区分，我们愿意花掉收入但不愿动用资本而且花掉相应所得。[38]

现实情况更符合行为生命周期理论。美国投资者更有可能花掉红利，而不是售出股票并花掉相应所得。[39]芬兰投资者几乎会花掉所有红利，但很少动用资本。[40]实际上某些投资者甚至会区分资本投入（例如，为股票支付的价格）以及随着时间的推移，股票积累的资本利得。此类投资者会发现花掉资本利得要比花掉资本投入更容易。

行为生命周期理论两个相关的假说预测，老年人要比年轻人更加偏爱高红利收益股票，而低劳动收入人士要比高劳动收入人士更加偏爱高红利收益股票。这种趋势之所以存在是因为老年人和低劳动收入人士的支出更有可能依赖其资产组合。一项对超过6万户家庭的研究支持了上述两个假说，该研究表明，劳动收入较低的老年投资者所持有股票的红利收益要高于劳动收入较高的年轻投资者。[41]此外，劳动收入较低的老年投资者会以令人费解的方式动用资本，例如，为了将红利归集到收入心理账户中，在除息日之前购买股票。

支付管理型共同基金提供了一种受控且透明的方式来动用资本并将其转化为收入。此种基金的投资者会以预设的账户余额百分比（例如4%）定期收到支付款项。这些支付款项将利息、红利、对资本利得的明显动用以及对初始资本投入的可能动用结合在一起。

然而，红利俘获型基金却有所不同，其以一种令人费解的方式动用资本：

在除息日之前购买股票，随后将其售出。阿尔卑斯红利加速基金就是一种此类基金，它认为自己会帮助投资者寻求"有长期资本增值潜力和超越股票平均收益潜力的月收入流"。[42] 红利俘获策略并未提高整体收益率。实际上，这种策略降低了总体收益率，增加了投资者的税收负担，即使其使红利收入增加了一倍有余。[43]

一些投资者通过购买高收益债券的方式来动用资本，此类债券是低信用评级债券，也被称为垃圾债券。相比高信用评级债券，违约在此类债券上更常见，而违约实际上就是动用资本。在投机型投资活动中寻求更高收益可能导致更大程度的资本动用，通常是灾难性的。这些投资包括给新公司，例如电视节目制作公司的私人贷款，以及购买商业地产包份额等。某个案例中，玛丽·贝克（Mary Beck）与其丈夫花了47万美元购买了某个豪华车队的部分所有权。贝克夫人之所以被说服，是因为该投资比其他投资提供的利息率更高。贝克夫人说道："我们知道12%是不现实的，但7%似乎是可以实现的。对我们来说，这是一种确保我们的储蓄增加的非常保守的方式。"该风险项目于2012年破产。贝克夫妇对退休进行了重新安排，打算工作更长时间。[44]

❏ 后见之明、懊悔、金融流动性和心理流动性

符合标准生命周期理论的投资者，仅在需要花钱的时刻才把资本转换为现金；而且，其考虑的也是金融流动性，先兑现金融流动性好的投资，而后才兑现非流动性投资。当投资能以当前市值快速变现时，称该投资有较好的金融流动性。然而，当功利性收益指导人们持有股票和债券而不持有现金时，人们却为了支出需要而持有大量现金，这是不符合标准生命周期理论的。但是，这种行为符合行为生命周期理论。

无佣金的股票和债券型共同基金在投资者的资产组合中很常见，它具有较高的金融流动性，因为投资者能在每个交易日结束时以等于当前市值的价格将其变现。但是，这些基金缺乏"心理流动性"。若投资者将投资变现时不会出现后见之明型认知错误，不会因懊悔招致情感性成本，则称该投资具有心理流动性。

今天选择将股票变现的投资者要为该选择负责，若明天股价上涨，则该

选择会导致损失。明天的后见之明或许会误导投资者认为，他们早已预先知道股价会上涨。所亏资金带来的功利性成本会伴随着懊悔带来的情感性成本。

财务咨询师的建议符合行为生命周期理论，其建议人们持有价值为 3—5 年支出所需的现金，并且按照严格的时间表对现金进行补充，例如，在每个季度末。这类建议的依据与第 7 章"行为金融谜团"所阐述的定期定额投资的依据相似。按照严格的时间表将股票和债券转换为现金，减少了应负责任，降低了后悔的可能性。[45] 此外，投资者可能会特别注意昨天售出的股票的价格，若股价今天上涨则会明显感觉亏了，然而，他们不太可能像这样关注 3 年或 5 年前的股票的价格，这使亏损变得模糊。

》标准和行为生命周期理论的处方

标准和行为生命周期理论都是描述性的。它们描述了我们在整个生命周期中如何安排自己的支出和储蓄。行为生命周期理论会提供处方，而标准生命周期理论并不提供。之所以会有此差异是因为标准生命周期理论建立在下述假设之上，即人们在安排其生命周期的支出和储蓄时无须处方或其他帮助。然而，行为生命周期理论的一些处方也符合标准生命周期理论。社会保障体系就是一个例子。

对于完全依赖社会保障体系的人而言，社会保障体系使人们无须估计整个生命周期的财富水平并计算平滑的支出数量，因为在工作年龄段，缴款是从工资中强制并自动扣除的，而在退休年龄段，平滑的、经通胀调整的月度支付款项也是自动支付的。

对于完全依赖社会保障体系的人而言，他们也无须估计寿命长短，因为只要受益人及其法定家属活着，就会持续收到社会保障金。并且该体系使得人们无须再实行自我控制，因为它会调和工作和退休期间支出和储蓄欲望之间的冲突。该体系不允许用一次性给付来代替按月给付，不允许借用在未来支付的款项。

固定收益养老金计划（以前比较普及而现在一部分人仍在使用）是行为生命周期理论开具的、同时符合标准生命周期理论的另一个处方。雇主和雇员在工作期间向养老基金缴费，退休时雇员及其法定家属每月获得养老金。然而，一些固定收益养老金计划允许用一次性给付来代替按月给付，允许借用在未来支付的款项，这会诱惑那些自我控制不足的人。

到目前为止，固定缴费退休储蓄计划已经代替固定收益养老金计划成为主要的工具，来弥补社会保障金与充足的退休收入之间的差距。在固定缴费退休储蓄计划中，自我控制不足所导致的潜在后果更加严重。面对不确定的通胀和投资收益率，参与此类计划的人必须管理其工作和退休期间的支出与储蓄来缓解不确定的寿命造成的影响。这对财务专家而言是一项困难的挑战，对普通人而言更是如此，他们甚至可能并未意识到该任务及其面临的挑战。

❏ 年金与年金之谜

购买年金符合标准生命周期理论。年金将生命周期财富（例如，10万美元）转化为永久收入（例如，有生之年每月500美元）。其有利于平滑支出，消除长寿风险。在退休时，即使将部分储蓄年金化，年金也会缓解长寿风险。当经通胀率调整的年提取率是4.5%时，拥有保守型资产组合、无养老金或年金收入的人，在30年内耗尽自己资金的概率为67.4%。当一半资产组合被年金化后，相应的资金耗尽概率仅为18.7%。[46] 然而，人们并不愿意进行年金化，我们将其称为"年金之谜"。

年金化的行为障碍之一是人们厌恶显而易见的资本动用。当购买年金，将资本转换为收入时，人们要动用其资本账户。货币幻觉是另一种行为障碍，其使一次性的10万美元看上去要比等价的月付500美元年金多很多。[47]

易得性错误也会进一步阻碍人们投资年金，因为寿命超过预期寿命的印象并不易得，而在签订年金合同后不久可能降临在自己身上的各种死亡意外的印象却相对易得，这包括从保险经纪人办公室出来去停车场时被公交车撞死。[48] 当人们考虑以下可能性时——购买年金后不久死亡就来临，他们的继承人只能收到很少年金，则易得性错误会与懊悔厌恶发生相互作用。

最后，或许也是最为重要的，年金散发出"死亡的味道"，提醒人们他们放弃了致富的希望。与标准生命周期理论的预测相反，人们的欲望不仅包括跌价保护（通过平滑的永久收入来满足），还包括增长潜力，希望看到自己的 10 万美元资产组合迅速增加到接近千万美元，可以用来支出、遗赠或仅仅贮藏起来，享受富裕带来的社会地位和自豪感。

❏ 储蓄与可持续支出

行为生命周期理论的一个处方是，即使不将储蓄余额转换为年金，也要便利人们对其带来的未来收入的估量，这与标准生命周期理论相一致。劳工部提出的法规要求固定缴费退休储蓄账户提供者向参与者定期发送信息，估量其账户余额所对应的终生月收入。劳工部提到："为自己以及配偶的一生提供收入是一项极其困难但重要的任务。劳工部会为参与者提供信息，劳工部相信这些信息会减轻该任务造成的负担。"它继续写道："参与者或许很难想象账户余额会产生的终生月收入"。[49] 例如，一张报表会具体说明某人当前的账户余额为 125 000 美元，预测退休时的账户余额为 557 534 美元。如果不向家属支付任何款项，该预测数额对应着退休时 2 788 美元的月支付额，如果付款给家属，会对应一个较低的特定月支付额。

退休期收入无须等于工作期间的全额收入。根据波士顿大学退休研究中心的研究，80% 的替代率足以维持生活水平不变。该数额之所以较低，是因为退休人士无须再为退休而储蓄，无须再支付工作费用。他们的纳税额也可能会更低，可能不再有房贷。该中心对人们提出了下述建议：如果打算在 67 岁退休，则在 25 岁开始储蓄的人应该储蓄其收入的 12%。在 35 岁开始储蓄的人应该储蓄其收入的 18%。[50]

对于退休前的必要储蓄额以及经济上是否为退休做好准备，其判断标准有很大差异，结论也会随之而不同。此外，退休准备就绪程度会随性别、婚姻状况以及受教育程度而不同。经济学家迈克尔·赫德（Michael Hurd）和苏珊·罗威德尔（Susann Rohwedder）发现，退休收入的目标替代率（例如，80%）并不能够处理与退休准备就绪程度相关的一系列问题。[51]

首先，仅有 1/3 的全职工作者遵循传统的退休路径，从全职就业突然过渡到完全不就业。其他 2/3 的晚年就业轨迹包括继续全职就业或兼职就业、失业、残疾以及"复职"（即从退休逆转为就业）。对于这些人，什么时候将收入计算为退休前，什么时候计算为退休后是不明显的。在评估双职工夫妇的退休准备就绪程度时，情况会变得更加复杂。

其次，也是更重要的，我们衡量的退休收入通常为社会保障金加固定收益养老金。有时还会加上年金。然而，人们还可以通过储蓄为消费融资（其中，包括固定缴费退休储蓄），并且，大部分储蓄并未被年金化。通过储蓄为消费融资被记录为资本动用而非用收入提供资金。

其他问题涉及下述观察，即资源不必持续无限期。发达国家的老年人从大约70岁左右开始大幅减少支出，之后减少速度持续加快，即使财务资源充足也是如此。老年人花钱更少，主要是由于体力下降使得他们不太能花钱，例如进行旅游。他们也会出于个人原因倾向于少花钱，例如，在配偶去世后。[52]

赫德和罗威德尔以消费为基础的经济准备就绪度指标，考虑了现代退休后收入流的复杂性及其影响。用这个指标来衡量一个家庭是否以较高概率拥有相应资源，可为从退休开始直到死亡（单人情况）或夫妻双方均死亡（双人情况）的支出轨迹融通资金。

退休准备充分的一种定义是在消费水平降低10%后，临死时有95%—100%的机会财富水平为正。根据该标准，高中以下学历的单身男性有63.6%准备充分，但是，高中以下学历的单身女性仅有29%准备充分。另一方面，大学和研究生学历的已婚男性有86.5%准备充分，大学和研究生学历的已婚女性有90.2%准备充分。

对于退休后可持续的储蓄余额提取率，应该建议多少呢？一项早期对30年期的收益率和提取率的模拟给出的建议是，对于年龄65岁、退休期为30年的夫妇而言，年提取率为4%。[53] 较近的建议要求，若退休期长达30年，则初始的年提取率为2.1%，若长达40年则为1.49%。[54]

最低发放额要求（required minimum distributions，RMD）是政府规定的固定缴费退休储蓄账户的提取率，从70.5岁开始。该比率根据的是对预期寿命的精算估计。在70.5岁，年RMD率是3.65%，到80岁增加到5.35%，90岁为8.77%，而100岁为15.87%。[55]

RMD规则的颁布并不是要为可持续提取率开处方。相反，其颁布实施是为了不让延税储蓄账户变成无限期的避税港。但是，RMD提取率也可以看做一种处方，同样适用于其他不受RMD规则约束的储蓄。规定的提取率也可以辅以建议的节税提取序列。[56]

根据社保计算器,年龄为 70 岁的人的预期寿命还有 15.4 年。[57] 考虑某个人,其有 50 万美元储蓄,还有 10 万美元的房产净值与其他资产,他打算将这 10 万美元留作遗产,但是,在有必要的情况下,他会保留支取这些资产的权利。这些必要情况包括活过 86 岁,即超过其 85.4 岁的预期寿命。

假定他每年根据 RMD 规则表,从其 50 万美元中支取,而不管该储蓄是否真的受 RMD 规则约束。[58] RMD 规则表不会完全与预期寿命时刻表相对应,但是,我们假定预期寿命随着年龄增长而减少(这与悲哀的现实相符)。在 70 岁时,RMD 提取率是 3.65%,这相当于在该年龄预期寿命还有 27.4 年而非 15.4 年。

我们保守地假定,此人的储蓄余额的增长率不超过通胀率,因此,下面所有数额都是经通胀率调整的。在 70 岁的时候,他支取 50 万美元储蓄余额的 3.65%,这相当于 18 248 美元。然而,其可支出资源非常有可能超过该数额,因为,他还有可能领取社会保障金、获得就业收入、从固定收益养老金计划中领取养老金。

在第二年,当他 71 岁时,他提取其储蓄余额的 3.77%,这相当于 18 179 美元,以此类推。在 86 岁时,即预期寿命时刻表的最后一年,他提取其储蓄余额的 7.09%,相当于 15 695 美元,在该年年末他仍然留有 205 611 美元的储蓄余额。

86 岁时的提取额大约比 70 岁的提取额低 14%,这并不算是大幅下降。此外,他留下了 305 611 美元遗产,即 205 611 美元储蓄余额加上 10 万美元准备金。在 70 岁到 86 岁期间,其提取额可以不用下降,每年都提取 18 248 美元,这样在其 86 岁那一年他可以留有 189 781 美元储蓄余额。

接着,假定他足够幸运,可以活过 86 岁。在 86 岁时的平均预期寿命还有 5.8 年,是 92 岁。他希望每年继续提取 18 248 美元。在 92 岁时,此人并未耗光其 50 万美元储蓄。实际上,直到 97 岁时,他才会耗光储蓄。现在,他开始从其 10 万美元房产净值中提取资金,可能采取反向抵押的形式,就像车尾贴的标语所说的那样,"我正在花留给子女的遗产"。

这些数字很有用处,但它们仍然描绘了一幅令人相当沮丧的画面,因为人们储蓄的增长率有可能超过通胀率。此外,许多人选择花掉的数额低于

RMD 提取率。这种选择明显体现在下述事件的影响上，TIAA（一家大型金融服务公司）2009 年一次性地暂停了 RMD 提取规则，而大约有 1/3 受 RMD 规则约束的人在 2009 年暂停了提取。[59]

人们选择的支出额可能高于或低于客观环境允许的可持续数额。年轻人倾向于低估其预期寿命，而老年人倾向于高估。例如，28 岁的男性有 99.4% 的客观概率再存活 5 年，但是，他们所赋予的主观存活概率仅为 92.8%。相反，68 岁的男性活到 78 岁的客观概率为 71.4%，但是，他们赋予的存活概率被夸大了，为 82.4%。这些主观概率使年轻人倾向于储蓄过少，而使老年人倾向于支出过少。[60]

灾难会降低对预期寿命的估计并增加支出。2008 年中国四川省遭受严重地震袭击。靠近地震中心的人们储蓄得更少了，在烟酒上更加大方，打麻将也更频繁。[61]

❑ **金融素养、理解力与行为**

行为生命周期理论的一个关键处方是提高金融素养，并要求该提高必须能促进人们对金融的理解，并因这种理解而改善行为。一组被称为"三大问题"的测度金融素养的问题如下：[62]

1. 假定你的储蓄账户中有 100 美元，并且利率为每年 2%。如果你留着这笔钱不用，则 5 年后你认为账户中会有多少钱：超过 102 美元；恰为 102 美元；少于 102 美元？①

2. 设想你的储蓄账户利率是每年 1%，而通胀率为每年 2%。则与今天账户上的钱相比，1 年后你能够买的东西是更多；恰好一样多；还是更少？

3. 你认为下面的陈述是对还是错？"相比购买股票型共同基金，购买单个公司的股票通常会提供更加安全的收益。"

对三大问题的回答表明金融素养广泛缺乏。50 岁以上的美国人仅有一半正确回答了前两个问题，仅有 1/3 正确回答了全部三个问题。一些国家的人们回答的准确率要高于美国人，但是，即使在金融市场健全的富裕国家同样

---

① 译者注：疑有误，这里的 102 美元应为 110 美元。

缺乏金融素养，例如，加拿大、德国、日本和澳大利亚。[63] 女性、少数族裔、穷人以及无大学学历的人尤其缺乏金融素养。

三大问题是关于金融素养的，但是，金融素养不同于金融理解力，两者也不同于金融行为。在培育反映金融理解力的行为方面，对于金融素养教育的效果还存在争议。[64] 某报告评估了多项研究，得到结论：提高金融素养的努力并不会使金融行为改善太多。[65] 但是，对于金融素养的有效性，另一个报告通过对多项研究的评估却得出了更加积极的结论。[66]

我们探究金融理解力时或许会问，"年轻时储蓄率高的人与储蓄率低的人相比，你认为前者会为退休及时积累更多储蓄吗？"即使很多人未能正确回答三大问题之中的第一个问题（该问题探究对储蓄指数型增长的了解），也很难相信多数人不能正确回答该问题。不管人们是否了解指数型增长这一事实，年轻时储蓄率更高的人都会及时为退休积累更多。但是，了解指数型增长事实的人若年轻时储蓄较少，其仍然不会及时为退休积累足够数量。

其他探究金融理解力的问题包括，"某人投资分散化程度较低、成本较高、以击败市场为目标的主动管理型共同基金，而某人投资广泛分散化、低成本、以赶上市场为目标的指数型共同基金，你认为哪个人更有可能及时为退休积累更多资金？""某人购买了少数股票并频繁交易，而某人购买并持有广泛分散化的低成本指数型共同基金，你认为哪个人更有可能及时为退休积累更多资金？"

要探究能够体现金融理解力的金融行为，要求对人们的储蓄和投资活动进行考察。他们是否会定期储蓄？他们是否会回避高成本的主动管理型共同基金并选择低成本的指数型基金？他们是购买并持有低成本的指数型共同基金还是购买少数股票并频繁交易？

指出金融素养、金融理解力和体现金融理解力的行为之间存在差异的一项证据如下：在所有国家，男性平均而言要比女性更富金融素养，在回答三大问题方面表现更好。然而，平均而言男性要比女性更加过度自信，他们的交易更加频繁。某些频繁交易者了解交易带来的功利性成本，但他们仍然进行交易，因为他们还会从交易中获得表达性和情感性收益。而其他不了解这些功利性成本的人仍然进行频繁交易表明他们对金融缺乏理解，缺乏能体现金融理解力的金融行为。[67]

同样指出三者存在差异的另一项证据来自个人储蓄取向，它是稳定且可持续的储蓄活动的衡量指标。该指标的开发者们得出结论："像传统金融扫盲计划一样，仅教授关于个人财务如何发挥作用的事实类知识或许是不够的；或许有必要培养人们的习惯以促使他们持续储蓄，教授他们方法来形成并维持一种储蓄导向的生活方式。"[68]

即使金融素养不提高，雇主也可以改善其雇员的金融行为。随着雇主们从固定收益养老金计划转向固定缴费退休储蓄计划，雇主和雇员在退休储蓄中的角色发生了急剧变化。1975 年，有 74% 的私人部门退休计划参与者加入了固定收益养老金计划，但 2012 年仅有 6% 加入。[69]

在固定收益养老金计划中，雇员不用选择其储蓄额，也不必决定如何投资。这些选择都由雇主来做。在退休期间，雇员们可以确保每月获得养老金支票，这是以养老金担保公司为后盾的，该公司是一家对私人部门养老金计划进行保险的政府实体机构。相反，在固定缴费养老金退休计划中，雇员要选择其储蓄数额并决定如何投资。

在固定缴费退休储蓄计划中，不同公司提供的投资选项菜单有非常大的不同。这些菜单起到了隐形顾问的作用，会引导雇员做出或好或差的选择。提供过多投资选项会导致"选择超载"，妨碍人们做出好的选择。2004 年，一项对多个固定缴费退休储蓄计划的雇员参与率的研究发现，养老金计划中每增加 10 个基金会导致雇员参与率下降 1.5%—2%。当仅提供两个基金时，雇员参与率达到 75% 的高峰，而当提供 59 个基金时参与率下降到 60%。[70]

一个最近的研究考察了某大型机构精简固定缴费退休储蓄计划所造成的影响。精简过程将提供的基金数量砍掉了接近一半，并将剩余基金简化为四组。该研究估计，平均而言，在 20 年里，雇员们有可能增加超过 9 400 美元的收益，同时会减少其投资风险。[71]

对于从机构选项菜单中被砍掉的基金，若雇员有资产投在上面，则允许他将资产和未来缴款转入菜单上的其他基金中。若雇员未将其资产从被砍掉基金中转出，则该资产会自动转入与年龄相适应的目标日期基金（target date funds）中。① 同时，雇员也可以将资产从被砍基金转入自主式经纪账户中，这样不仅可投资被砍基金，也可以投资成千上万其他共同基金。只有 9% 的雇员选择了自主式经纪账户，仅占资产额的 0.4%。

财务顾问也能在不提高客户金融素养的条件下改善客户的金融行为。在线顾问有时也被称为"机器人顾问"，其是咨询行业的一项创新，在指导投资者方面与现场咨询师们竞争与合作。Financial Engines 公司是一家较早的在线咨询公司，新近公司有 Betterment、Wealthfront、Personal Capital 和 Future Advisor。

Financial Engines 在其网站上写道："那里是新的退休生活，我们从一个养老金计划的世界转向一个无所不包的世界，其中包括 401（k）、IRAs、社会保障和其他等等。现在你应该对它们进行全面追踪与管理。我们会帮助你变得更加信息灵通，进而更好地了解你的选项，并帮助你决策，使你的退休生活更加宽裕。"[72]

Financial Engines 提供的建议以投资者的环境、其投资计划、投资者目标以及投资者风险偏好为基础。在线建议是 Financial Engines 的一项服务，它提供基金推荐，对退休时个人积累的储蓄额进行预测，并且让投资者探究不同缴费额、风险水平和储蓄积累目标造成的影响。专业化管理是其另一项服务，允许投资者将其退休储蓄委托给财务顾问，让他们构建资产组合来保护退休储蓄，为退休生活每月提供收入。

Betterment 在其网站上写道："Betterment 资产组合的设计目的是为了在各风险水平上实现最优的收益率。相比典型的全靠自己理财的投资者，通过分散化、组合的自动再调整、更佳行为和更低费用，Betterment 客户期望的收益率要高出 4.3%。"[73]

Wealthfront 网站写道："设定然后忘掉——我们的软件会每周 7 天、每天 24 小时对你的投资账户进行全天候管理。我们会完成所有工作，而你则能够关注其他对你而言真正重要的事情……我们所提供的投资管理，其成本只是

---

① 译者注：目标日期基金是一类主要为个人养老投资需求设计的基金品种。目标日期基金通常会在产品名称中设立一个"目标日期"（通常代表预计的退休年份），随着所设定目标日期的临近，逐步降低权益类资产的配置比例，增加非权益类资产的配置比例。

传统投资管理人成本的很小一部分……我们在管理你的账户时会考虑税收，因为最小化你的纳税额是最大化长期投资收益的一个关键部分。"[74]

标准和行为生命周期理论与公共政策

标准和行为生命周期理论之间的差异，对于公共政策方案而言具有重要含义。在标准生命周期理论中，在估计生命周期财富并相应储蓄方面，人们可以免于认知型和情绪型错误，公共政策是无效的。但是，在行为生命周期理论中，公共政策可以发挥作用，保护我们免于认知型和情绪型错误，避免欲望（例如，现在将钱全花光）战胜理智（例如，为退休而储蓄）。

关于支出与储蓄的公共政策方案可以是自由主义、自由式家长主义和家长主义的。自由主义者提倡放任政策，赋予人们随心所欲储蓄与支出的自由，他们可以年轻时多储蓄而年老时多支出，也可以年轻时少储蓄而年老时少支出。自由主义的建议符合标准生命周期理论，在该理论中人们能够安排其支出与储蓄，进而在其生命周期中享受平滑的永久收入。

自由式家长主义者提倡助推政策，助推人们年轻时多储蓄，年老时明智审慎支出。家长主义者更进一步，提倡用命令来强推人们年轻时多储蓄，年老时明智审慎支出。两者都符合行为生命周期理论，在储蓄与支出方面，人们要受储蓄与支出欲望之间的冲突以及认知型和情绪型错误所累。关于公共政策建议的总结，请参见表9-2。

表9-2　储蓄与支出政策中的自由主义、自由式家长主义和家长主义

自由主义者提倡放任政策，赋予人们随心所欲储蓄与支出的自由。
自由式家长主义者提倡助推政策，助推人们年轻时多储蓄，年老时明智审慎支出。
家长主义者提倡用命令来强推人们年轻时多储蓄，年老时明智审慎支出。

在投资、储蓄与支出所有这些方面，公共政策方案以及政府的作用是显而易见的。其扮演的角色包括政府直接提供（例如，社会保障）和政府间接提供（例如，制定法律法规对固定缴费退休储蓄账户延迟纳税，并且到70.5

岁时规定最低发放要求）。

社会保障在设计上是家长主义的。通过强推人们储蓄，限制今天的支出（将支出限制在扣除社会保障缴费后所余范围之内），其命令式家长主义本质克服了自我控制不足。社会保障禁止用一次性给付来替代按月给付，这也体现了其家长主义本质。

固定收益养老金计划也是家长主义的，因为对于公司雇员和提供养老金计划的政府实体而言，其是强制性的。但是，大部分公司养老金计划也可以退休时一次性给付，这会诱惑自我控制力不足的退休人员。养老金担保公司同时体现了公司和政府的家长主义，如果养老基金违约，担保公司会为可能丧失公司养老金的工人提供保险。

保护投资者，使之免于自身的认知型和情绪型错误，这构成了许多金融法规的基础。保证金制度限制了杠杆率，股票买家的借入资金不能超过其所购股票价值的50%。对构成《1934年证券交易法案》基础的参议院版本法案的总体分析中，有一段话反映了保证金制度的家长主义本质。"保证金交易涉及用借入资金进行证券投机……许多有思想的人认为，纠正与股市投机相伴而生的罪恶的唯一方式是完全废除保证金交易。某联邦法官向委员会提供了很多案例（这些案例来自其长期的职业经历），表明近些年出现的大部分企业倒闭、公款挪用甚至自杀都直接归因于投机行为所导致的亏损。"[75]

适宜性规定也是家长主义的，用来消除认知型和情绪型错误。这些规定要求，经纪人只有在有合理理由认为其推荐的证券适合客户的财务状况或需要时，才能向其客户推荐该证券。

法律学者罗伯特·蒙德海姆（Robert Mundheim）在适宜性背景下描述了自由主义和家长主义两个概念之间的区别，他写道："适宜性规则的强制实施具有革命性意义，因为它将做出不当投资决策的责任从客户转移给了证券交易商。之所以说是革命性的，因为在我看来，单单是信息披露要求和实践并不能完全有效地保护投资者——其中包括免受自己的贪婪所害。"[76]

适宜性标准是家长主义的，但它设定了一个较低的家长主义门槛，例如，只要基金适合投资者，它允许经纪人向投资者推荐支付高佣金的高成本共同基金，而不推荐完全相同的支付低佣金的低成本基金。受托人标准设定了更高的家长主义门槛，要求经纪人将投资者利益置于自身利益之上。在有相同的低成本基金时，它不允许经纪人推荐高成本基金。2016年，当专门为退休推荐投资时，美国劳工部强制要求经纪人和咨询师施行受托人标准。劳工部部长汤姆斯·E. 佩雷斯（Thomas E. Perez）说："我看到许多公司的宣传材料都说自己将顾客放在首位。这不再是宣传口号，这成了法律。"77

美国终身股权投资公司是一家大型的固定指数型年金发行人，当明确要求其年金销售者遵循受托人标准时，其股价下跌，这明显体现了适宜性和受托人标准之间的差异。凯瑞·佩奇泰尔（Kerry Pechter）——《退休收入杂志》（*Retirement Income Journal*）的编辑——引用了美国终身股权投资公司CEO约翰·马托维纳（John Matovina）所说的话："在劳工部的最终规则中，有关信托投资顾问的未预料到的变动以及与此相关的'最佳利益合同豁免'（Best Interest Contract Exemption），使我们未来的增长道路布满阴云。"① 佩奇泰尔补充道："这类产品的销售面向中等收入、个人退休账户有大量资金的老年人，劳工部打算在这类产品上开刀并非巧合。在新的劳工部规则下，要求销售者在向客户推荐产品时忽略个人收益，代理人会发现很难为接受丰厚酬金找到合理的理由。"78

---

① 译者注：美国投资顾问的收费模式主要有两种：基于佣金（commission-based）和基于管理费（fee-based）的模式。在佣金模式下，投资顾问不单独收取顾问费用，而从产品供应方获得佣金。因此为了获取更多"返佣"，投资顾问有动机诱导交易、向投资者销售高返佣产品，从而可能与客户利益相冲突。在管理费模式下，投资顾问单独收取顾问费用，通常按客户资产规模的一个固定比例收取，不收取客户金融产品交易佣金。因此为了增加收入，投资顾问需努力让客户资产增值进而吸引客户追加资产，这将减弱推荐高返佣产品的动机，使其倾向于为客户资产账户配置更多低成本的金融产品，有助于避免利益冲突。

佣金模式和管理费模式对应着不同的监管思路。佣金模式下，遵守"适宜性"准则，即把合适的产品销售给合适的客户。管理费模式下，遵循"受托人责任"准则，即投资顾问应把客户利益放在首位，置于自身利益之上。

美国劳工部于2017年4月正式公布所谓《受托新规》（The Department of Labor Fiduciary Rule）。新规重新定义了"投资咨询受托"，并将所有从事退休计划或提供退休计划咨询的人员纳入到新规范围内，扩大了监管范围。新规要求投资顾问将客户利益摆在首位，不能隐瞒任何潜在的利益冲突，否则投资顾问将面临诉讼。若选择继续采用佣金模式，需要与客户签订最佳利益合同，披露收取的所有佣金来源并承诺履行受托人责任，将客户利益放在首位。《受托新规》增加了佣金模式下的合规成本。

在储蓄背景下，最为有名的自由式家长主义助推是自动加入固定缴费退休储蓄计划，例如，401（k）计划。这在经济学家理查德·塞勒和法律学者卡斯·桑斯坦（Cass Sunstein）所写的书《助推》中曾被讨论过。使加入公司退休储蓄计划成为默认选项是一种助推，以抵制储蓄时的拖延倾向以及支出欲望战胜储蓄欲望的倾向。[79]

美国国会将助推融入 2006 年的《养老金保护法案》（Pension Protection Act）中，并且公司在实施该法案时也会进行助推。该法案允许公司在设定的缴费水平上建立计划方案，将员工自动纳入固定缴费退休储蓄计划中，并随着时间的推移自动提高缴费水平。

自动加入固定缴费退休储蓄计划增加了员工加入的比例。某项计划在引入自动加入规则后，新员工的加入比例从 37% 上升到 86%。虽然有 50% 的雇主的配比缴费可高达工资的 6%，然而一年后仍然有相当一部分员工停留在自动的默认缴费水平 3% 上。雇员们似乎锚定在默认缴费水平上，认为这是一个公司推荐的缴费水平。[80] 将默认缴费率提高到 6% 不会降低参与率，但高于 6% 会伴随着参与率的下降。[81]

有证据表明自动加入对于千禧年一代（在 20 世纪 80 年代早期到 21 世纪初出生的人）特别有效。Vanguard 投资公司发现，千禧年一代参与固定缴费退休储蓄计划的人中，有超过 6/10 受到了 2013 年自动加入的影响，而婴儿潮一代这个数字仅为 4/10。因为大衰退，千禧年一代的收入减少，工作前景黯淡，但是因为自动加入，他们的储蓄更多了。千禧年一代的资产配置更有可能使用专业化管理，例如，目标日期基金，可能性是婴儿潮一代的两倍。到 2013 年年末，有 1/2 的千禧年一代持有某只目标日期基金。[82]

然而在某些情况下，选择默认值可能会失败。例如，当默认选项与人们的偏好不相匹配时。还有一种不太明显的情况，当选择默认值减少了感知的选择自主权时，其也可能会失败，导致某些人远离默认选项，即使默认选项与其偏好相匹配。设计的默认选项若能保持更高的感知选择自主权，就有助于使人们的选择符合其偏好。[83]

助推并非仅仅限于自动加入，某些助推是极具创造性的。当美国人看到自己年老时可能的形象时，他们会储蓄更多。[84] 一个电视肥皂剧助推了南非人增加储蓄。让一组受试者观看融入金融信息的肥皂剧，而让另一组观看无此类信息的类似节目。第一个肥皂剧的金融剧情描述了某个过度借债的主角，最终陷入财务困境并寻求帮助。被指派观看该肥皂剧的人之后更有可能在借款时支付低利率，进行赌博的可能性也更小。[85]

在促进退休储蓄方面，自动缴费要比税收补贴更加有效。在丹麦，税收补贴对总储蓄额没有什么影响——每1美元税收补贴仅能使总储蓄增加1美分。相反，那些不要求雇员采取行动的政策——例如雇主自动向退休账户缴费——会巨幅增加总储蓄。大约有85%的雇员是被动储蓄者，其中包括那些为退休准备最不充分的人。占比15%的主动储蓄者会对税收补贴产生反应，但是，他们主要是将储蓄在不同账户间转移，而不是减少支出。[86]

进一步的证据表明，在增加退休储蓄方面，税收考虑并不怎么重要。罗斯型401(k)缴款在缴纳年份是不可抵税的，但在退休提取时是不纳税的。传统401(k)缴款在缴纳年份是可抵税的，但其本金和收益在提取时要交税。在2006—2010年，有11家公司在传统401(k)计划上加入了罗斯型缴款选项。对这11家公司的研究发现，在引入罗斯型选项之前与之后，被雇用的员工的401(k)计划的总缴费率不存在差异。对于选择罗斯型401(k)计划的人而言，他带回家中的工资会减少，但未来退休后的支出可以增加。出现总缴费率不变结果的原因可能是员工混淆或忽略了罗斯型账户的税收属性，也可能是"划分依赖"导致的结果，划分依赖是一种心理捷径，使得人们将固定数额分配给整体401(k)计划，而不管它是传统型的还是罗斯型的。[87]

某些人仍然会抵制助推，执行其可以退出固定缴费退休储蓄计划（该计划是自愿性的）的权利。并且某些加入者会从账户中提取"流动性"，即还未到退休时就从该账户借入或取出资金，即使税收和惩罚性条款不鼓励这样做。某些提取是有必要的，例如，为了购买房产或者失业时期的提取。但是，其他提取就并非那么必要了。

对多国固定缴费退休储蓄计划的流动性条款的比较表明，除了美国，在所有其他国家，在参与人达到55岁之前，该体系的流动性都很差。美国的流动性条款导致退休前出现明显的"漏损"：对于55岁以下的储蓄者，向固定缴费储蓄账户中每缴纳1美元（不计算转存），就会同时有40美分流出体系（不计算贷款或转存)。

在德国、新加坡和英国,是禁止提前提取的。只有残疾人或身患绝症者才可以提前提取。然而,在新加坡允许因下述原因提取固定缴费储蓄余额:医疗费用、房屋购买(在房屋售出时必须加以偿还并附带利息)以及教育(12年后必须加以偿还并附带利息)。在通常情况下,加拿大禁止提前提取,但如果收入非常低(在未来12个月收入低于32 400加元)是允许的。在澳大利亚,只要家庭成员处于就业状态就禁止提取,而不管收入有多低。

然而在美国,即使在正常的收入水平上,工人们也可以将前雇主的固定缴费储蓄计划的余额提现,罚金最高为10%。[88] 此外,并不是所有美国公司都提供退休储蓄计划,并且不是所有提供此类计划的公司都会通过配比雇员缴费来鼓励为退休储蓄。实际上,许多提供固定收益养老金计划的公司选择了"冻结"计划,通过终止缴费减少了大约3.5%的工资总额。[89]

对于这种储蓄中断,州政府通过制订储蓄计划介入进来,例如,伊利诺伊州安全选择储蓄计划。该计划要求不提供退休储蓄计划的雇主自动将雇员3%的薪资存入罗斯型IRA储蓄账户中,除非雇员自己决定退出。

联邦政府也介入进来,推出了"我的退休账户"计划,简称myRA。在2014年的国情咨文讲话中,奥巴马总统宣称myRA是"美国工人开始其退休储蓄的一种新方式"。账户会赚取利息,利率相当于联邦雇员退休账户可得利率。myRA计划的关键特征是,从工资中自动扣款但无最低限额要求,在这一点上胜过IRA,后者最低限额要求为1 000美元。缴款本金提取免税,如果储蓄者年龄超过59.5岁,则缴满5年后提取收益也免税。[①90]

强制性的固定缴费退休储蓄计划是家长主义式的强推,超越了自由式家长主义的助推。它们是强推的社会保障的补充,并且替代了越来越不流行的固定收益储蓄计划。强制性的固定缴费退休储蓄计划存在于若干国家中,其中以澳大利亚最为突出。澳大利亚的雇主们被强制要求向雇员的退休储蓄账户缴纳雇员收入的某个特定比例。到2019—2020年度,该比例按预定计划要逐渐增加到12%。雇员可以自愿缴纳超过规定数额的数量。税收条款会鼓励

---

① 译者注:myRA账户持有人直接把钱交到美国财政部手上,由政府代为投资国库券等联邦证券。这项"投资"的回报率跟只限联邦雇员参与的公债基金(简称GFund)看齐。

人们在 60 岁后逐渐提取资金，而不是一次性提取。

在美国的大学和其他一些非营利性机构中，固定缴费退休储蓄计划不具官方强制性，但其类似于强制性计划。雇主缴款时不强制要求雇员缴款，但雇员也无权将雇主的缴款转为更高的工资。在私立大学，雇主缴款额平均为 10.1%，公立大学为 9.5%。某些大学会进一步强推，强制要求雇员缴款，平均大约为 5%，使总额达到 15% 左右。[91]

我们注意到，之所以从家长主义的固定收益养老金计划转向自由主义的固定缴费退休储蓄计划，并不是自由主义和家长主义优劣比较的结果。相反，其纯属偶然，对于固定收益养老金资产低于负债的不幸公司而言，其提供了一种脱身途径。1978 年的《收入法案》（the Revenue Act）包括一个条款——401(k) 条款，规定递延收入不纳税。当时服务于休斯飞机公司的法律事务所注意到了该条款，并建议公司将之融入其储蓄计划中，首创了我们现在所谓的固定缴费退休储蓄计划。其他公司紧随其后，用新的税前 401(k) 计划替代了旧式的税后储蓄计划，并将 401(k) 选项加入利润分享和股票奖励计划中。两年不到，几乎有一半的大型公司开始提供 401(k) 计划或考虑提供。到目前为止，固定缴费退休储蓄计划已经战胜固定收益养老金计划，使得从家长主义转移到自由主义的优势与劣势都尽显无疑。[92]

》富人、中等收入者和穷人的退休收入

在促进有充足的生命周期支出与储蓄方面，对最佳公共政策的讨论，不管是自由主义的放任、自由式家长主义的助推，还是家长主义的强推，当不按照财富、收入、个人特征，特别是自我控制力对人们加以区分时，其讨论都是漫无目的的。

关于生命周期支出与储蓄政策，我们可以加以区分并重点讨论四个收入组：富裕组、稳定中等收入组、近中等收入组和贫穷组。对于富裕组，即使不像赫尔姆斯利家族那么富有，其在工作期间所赚收入也会使其积累足够多的储蓄，足以保证其对退休的忧虑仅限于房地产税以及与更富裕邻居的地位竞争。稳定中等收入组，例如，本章前面提到的说自己"想方设法储蓄"的退休人士，[93]

在其工作期间会稳稳赚得足够的收入并且能为充裕的退休支出储蓄足够的数量。贫穷组在其工作期间所赚收入不足，导致他们无法为充裕的退休支出储蓄太多。近中等收入组由两个部分组成：低收入者和高花费者。低收入者在其工作期间尽力从低收入中储蓄，但其微薄的储蓄仍使其处于贫困边缘并且退休支出不足。高花费者，例如，破产的 NFL 球员，在其工作期间将本来充足的收入花得精光，从而未能为退休支出储蓄足够的数量。

退休支出解决方案通常只针对某组出现的问题，而未提及其他组别。许多方案着手解决长寿风险，提供诸如年金等解决方法。然而，对于富裕组而言，年金一无是处，他们不存在长寿风险，因为即使花钱大手大脚，他们积累储蓄的速度也大大超出其支出的速度。对于近中等收入组和贫穷组，年金解决方案也显得可笑，其微薄的储蓄使得购买年金不切实际或不可能做到。

社会保障被描述成一种富人、中产阶级和穷人均可获得的退休支出的来源。其社会保障金实际上具有累进性，即相比那些在工作期间缴费数额多的人，那些缴费数额较少之人所得数额相对于其缴费额而言较多。盖洛普的一项调查显示，许多美国人低估了其依赖社会保障金的可能性。在非退休者中，33% 预期社会保障会是一种主要的退休收入来源。而有 57% 的退休人士报告说社会保障是一种主要的退休收入来源。[94]

稳定中等收入组的储蓄－支出比率较高，减轻了他们对长寿风险的恐惧。某个属于该组的人在 Vanguard 的博客中写道："在我小时候，我在放学后和周末打工，我还在暑期打工。退伍后，我在俄亥俄州的一家电力公司工作了 40 年，几乎没有节假日……然后我在 61 岁退休，我觉得如果现在不开始生活，就没时间了。"[95]

对于近中等收入组的高花费者类别，其储蓄－支出比率较低。77 岁的汤姆·帕罗姆（Tom Palome）就是这样一个例子。在某些年份，帕罗姆所挣工资接近六位数，但没有储蓄多少。他现在在山姆俱乐部做食品展示员，工资每小时 10 美元，同时在一个高尔夫球俱乐部烧烤餐厅做快餐厨师，所得工资稍高于最低工资水平。帕罗姆领取社会保障金，并且从其最后一个就职公司中获得少额养老金，但他没有固定缴费储蓄和其他储蓄。[96]

近中等收入组的高花费者缺乏自我控制和耐心，这在获得联邦经济刺激支付款项的家庭中很明显，该款项是在各周随机发放的。不同家庭的支出模式不同，而支出倾向与缺乏耐心程度高度相关。对于"得过且过"的家庭、前几年没有做财务计划的家庭、采购时不利用优惠券或促销的家庭，资金到账后会导致高支出。[97]

Vanguard 博客的另一个撰文者属于近中等收入组的低收入者。"我们量入为出，储蓄并投资，没有任何债务，然而结果仍是如此。我们的收入比自己和规划师的预期低 30%。健康保险和医疗费用每年要花费 15 000 美元。我父母这一代要好得多……"

西蒙是贫穷组中的一员，PBS《新闻时刻》关于提高最低工资举措的节目介绍过她。西蒙在纽约市挣扎谋生，在快餐店挣每小时 8 美元的工资，没有任何福利、无带薪假期、无病假、无周末。她供养最近失业的丈夫，同时供养母亲、兄弟和三个孩子。孩子们一天能吃三顿饭，西蒙说："我的孩子们之所以能一天吃上三顿饭的唯一原因是学校提供三餐中的两餐。如果要我支付他们一日三餐的费用，我没有办法做到。我们会无家可归。不管怎样，我们都会挨饿。"[98]

区分富人、中等收入者和穷人的界限并不明显，因为人们对财物安全的主观评估与客观评估并不一致。对有 35—60 岁的全职工作者的美国家庭退休期间的主观和客观财务安全状况进行比较，结果发现 58% 客观上面临财务不安全，而 54% 主观上感觉财务不安全，主观感知与客观评估相一致的家庭仅有 52%。特别地，在那些客观上面临财务不安全的家庭中，相比户主为大学学历的家庭，户主是高中及以下学历的家庭有不切实际的乐观主义的比例更高。然而，令人意外的是，相比不使用财务咨询服务的人，使用者倾向于更不切实际，而相比没有固定收益养老金的人，有固定收益养老金的人倾向于更不切实际。出现这种差异或许是因为使用财务咨询服务的人假定咨询师保证了财务安全，而有固定收益养老金的人假定养老金保证了财务安全。[99]

先锋博客的另一名撰文者阐明了对财务安全的主观和客观评估之间的差异："我丈夫 81 岁了，并且领取 RMD（要求的最低发放款）已经有几年时间。我们每年都将这笔钱存起来。2009 年宽限期过后，我要在 2010 年领取 RMD。我也会将这笔钱存起来，因为没有它我们也能够满足生活所需。"

对该博客撰写者的客观评估将其置于稳定中等收入组别中,甚至可能处于富裕组,因为除去 RMD 发放款,她和她的丈夫拥有足够多的收入,使得他们能够将 RMD 发放款存起来而非花掉它。然而在主观上,她将自己评估为近中等收入组的成员。她继续写道:"经济形势要求我们尽自己最大的努力缩减开支,为了未来而节俭度日。在这个时点上,我们生活无忧,但为未来前途而担忧害怕。因此,退休生活并不像人们所说的那么好。我们不能冒险去度假,因为花掉的钱可能需要用来保证我们的偿债能力,即有能力偿付收入所得税和房产税。"

在近中等收入和贫穷组中,主观上的财务脆弱性普遍存在。几乎有一半的美国人报告说,他们无法在 30 天内筹集 2 000 美元来处理日常的财务冲击,例如,汽车大修。对于受教育水平较低人士、有孩子的家庭、遭受大额财富损失的人以及失业者,财务脆弱性显得尤其严重。但是,有相当一部分看似收入中等的美国人在财务上也很脆弱。[100]

助推穷人储蓄更多的尝试有可能会失败,因为穷人没有多少可用于储蓄的资源。在一个联邦资助的针对低收入家庭的计划——个人发展账户计划中,曾有一系列的实地实验对储蓄率进行了重点考察。这些实验考查下述四种助推是否有助于增加储蓄:在存钱截止日前后打电话提醒储蓄者其存钱义务、增加存钱频率(从每月到每两周)、基于彩票的激励结构、增加项目的存钱配比比例(在完成一半储蓄目标后,从个人每存储 1 美元配比 2 美元到存储 1 美元配比 4 美元)。

四项干预措施都没有带来期望的储蓄增加量。作者们得出结论:贫穷是储蓄主要的障碍,而非自我控制不足或其他的认知型或情绪型错误。穷人投入大量时间和精力以做到收支平衡,已经没有多少精力来完成其他目标。对储蓄者的跟踪访谈进一步证明了该结论。人们会说,电话"在你繁忙时令你不知所措,就像一个收账人";"就像市场推销电话,我早知道我必须储蓄,因此我挂断电话",而且"电话令人恼火。在你的预料之外,你不知道是谁打来的电话……我曾经在与雇主面谈的时候接到过电话,我以为这可能是另一个潜在雇主或其他什么电话"。[101]

对于近中等收入组,特别是对于高花费者类别,通过用强有力的外部控制替代软弱无力的自我控制,强制性的固定缴费储蓄计划会有很大帮助。但是,对于没有什么可以储蓄的贫穷组而言,采用强制性的固定缴费储蓄计划还不够。对于贫穷组和近中等收入组的财务安全解决方案,还需要采取额外措施。墨西哥的一个非缴费性的养老金计划涉及对 70 岁以上的农村成年人提供现金转移支付。该计划使得接受者支出水平更高,心理更健康。[102]

结　论

标准生命周期理论是标准金融学的理论,其核心假设是,人们想平滑其整个生命周期的支出,并且能够轻易做到根据生命周期的财富平衡其支出与储蓄。行为生命周期理论是行为金融学的理论,其核心假设是,即使人们想要平滑整个生命周期的支出,也会发现很难避免认知型和情绪型错误,很难平衡现在就支出与为明天而储蓄两种欲望。

行为生命周期理论认为,我们通过下述工具调和自身欲望之间的冲突:框定、心理核算和自我控制规则(即禁止动用指定之外的心理账户)。相反,标准生命周期理论认为,我们不需要框定、心理核算和自我控制规则来解决这些冲突。证据是支持行为生命周期理论的。

明智的公共政策更多会遵循行为生命周期理论的助推和强推方案,而非遵循标准生命周期理论的放任方案。固定缴费退休储蓄账户会辅以一些进行退休储蓄的助推措施,例如,自动加入。而对于许多人而言,社会保障是一种非常有必要的强推型退休储蓄方式。

CHAPTER 10
Behavioral Asset Pricing

第 10 章
行为资产定价理论

有用的资产定价模型将投资（例如，股票与债券）的期望收益率与各种因子或特质（例如，风险与流动性）联系在一起。一旦我们知道了这些因子或特质及其与期望收益率之间的联系，我们就可以使用这些模型估计期望收益率。因此，资产定价模型与餐饮、汽车、电影以及其他任何产品和服务的定价模型类似。

餐饮定价模型的因子或特质要反映用餐者对全系列餐饮收益（功利性、表达性和情感性收益）的欲望。餐饮的功利性收益即其营养成分；表达性收益包括声望以及显示自己与众不同的口味；情感性收益包括美学与美味的享受。快餐的营养成分或许与米其林星级餐厅菜肴的营养成分相同，但是，米其林星级餐饮的声望和美感要超过快餐。毫不奇怪，米其林星级餐饮价格要超过快餐价格。

我在1999年的一篇文章中提出了行为资产定价理论[1]，其利用了经济学家凯尔文·兰凯斯特（Kelvin Lancaster）1966年的研究成果"消费者理论的新方法"[2]。兰凯斯特将研究重心从产品（例如，菜肴）转向了其特质，包括功利性的营养成分和表达性与情感性的美学与社会关系。他写道，我们从一顿饭中获得收益，因为它"拥有营养特质，也拥有美学特质，并且不同餐饮拥有的这些特质的相对比例不同"。许多产品都会包含相同的特质（例如，美学），"因此在某些特质上明显无关的物品或许在其他特质上大有关系"。从功利性的营养成分上来看，玫瑰不能替代巧克力，但是，在表达感激之情和钟爱之情时，玫瑰可以替代巧克力。

资产定价模型中的功利性收益包括低风险和高流动性。表达性和情感性收益包括：获取并持有有社会责任感的共同基金所反映的美德、对冲基金带来的声望以及交易带来的刺激感。投资时想要获得高功利性、表达性和情感性收益的欲望可能与高价格和低期望收益相关。

如果投资者因低风险带来的功利性、表达性和情感性收益而愿意接受低期望收益，则低风险股票的收益率可能预期较低，低于高风险股票。然而，像因有希望彩票中奖而愿意接受低期望收益一样，人们会因此种情感性收益而愿意接受高风险股票具有低期望收益，则低风险股票的收益率也可能预期较高，高于高风险股票。

回避烟草和其他受诟病公司的股票可获得表达性收益，如果投资者因此种原因而愿意接受较低的期望收益率，则有道德的公司的股票收益率可能预期较低，低于那些被回避公司。如果因频繁交易所带来的情感性刺激而愿意接受较低的期望收益率，则频繁交易的投资者的收益率可能预期较低，低于较少交易的投资者。

餐饮定价模型不仅反映了用餐者想要获得功利性、表达性和情感性收益的欲望，而且也反映了用餐者的认知型和情绪型错误。用餐者的口头意见和对大脑的功能性核磁共振成像扫描显示，对于相同的红酒，当被告知的价格较高时，他们对红酒的感觉比所告知价格较低时要好。[3]

资产定价过程中出现的认知型错误包括低估无形资本，例如，提高员工士气需要现在就支付高工资和津贴给员工，而增加的未来利润可能要超过今天的成本。资产定价过程中出现的情绪型错误之一，是下述情感——这种情感误导投资者偏爱使人产生正向情感的受尊敬公司的股票，而非偏爱使人产生负向情感的受唾弃公司的股票，即使受尊敬公司股票的期望收益率要低于受唾弃公司。

在餐饮定价模型中，我们可以展示一顿饭的特质与其期望价格之间的关系，一顿饭的期望价格是下述特质的函数：

1. 想要获得功利性收益的欲望，例如，高营养成分和高便利性。
2. 想要获得表达性和情感性收益的欲望，例如，高声望和令人愉悦的美感。
3. 认知型和情绪型错误，例如，根据价格推断红酒质量。

类似地，利用股票作为投资资产时，我们可以在资产定价模型中，展示股票的期望收益率与决定收益率的特质之间的关系，股票的期望收益率是下述特质的函数：

1. 想要获得功利性收益的欲望，例如，低风险和高流动性。

2. 想要获得表达性和情感性收益的欲望，例如，有社会责任感的基金反映的美德、对冲基金反映的声望以及股票交易的刺激感。

3. 认知型和情绪型错误，例如，认为受尊敬公司的股票有可能比受唾弃公司的股票产生更高的收益率；频繁交易可能比少交易产生更高的收益率。

餐饮市场和投资市场的套利

某些用餐者和某些投资者是"中度无知的"，他们屈从于认知型和情绪型错误。某些人是"中度有知的"，他们已经学会了克服其认知型和情绪型错误，而且，有时愿意牺牲功利性收益来换取表达性和情感性收益。然而，其他人是理性的，免于认知型和情绪型错误并且仅关注功利性收益。理性和有知的用餐者有可能通过套利消除无知用餐者对餐饮价格的影响；同样，理性和有知的投资者有可能通过套利消除无知投资者对资产价格的影响。

考虑餐饮市场上的套利。理性和有知的用餐者，可以通过制作餐厅指南赚钱，例如《扎盖特餐厅评鉴》(Zagat Survey)；或者通过创建网站来赚钱（例如，Yelp网），它们会对餐厅及其餐饮进行评级。此种媒介将用餐者从性价比低的餐厅转向性价比高的餐厅，迫使前者降低价格而引导后者提高价格，消除价格与质量之间的差距。

现在考虑投资市场的套利。设想普通投资者，他们愿意牺牲烟草公司股票高期望收益所带来的功利性收益来避免表达性和情感性成本。一组投资者有意回避烟草公司股票会降低对公司股票的需求，压低其价格并抬高其期望收益。更高的期望收益会吸引理性投资者购买烟草公司股票，有可能消除回避此类股票的投资者对期望收益的影响。不反感烟草公司股票的有知型投资者可能会加入理性投资者的行列，或者自己进行套利活动。

当我们考虑套利可消除普通投资者对期望收益的影响时，我们要特别指出大部分套利机会是有风险的，而不是无风险的（即买下某资产后立即就能以更高的价格售出）。如果投资者能够绝对肯定烟草股票明天的收益率要比其他股票高，则他们增加烟草股票的持有量是最优的。但是，对于明天的收益率甚至长期的收益率，投资者很少可以百分之百肯定。当投资者增加烟草股票的配置比例时，就降低了其资产组合的分散化程度，进而增加了资产组合的风险。这会限制理性和有知型投资者在资产组合中配置更高比例烟草股票的意愿，进而限制了其对价格和期望收益率的影响。即使无风险，交易费用和其他障碍也会妨碍套利。因此，在套利受限制的市场上，价格和期望收益率除了反映对功利性收益的欲望之外，还有可能反映对表达性和情感性收益的欲望并且价格和期望收益率也有可能反映认知型和情绪型错误。

封闭式基金和交易所交易基金（ETF）的价格反映了受限制套利的影响。封闭式基金是股票或债券等有价证券的组合。它们不同于被称为共同基金的开放式基金。想赎回共同基金份额的投资者向基金公司提交其赎回请求并从基金公司获得相应款项，其数额等于交易日结束时这些基金份额的净资产价值。与之相对，想要赎回封闭式基金份额的投资者不必向基金提交赎回请求，也不从基金获得款项。相反，他们是在股票市场售出封闭式基金份额，就像售出其他公司股票一样——这些公司股票可能就包含在封闭式基金中，可能是 Alphabet（即谷歌）或通用汽车——可以在交易日的任何时间进行。

在无套利成本的市场上，封闭式基金份额的价格应该等于其所包含的股票的净资产价值。在这样的市场上，如果封闭式基金份额的价格低于其净资产价值，理性和有知型投资者就会购买封闭式基金份额，同时售出基金所包含的公司的股票。买卖会对价格造成压力，抬高基金的价格，压低基金所包含的公司股票的价格，直到封闭式基金份额价格与其净资产价值之间的差额消失。然而，我们发现许多此类基金份额的价格会极大偏离其净资产价值。价格偏离净资产价值表明存在套利成本。实际上，套利成本越高，偏离就越大。[4]

资产定价的理论与实证模型

资产定价模型按特征可以被分为理论模型和实证模型两类。构建理论模型首先要有理论基础,即有关于投资者对功利性、表达性和情感性收益的欲望以及投资者的认知型和情绪型错误的理论基础。接着构建过程,考察经验证据,即资产收益率与反映欲望、认知型与情绪型错误的因子或特质之间的关系。我们可以以下述理论基础为起点:投资者偏爱低风险投资胜过高风险投资,接着考察相关的经验证据,评估低风险投资在长期是否会比高风险投资产生更低的收益率。

构建实证资产定价模型以经验证据为出发点,即资产收益率和相关因子与特质之间关系的证据,例如,低风险投资平均而言要比高风险投资产生更低还是更高的收益率。接着构建过程,考察上述关系可能的理论基础。

标准和行为资产定价模型之间的关键差异(不管是理论还是实证模型)在于这些关系的理论基础。标准资产定价模型的理论基础,仅仅考虑对功利性收益的欲望,而行为资产定价模型的理论基础,还会考虑对表达性和情感性收益的欲望,以及出现的认知型和情绪型错误。参见表10-1中对两者的比较。

表 10-1 标准资产定价理论与行为资产定价理论

标准资产定价理论	行为资产定价理论
资产定价模型中关于因子或特质的理论基础仅考虑对功利性收益的欲望	在资产定价模型中关于因子或特质的基础上,还会考虑对表达性和情感性收益的欲望以及出现的认知型和情绪型错误

资本资产定价的理论模型

标准金融学的第一个资产定价模型是由威廉·夏普提出的,也就是资本资产定价理论模型(CAPM),其中,投资资产的风险决定了其期望收益率。[5,6] CAPM建立在马科维茨的均值-方差资产组合理论之上。[7] 该理论首先假设投资者仅仅通过期望收益率和风险来选择资产组合。接着假设投资者寻求高期望收益率但厌恶风险,而风险通过收益率的标准差来测度。这种收益率追求和风险厌恶导致投资者会选择位于均值-方差前沿上的资产组合,其在每个给定的标准差水平上提供最高的期望收益率。投资者通过个人在期望收益率和标准差之间的权衡取舍,选出最适合他们的资产组合。

在均值-方差资产组合理论假设基础之上,CAPM增加了两个关键假设。第一个是共识假设,即所有投资者都认同投资资产整体收益率的联合分布。例如,对于Alphabet股票的期望收益率、收益率标准差、其收益率与其他任何投资资产收益率之间的相关系数,所有投资者都有相同的估计值。第二个假设是关于借和贷的,投资者在通常的无风险利率水平上能够借入和贷出无限的数量,并且不反感这样做。

投资者在资本市场线上选出资产组合,如图10-1所示。资本市场线在市场资产组合 m 点上与均值-方差前沿相切。投资者的资产组合包含市场资产组合(该资产组合对所有投资者而言都相同)与借贷两部分(借贷数量依据的是各投资者在期望收益率和标准差之间的权衡),有"两资金分离"的特征。[8]

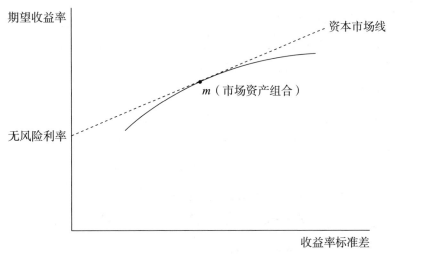

图 10-1　资本市场线

市场资产组合是世界上所有投资资产构成的资产组合——包括股票、债券、房地产、大宗商品、非上市公司、甚至我们每个人具有的人力资本。每种投资资产在市场资产组合中所占的权重或比例等于其总市场价值与所有投资资产总市场价值之比。例如，在方程（10-1）中，如果 Alphabet 股票的总市值占世界所有投资资产总价值的 0.01%，则 Alphabet 股票在市场资产组合中的比例就为 0.01%。

关于 Alphabet 股票期望收益率的 CAPM 方程为：

$$E(R_G) = R_f + \beta_G [E(R_M) - R_f] \quad (10-1)$$

其中，$E(R_G)$ 是 Alphabet 股票的期望收益率，$E(R_M)$ 是市场资产组合的期望收益率，R_f 是无风险利率，β_G 是 Alphabet 股票的市场因子贝塔，$E(R_M)-R_f$ 是"市场因子的期望收益率"或"市场风险溢价"或"股权溢价"。

对于一项投资，其市场因子的贝塔值也就是其市场因子的系数。该市场因子的贝塔值是根据 CAPM 对该投资风险的测度。在方程（10-2）中，Alphabet 股票的贝塔值依赖于其收益率与市场资产组合收益率之间的相关系数以及两者收益率标准差之比。

$$\beta_G = \rho_{GM} \frac{\sigma_G}{\sigma_M} \quad (10-2)$$

其中，β_G 是 Alphabet 股票的市场因子贝塔值，ρ_{GM} 是 Alphabet 股票收益率和市场资产组合收益率之间的相关系数，σ_G 是 Alphabet 股票收益率的标准差，σ_M 是市场资产组合收益率的标准差。

真正的市场资产组合非常难以计算。我们不得不求助于市场资产组合的代理变量（例如，包含范围广泛的美国股市指数）以及无风险资产的代理变量（例如，美国国库券或债券）。对于市场因子期望收益率（我们称其为"股权溢价"）的估计，通常基于长期的历史收益率。在美国，历史股权溢价为 6.6%，通过 80 多年的 S&P 500 指数与国库券的平均年化收益率之差来测度。更可靠的估计基于对 17 个国家 106 年间的收益率进行，该估计表明投资者可以期望 3%—3.5% 的年化股权溢价。[9]

超额收益率也被称为"阿尔法"，是根据资产定价模型计算出的超过期望收益率的收益率。与估计贝塔值一样，我们估计 Alphabet 股票的超额收益时也是通过回归方程（10-3）进行，通常基于特定的资产定价模型（例如 CAPM）并使用月度历史收益率，

$$R_G - R_f = \alpha_G + \beta_G(R_M - R_f) \qquad (10-3)$$

其中，R_G 是 Alphabet 股票的历史收益率，R_M 是市场资产组合的历史收益率，α_G 是 Alphabet 股票的超额收益率（即其阿尔法），β_G 是 Alphabet 股票的贝塔值。

在理论上，就市场因子的贝塔值在 CAPM 模型中所起的作用而言，其反映的是决定期望收益率的风险，特别是坏年景表现糟糕的风险。估计 Alphabet 股票的贝塔值为 0.96，这意味着在坏年景，若市场资产组合损失其价值的 1%，则预期 Alphabet 股票仅损失其价值的 0.96%，使得其风险要稍小于市场资产组合。当市场资产组合损失其价值的 1% 时，市场因子的贝塔值为 1.50 的股票预期会损失其价值的 1.50%，这使得其比市场资产组合的风险要大。如威廉·夏普所言："经验记录或许表明，市场要比简单的 CAPM 所设想的复杂得多。但是期望收益率与坏年景表现糟糕的风险毫不相关，这也似乎是非常不可能的。"[10]

三因子资产定价实证模型

CAPM 模型预测，任意两项投资资产期望收益率的差异仅仅源自其市场因子贝塔值之间的差异。然而，大量的实现收益率经验证据与该预测并不相符，当根据 CAPM 模型测度实现收益率时会出现超额收益。一项 1977 年的研究发现，每股价格与每股盈利之比较低的股票随后实现的收益率要高于 CAPM 的预测；[11] 一项 1981 年的研究在小盘股（其股票总市值较小）上也得出了类似的结论。[12] 一项 1985 年的研究发现，每股价格与每股账面价值之比较低的股票随后实现的收益率要高于 CAPM 的预测；[13] 一项 1989 年的研究在托宾 Q 值较低的股票身上也得出了类似的结论，托宾 Q 值是公司所有证券的总市值（既反映了诸如机器设备等有形资产，也反映了诸如专利等无形资产）与公司有形资产的重置价值之间的比值。[14]

我们用"异象"这个术语来描述实现的收益率对资产定价模型（例如，CAPM）预期的收益率的偏离。在讨论异象时，我们所说的实现的收益率不是某一年某只股票实现的收益率。相反，他们是指某组股票（例如，一组小盘股）在几十年间实现的收益率。在几十年间小盘股组实现的收益率是一种异象，因为其收益率高于 CAPM 模型的预期。每股价格与每股盈利之比较低、每股价格与每股账面价值较低、托宾 Q 值较低的股票同样也是如此。

这些异象对 CAPM 模型提出了实证上的挑战，引发经济学家尤金·法玛和肯尼斯·弗兰奇在 1992 年提出了他们的三因子模型。[15] 该三因子模型是一种实证模型，先知道股票收益率与小－大和价值－增长因子之间的实证关系，接着给出上述关系的理论基础，认为小－大和价值－增长因子的贝塔在测度风险方面的效果要好于市场因子的贝塔。

市场因子通常用股票整体指数与国库券收益率之差来测度。小－大因子通过小盘股指数与大盘股指数收益率之差来测度。价值－增长因子通过价值股指数与增长股指数收益率之差来测度。价值股是指那些每股账面价值与每股价格之比较高（通常又被称为高账面市值比）的股票。增长股是指那些每股账面价值与每股价格之比较低（通常又被称为低账面市值比）的股票。在三因子资产定价模型中，一项资产的期望收益率是下述三者的函数：

1. 与市场因子相关的风险
2. 与小－大因子相关的风险
3. 与价值－增长因子相关的风险

考虑 Barrier 基金，该基金曾被称为 Vice（罪恶）基金。这是一个共同基金，"其设计目标为，通过投资有明显进入壁垒的行业的股票，获得超过 S&P 500 指数的风险调整收益。"其所选行业通常是有社会责任感的投资者有意规避的行业，包括烟草、酒类、赌博以及国防。[16]

根据 CAPM 模型，基于 2002 年 11 月到 2012 年 3 月的月度收益率数据，Barrier 的期望月收益率可以写为：

Barrier 的期望收益率 = 无风险利率 + 0.84 ×（市场因子的期望收益率）

根据三因子模型，基于相同时期的月度收益率数据，Barrier 的期望月收益率可以写为：

Barrier 的期望收益率 = 无风险利率 +

0.82×（市场因子的期望收益率）+

0.05×（小 – 大因子的期望收益率）–

0.05×（价值 – 增长因子的期望收益率）

小 – 大因子的贝塔为 +0.05，这意味着当小盘股票的收益率超过大盘股票时，Barrier 基金的期望收益率倾向于较高。价值 – 增长因子的贝塔为 –0.05，这意味着当价值股的收益率超过增长股时，Barrier 基金的期望收益率倾向于较低。三因子模型中市场因子的贝塔为 0.82，稍小于 CAPM 模型中市场因子的贝塔值 0.84，这是因为三因子模型在市场因子之上增加了小 – 大和价值 – 增长因子的影响。

实证证据及其理论基础

尤金·法玛与肯尼斯·弗兰奇一起提出了三因子模型，但是他对该模型或资产定价模型的总体状况并不满意。在 2008 年的访谈中，法玛说道："对于资产定价、风险、风险测度以及期望收益率和风险之间关系的测度，我们已经做了大量的工作，但结果仍然不怎么令人满意。例如，如果我们知道得更多，则法玛 – 弗兰奇三因子模型不会有这么大的影响力，因为它纯粹就是一个实证资产定价模型。我们调整模型以涵盖观察到的现象。该模型在学术圈使用，也用在其他任何地方。这反映了以下事实，为解释风险和收益而发展的更加正式的理论还表现得不够好。实证产生的理论，例如法玛 – 弗兰奇模型，似乎比依据理论构建的模型表现更好。"[17]

调整资产定价模型以涵盖观察到的现象，现在成为资产定价模型的通常做法。研究者们忙于"因子挖掘"。一项研究找到了 315 个统计上显著的与收益率相关的因子，并且强调说该数量还非常有可能被低估了。[18] 对于相关因子和收益率之间的关系，考虑到该关系可能仅仅反映了因子挖掘，它建议采取更加严格的标准来确定统计显著性。然而，因子与收益率之间较强的实证关系，并不能代替其背后的理论原理。

然而，法玛在贬低三因子模型，称其为"调整……以涵盖观察到的现象"时，过于苛刻了。诚然，下述这样是令人满意的——先提出诸如 CAPM 等理论，给出可检验的假说，然后用实证证据对其提供支持。若先有一种理论（例如，CAPM）提出出人意料的假说，而其背后的理论原理只有在理论被提出后才变得显而易见，这就更加令人满意了。对于下述假说——市场因子的贝塔（而非诸如其收益率的标准差等）才是对一项投资资产风险的测度，我们会感到吃惊。然而，一旦发现了实证关系背后的理论原理，则理论模型并不一定要优于实证模型。青霉素和 X 光起作用的原理是在人们已经找到关于其效果的确凿实证证据之后才发现的。

再次考虑餐饮定价模型。餐饮价格与各特质（例如，原材料、餐厅环境以及厨师将原材料做成诱人菜肴的技能）之间的关系在理论上存在某些原理。但是，高餐饮价格与周边较高的人均豪华轿车数量之间存在较强的实证关系，其背后的理论原理是什么呢？有可能是：人均豪华轿车数量是人均收入的代理变量，而收入和支付高餐饮价格的意愿之间存在关系。也或许是因为喜欢豪华轿车的人们也喜欢豪华餐饮。我们有可能找到一些检验方法指出其中之一是更加合理的。同时，在探究其理论原理时，我们或许会选择在餐饮定价模型中包含人均豪华轿车数量这个测度指标。

现在转向资产定价模型，考虑长达数十年的下述谜团——收益率、市场因子的贝塔以及收益率方差之间看似有悖常理的实证关系。在美国市场上，相比收益率方差以及市场因子的贝塔值较小的股票，收益率方差以及市场因子的贝塔值较大的股票的收益率明显较低。对这种有悖常理的关系，一种可能的理论解释要融合下述两种常见现象：一是个体投资者对风险的偏爱（这也反映在对彩票的需求中）；二是机构投资者要求限制套利活动（而套利活动本可以压低贝塔值较低股票的收益率而抬高贝塔值较高股票的收益率）。这种理论解释符合下述观察：在机构投资者变得更加重要时，收益率、收益率方差和市场因子的贝塔值之间看似有悖常理的关系会变强。[19]

对盈利能力溢价或"质量"溢价的理论解释仍然存在争议，这也进一步阐明了对资产定价因子与特质的标准解释与行为解释两者的一般争议。一些研究发现，高盈利公司股票会产生高于平均水平的收益率。经济学家罗伯特·诺维-马克斯（Robert Novy-Marx）发现总利润与总资产账面价值之比较高的公司会产生高于平均水平的收益率。[20] 经济学家雷·鲍尔（Ray Ball）及其合作者发现营业利润和股票收益率之间存在非常强的关系。[21]

盈利能力溢价背后的理论或许是标准的也或许是行为的。标准的理论将其解释为高盈利公司风险更大，其股票的更高收益是对其更高风险的补偿。行为的理论将其解释为，认知型错误导致某些投资者低估了高盈利公司的真实价值，而高交易成本限制了套利，而套利原本可以消除盈利能力溢价。确实，证券分析师们会系统性地低估高盈利能力公司股票的未来收益。[22]

鲍尔及其合作者认为，通过高盈利公司股票收益率高于平均水平的持续程度，可以区分标准和行为两种理论解释。他们发现，高于平均的收益率在长期也持续存在，进而认为这指明标准的基于风险的理论解释是正确的，因为根据他们的观点，对于收益率的认知型错误和有限套利仅可能在短期持续存在。然而，认知错误和有限套利在长期也可能会持续存在，这削弱了鲍尔及其合作者的观点。

资产定价模型中的暂时性与持久性因子

从持续期上来看，标准和行为资产定价模型中因子与收益率之间的关系可以是暂时性，也可以是持续性的。若背后的理论反映了持久的对功利性、表达性与情感性收益的欲望，或反映了持久性的认知型和情绪型错误，则该因子在资产定价模型中具有持久性的地位，例如，即使关于高风险股票与低风险债券之间收益率差异的知识广泛可得，高风险股票的期望收益率仍有可能超过低风险债券就属于这种情况。

在短至一天的时段，套利就可以消除因子与收益之间的暂时性关联。芝加哥交易所的交易者和大部分交易者一样，偏好不做实亏损，这与意向效应相一致。有证据发现，早晨蒙受损失的交易者在下午会通过冒更大风险努力实现盈亏平衡。他们的交易会影响价格，但是，其他交易者通过套利会快速消除其影响。[23]

经济学家大卫·麦克林（David McLean）和杰弗里·庞蒂夫（Jeffrey

Pontiff）考察了82个与收益相关的因子的持续期。他们的列表包括股价水平、一个月中最高的日收益率以及更为人所熟知的小－大、价值－增长与动量因子等。他们观察了三个不同时期（确定该因子的研究样本期、样本期之后但研究发表前的时期、发表之后的时期）的收益率。[24]

对于某因子和未来收益率之间的关系，在样本期之后若无明显的套利活动且关系消失，我们可以得出结论：两者之间实际上不存在真正的关系，发现的关系具有偶然性。如果有明显的套利活动且关系消失，我们就可以得出结论：该关系是真实但短期或暂时的，反映了某些投资者的欲望或认知型与情绪型错误，但是被其他投资者的套利行为消除了。如果有明显的套利活动且关系并未消失，我们就可以得出结论：该关系是持久性的，反映了某些投资者的欲望或认知型与情绪型错误，但未被其他投资者的套利行为消除。

麦克林和庞蒂夫观察到，一旦相关信息以工作论文的形式被公布后，与某因子相关的超额收益率通常会降低。一旦工作论文发表在期刊杂志上，超额收益率会进一步下降。作者们还观察到了套利的直接证据，例如，交易量和卖空数量的增加。当套利成本高昂时（例如，对于小盘股和低流动性股票），套利过程较缓慢并且效果较差。

》标准与行为原理的阐述

实证证据表明，小－大和价值－增长因子与随后的股票收益率相关联。但是，这种联系背后的理论是什么呢？可能的理论解释是标准的还是行为的呢？对于实证关系背后的理论，我们用小－大和价值－增长因子作为例子，来更一般性地考察与之相关的五个假说。其中前两个可被称为是标准的，而后三个可被称为是行为的。

1. 数据挖掘假说：股票收益率与小－大和价值－增长因子之间的实证关系源于"数据挖掘"。数据挖掘涉及在实际上数量无限的可能因子中，考察因子与收益率之间的关系。有可能发现很多较强的关系，但是，这些关系在过去出现是偶然的，未来不太可能再出现。

2. 风险假说：出现实证关系是由于小－大和价值－增长因子起到了风险指标的作用。特别地，小公司和价值公司股票的风险要高于大公司和增长公司股票。

3. 认知型错误假说：出现实证关系是由于认知型错误，例如，代表性，即投资者将过去较高的销售额、盈利和其他测度外推到未来，让该公司代表有较高未来销售额和盈利的公司，让其股票代表有可能产生较高未来收益率的股票。

4. 情绪型错误假说：出现实证关系是由于情绪型错误，例如，有误导性的情感。受尊敬公司会使人产生正向情感，而受唾弃公司会使人产生负向情感。大型和成长型公司经常受人尊敬，而小型和价值型公司经常遭人唾弃。对于大型和成长型公司，正向情感会产生正面光环，抬高其股票价格并压低其期望收益率。而对于小型和价值型公司，负向情感会产生负面光环，压低股票价格并抬高其期望收益率。

5. 想获得表达性和情感性收益的欲望假说：出现实证关系是由于人们想要获得大型和成长型公司带来的更高表达性和情感性收益，而不想获得小型和价值型公司带来的较低表达性和情感性收益。

□ 数据挖掘假说

数据挖掘假说是指下述论断：用 CAPM 模型来测度时，小型和价值型公司股票所得的正超额收益，大型和成长型公司所得的负超额收益，是在几乎无限数量的公司或股票特质中进行数据挖掘的结果，这些特质包括"规模"与"价值"，同时也包括红利收益、研发支出、前 52 周最高股价等等。费希尔·布莱克写道："很难克服数据挖掘问题，因为，历史收益率数据有很大局限性和噪声。"他补充说："我不知道如何设计实验来避免数据挖掘陷阱。"[25]

然而，在考察历史收益率的基础上，通过考察投资者对收益率的预期，我们可以避免数据挖掘陷阱。[26] 考虑账面市值比，我们用其来区分价值型公司（该比例较高）与成长型公司（该比例较低）。我们知道，实证证据表明账面市值比与随后实现的收益率之间存在较强的关系。如果收益率预期和账面市值比之间的关系较弱,则我们有理由怀疑账面市值比和历史收益率之间的关系可能是由于数据挖掘导致的。之所以有此怀疑是因为,投资者收益率预期与账面市值比之间的弱关联告诉我们,投资者在预期收益率时并未将账面市值纳入考量(纳入考量可能是有意的,即投资者知道公司的账面市值比,也可能是无意的,即投资者仅知道公司名称,而这些公司最终表现为某个账面市值比)。然而,如果投资者收益率预期与公司账面市值比或最终表现为某个特定账面市值比的公司名称之间存在强关联,则我们应该拒绝数据挖掘假说。

想象一项调查:告诉投资者公司名称及其所属行业,询问他们对这些公司股票未来收益率的预期。这实际上是《财富》杂志的公司声誉调查的一部分,其自1983年起每年进行一次。《财富》让公司高级管理人员、主管和证券分析师根据八项属性对其所属行业的公司进行评级:(1)管理质量;(2)产品或服务质量;(3)创新性;(4)长期投资价值;(5)财务稳健性;(6)吸引、培养和留住人才的能力;(7)对社区和环境的责任感;(8)明智使用公司资产的能力。

长期投资价值属性是公司收益率预期的代理变量。[27] 用股票收益率预期对账面市值比、总市值以及市场因子的贝塔进行回归,结果表明股票收益率预期与账面市值比和总市值之间的关系具有统计显著性。而数据挖掘假说推测它们之间存在弱关联,这与回归结果不符。

$$股票收益率预期 = 3.47^* - 0.54^* \times (账面市值比) + 0.31^* \times (总市值) - 0.05 \times (市场因子的贝塔)$$

*表示在0.01或更低的水平上统计显著。

❑ **风险假说**

如果对收益率的预期符合CAPM理论,则我们会发现收益率预期与市场因子的贝塔之间应该存在显著的统计关系,而其与账面市值比、总市值之间的关系应该不显著。然而,我们发现事实并非如此。相反,如前所述,我们发现收益率预期和市场因子的贝塔之间的关系在统计上不显著,而收益率预期与账面市值比、总市值之间的关系在统计上显著。因此，如果收益率预期的差异是由于风险差异所致，则该风险并非如 CAPM 模型所说的那样由市场因子的贝塔来反映。

尤金·法玛和肯尼斯·弗兰奇推测，在三因子模型中，高账面市值比和低总市值表明了高风险（参见本章注释 15）。若该推测为真，则我们应该发现有高账面市值比的价值股的收益率预期较高，大市值股票的收益率预期较低。然而，我们却发现高账面市值比股票的收益率预期较低，而大市值股票的收益率预期较高。因此，如果收益率预期的差异是由风险差异导致的，则该风险并非如三因子模型所说的那样由高账面市值比或小市值来反映。

在三因子模型中，小市值和高账面市值比所反映的风险或许是财务压力风险，该风险可能导致破产。财务稳健性是《财富》调查的一个公司属性，其可以被解释为对财务压力的测度，其中较低的财务稳健性对应着较高的财务压力。对于财务不稳健的股票，如果投资者期望高收益率，则我们应该发现财务稳健性较低的公司股票的长期投资价值应该较高。然而我们却发现财务稳健性较低的公司股票的长期投资价值较低。该结果与上述推测（即投资者期望从有财务压力的公司股票身上获得更高的收益率）相矛盾。与上述财务压力推测不相符的进一步证据是：虽然相比无财务压力的公司股票，有财务压力的公司股票有更高的标准差和市场因子贝塔值，但它们提供的收益率却较低。[28]

❑ **认知型错误假说**

认知型错误假说认为，收益率和账面市值比以及总市值之间的实证关系是由认知型错误导致的，尤其是下述错误信念：相比高账面市值比和小市值股票，低账面市值比和大市值股票会产生更高的期望收益率。

经济学家约瑟夫·拉格尼沙克（Josef Lakonishok）、安德烈·施莱弗（Andrei Shleifer）和罗伯特·维什尼（Robert Vishny）发现，价值股（其市净率与市盈率较低）要比增长股或"魅力"股（其市净率与市盈率较高）产生更高的收益率。[29] 他们还发现，相比价值股，"魅力"股在过去产生了更高的历史收益率，并且销售额和盈利有过更高的增长率。拉格尼沙克及其合作者假设投资者犯了错误，投资者根据过去较高的历史收益率、销售额和盈利增长率进行外推，得出随后较高的收益率、销售额和盈利增长率。这种趋势外推误导投资者相信，以后"魅力"公司股票要比价值公司股票产生更高的收益率，而实证证据表明价值公司股票随后产生的收益率更高。

托宾 Q 类似于市净率指标，但其涵盖范围更广。托宾 Q 是公司所有证券的总市值与其资产重置价值之间的比率。迈克尔·索尔特（Michael Solt）和迈尔·斯塔特曼假设，认知型错误误导投资者将托宾 Q 值较高、大市值和市盈率较高的股票认定为未来有可能产生较高收益的股票，而证据表明，平均而言此类股票会产生较低的收益率。[30]

拉格尼沙克及其合作者与索尔特和斯塔特曼的发现符合认知型错误假说。然而，拉格尼沙克及其合作者没有提供证据，证明投资者确实会根据过去的收益率、销售额与盈利增长率外推随后的收益率、销售额与盈利增长率。索尔特和斯塔特曼也没有提供证据，证明投资者确实认为托宾 Q、市值和市盈率与随后的股票收益率相关联。

在此情况下，认知型错误假说其实应被称为特质假说，因为其认为投资者考虑但误解了相关特质，例如，在观察到过去盈利高增长的特质之后，将其错误解释为表明随后盈利会高增长，进而会带来更高的股票收益率。

为检验特质假说，我们考虑下述实验。实验中高净值投资者要完成某个问卷，问卷仅提供公司及其股票的相关特质，不提供其名称或行业。表 10-2 是该问卷的一个删节版。[31] 三项特质分别为市净率、总市值和股票历史收益率，其中，最后一个特质与动量因子相关联。之所以使用市净率而非账面价格比的倒数是因为前者更为投资者所熟知。

表 10-2　被调查投资者仅能得到公司特质信息的问卷

公司	市净率	总市值	股票历史收益率	差									好
公司 1	低	高	平均	1	2	3	4	5	6	7	8	9	10
公司 2	平均	低	高	1	2	3	4	5	6	7	8	9	10
公司 3	平均	高	低	1	2	3	4	5	6	7	8	9	10
公司 4	高	低	高	1	2	3	4	5	6	7	8	9	10

各特质被分为三个等级：高、平均和低。三项特质共有 27 种可能的组合。给投资者的指令是："请观察各家公司的相关特质，并按你的感觉快速对其进行评分，评分尺度从差一直到好。不要花时间琢磨评分。仅快速利用你的直觉。"指令下方给出了各项特质的定义。

市净率是指股票价格与其账面价值之比；
总市值是指公司所有股票的总价值；
股票历史收益率是指前一年的股票收益率。

三项特质每种组合的得分是投资者评分的平均分。例如，对于低市净率、高市值和平均历史收益率这种组合，投资者赋予的分数为 5.67（最低分为 0，最高分为 10）。① 接着，根据每一项特质得分，股票都可以被归为三类：若某项特质在 210 家公司中位于前 70 位，则其所属类别为"高"，若属于中间的 70 家则分类为"平均"，若属于最差的 70 家则分类为"低"。思科公司的全部三项特质都属于"高"类，其股票是高市净率、大市值和高历史收益率的股票，因而其被赋予了 6.78 的分值。埃森哲公司的市净率和股票历史收益率属于"高"类，但是总市值属于"平均"类，其股票是市净率和历史收益率较高，但市值中等的股票，因此被赋予了 6.33 的分值。

如果投资者在估计未来收益率时考虑相关特质，例如，根据历史收益率进行趋势外推，则我们会发现较高的特质分数应对应着《财富》对长期投资价值的较高评级。然而，我们发现结果并非如此。《财富》评级对特质分数的回归系数为正，但统计上并不显著：

$$股票收益率预期 = 5.93 + 0.06 \times （特质分数）$$

该评级表明，即使情况乐观，其对认知型错误假说的支持力也较弱。

---

① 译者注：根据表 10-2，最低分应为 1。

❑ 情绪型错误假说

情绪型错误假说认为，股票收益率与账面市值比和总市值之间的实证关系是由于情绪型错误导致的，特别是由那些有误导性的情感导致的。

在未考虑公司的账面市值比或总市值之前，听到其公司名称后（不管是谷歌还是通用汽车），我们可能尊敬它，也可能鄙视它。公司及其股票，就像餐饮、汽车和房子一样，也会令人产生情感。我们通常会对它们赋予某种品质，或"好"或"差"，对于我们要评价的事物，这是一种快速并自动出现的感觉，通常是下意识的。[32]

我们这里所指的情绪型错误假说是：情感会造就光环于公司及其股票之上，进而误导投资者相信以下观点，即相比产生负向情感的公司股票，产生正向情感的公司股票会产生更高的收益率及更低的风险。情绪型错误假说的一个推测是，在投资者眼中，正向情感与长期投资价值相关联。通过考察由公司名称引发的情感与《财富》对长期投资价值的评级之间的关系，我们可以对该推测进行检验。

要求一组高净值投资者完成一个问卷，问卷仅列出了《财富》调查过的210家公司的名称、所属行业以及从差到好的10点情感评分表。表10-3是该问卷的一个删节版。[33] 给投资者的指令是："请看一下公司名称及其所属行业，并按你的感觉快速对其进行评分，评分尺度从差一直到好。不要花时间琢磨评分。仅快速利用你的直觉。"某公司的情感得分是被调查者给出评分的平均分。

表 10-3　被调查投资者仅知道公司名称及其所属行业的问卷

公司	所属行业	差　　　　　　好	从未听说过该公司
Apache	原油	1 2 3 4 5 6 7 8 9 10	○
Sara Lee	食品	1 2 3 4 5 6 7 8 9 10	○
Cardinal Health	医疗保健	1 2 3 4 5 6 7 8 9 10	○
Procter & Gamble	家居	1 2 3 4 5 6 7 8 9 10	○

结果表明，引发正向情感的公司名称倾向于导致更高的股票收益率预期，

其中收益率预期通过《财富》对长期投资价值的评级来测度。

这与情绪型错误假说相符合。

$$股票收益率预期 = 2.13 + 0.6^* \times [情感得分]$$

* 表示在 0.01 或更低的水平上统计显著。

情绪型错误假说还推测，公司名称及其带给投资者的印象是引发误导性情感的罪魁祸首，而非公司特质。

考虑以下对一组高净值投资者进行的实验：告诉他们公司名称、其所属行业和三项特质。股票的得分是被调查投资者评分的平均分。问卷要求："请看一下各公司名称、所属行业及其特质，并按你的感觉快速对其进行评分，评分尺度从差一直到好。不要花时间琢磨评分。仅快速利用你的直觉。"问卷指令下方给出了各特质的定义。

《财富》对长期投资价值的评级与基于公司名称、行业和特质的评分之间的 R^2 为 0.18，稍高于《财富》评级与仅基于公司名称和行业的评分之间的 R^2（0.17），这表明公司特质本身对投资者的评价几乎没有影响。该发现表明，数据支持情绪型错误假说，不支持特质版本的认知型错误假说。

情绪型错误假说的第二个推测是，对于使人产生正向情感的公司，情感光环导致投资者不仅预期其会产生更高的收益率，而且预期其会导致更低的风险。在另一项实验中，告诉两组高净值投资者 210 家公司的名称及其所属行业。要求一组投资者对各股票的收益率预期进行评分，要求另一组投资者对各股票的风险进行评分。股票的风险和收益率得分为投资者评分的平均分。收益率问卷给投资者的指令是："请看一下公司名称及其所属行业，并快速对其股票的未来收益率预期进行评分，评分尺度从 1（低）到 10（高）。不要花时间琢磨评分。仅快速利用你的直觉。"风险问卷给投资者的指令相同，只不过是将"未来收益率预期"这个词替换成了"风险"。公司的未来收益率预期和风险得分是被调查投资者评分的平均分。[34]

风险假设推测，更高的未来收益率预期伴随着更高的风险评价。然而，结果却表明更高的未来收益率预期伴随着较低的风险评价。

这也符合情绪型错误假说。

收益率预期得分 = 8.4 − 0.4* × （风险得分）

*表示在 0.01 或更低的水平上统计显著。

收益率预期得分、风险得分以及《财富》对长期投资价值的评级之间也存在联系。《财富》对长期投资价值的较高评分对应着较高的收益率预期得分。收益率预期得分的系数为正并且统计上显著。

股票收益率预期 = 2.7 + 0.6* × （收益率预期得分）

*表示在 0.01 或更低的水平上统计显著。

同样的，《财富》对长期投资价值的较高评分与较低的风险得分相关联。风险得分的系数为负并且统计上显著。

股票收益率预期 = 8.0 − 0.3* × （风险得分）

*表示在 0.01 或更低的水平上统计显著。

其他研究进一步支持了情绪型错误假说。[35] 让两组受试者看一份包含 30 个国家的名单。要求一组受试者对各国股价指数的未来收益率进行预期，而要求另一组对各国股价指数的风险进行评价。风险假说推测，较高的收益率预期伴随着较高的风险评价，然而，我们发现事实并非如此。相反，未来收益率预期较高的国家同时也是股票风险评价较低的国家。对学生和投资专业人士进行的实验也得出了类似的结论。[36]

被标普评为 A⁻、A 或 A⁺ 的股票通常是账面市值比较低、大市值、特质与低收益率预期有关的股票。然而，这些股票通常会吸引投资者，这很可能是因为 A 级常常与优秀相关。确实，投资者会被误导偏爱公司股票中的 A 类股胜过 B 类股，虽然 B 类股实际上更好，因为 B 类股不仅拥有 A 类股的所有好处，还有更多投票权。[37]

勒罗伊·格罗斯（Leroy Gross）在其股票经纪人手册中就没有犯这种情

绪型错误。相反他建议经纪人要对其加以利用。[38] "当选股并尝试大规模向多人出售时，我的基本要求之一是，股票必须被标普评级为 A^-、A 或 A^+。该评级基于对公司财务实力的评估。这种质量评级与未来价格可能的走向没有什么关系。"

格罗斯对其建议背后的原理进行了如下解释："在发行的高质量股票上亏钱的投资者通常会将其怒火发在市场身上，而不是发在推荐该股票的经纪人身上。在发行的低质量股票上亏钱的投资者，则常常会将其怒火发在经纪人身上，他们甚至会通过法律诉讼寻求赔偿。"

❑ **想获得表达性和情感性收益的欲望假说**

欲望假说认为，股票收益率与账面市值比和总市值之间的实证关系是由于投资者想要在大型 – 成长型公司（总市值较大和账面市值比较低的公司）股票上获得表达性和情感性收益的欲望所致。

区分欲望与错误并不总是很容易，因为某些欲望是隐性的而非显性的。当我们不愿意向他人甚至自己承认自己的欲望时，这种欲望就是隐性的。承认自己想要进行有社会责任的投资很容易，因而这种欲望可能是显性的。承认我们想要获得高社会地位却是比较困难的，进而这种欲望很可能是隐性的。

认知型错误或许会诱使投资者偏爱大型 – 成长型股票超过小型 – 价值型股票，相信前者要比后者带来更高的期望收益率。他们也可能——或明或暗地——想要获得受尊敬公司股票带来的表达性和情感性收益，这些股票常常是大型 – 成长型股票，而牺牲受"唾弃"公司股票更高收益率所带来的功利性收益，这些股票常常是小型 – 价值型股票。

总之，在解释股票收益率与账面市值比和总市值之间的实证关系时，证据支持情绪型错误和欲望假说，而非数据挖掘、风险和认知型错误假说。

❑ **标准和行为资产定价依据**

实证发现经常会符合多种理论解释或具有多种可能的依据。动量因子背后的可能依据就是一个例子。动量是指下述实证发现——相比同类股票，在 6 个到 12 个月期间内产生较高收益率的股票在接下来几个月里倾向于继续产生较高收益率，而收益率较低的股票倾向于继续产生较低收益率。美国212年（1801—2012年）的股票收益率明显存在动量，在美国之外同样如此。[39]

动量背后的依据可能是标准的。公司资产和增长机会作为最优投资选择的目标，是以可预测的方式变动的。这种趋势赋予公司系统性风险变动以可预测性，解释了动量的普遍性。[40] 公司特有风险也能产生动量。在市场和特定公司层面的商业风险会影响公司的投资决策，并且公司有一定能力预测公司特有风险，例如，由需求变动或技术创新导致的风险。当公司们根据其公司风险预测来调整运营时，它们就在市场风险基础上将公司特有风险施加在投资者身上。这两种风险一起造就了非线性风险溢价，这种非线性风险溢价同时解释了动量与市场、小–大、价值–增长三个因子。[41]

另外，动量背后的依据也可以是行为的。持有亏损股票的倾向反映了意向效应，其导致价格对新信息反应不足，进而导致动量。设想某个新闻，例如，令人欢欣鼓舞的抗癌药物测试结果，使得公司股票内在价值增加了20%。在所有投资者都是理性的市场上，股票的价格会立即上涨20%。然而，设想市场上有一些投资者是普通人，他们明显不愿做实亏损。进一步设想在宣布鼓舞人心的测试结果之前，这些人中有一些购买股票的价格超过了当时被普遍接受的价格。

随着股价上涨，迈向内在价值上涨20%的目标，股价水平会达到某些投资者以前的买价。这些投资者或许会急于售出股票，因为现在他们能够达到盈亏平衡，在不做实亏损的条件下注销股票心理账户。接着，这些售出压低了股票价格，延缓价格向内在价值上涨20%的目标迈进。本应立即上涨20%的价格或许会花几周甚至几个月的时间逐步上涨20%，这种逐步上涨被称为动量。基于共同基金数据的实证证据与该过程相一致。[42]

对于动量的另一种行为解释依据的是"温水煮青蛙"现象，相比全部信息同时出现，当信息一点一点地出现时，投资者不太会关注这些信息。随着股票价格的逐渐变化，连续不断的信息会导致动量。[43]

在推测不同环境下利用动量获利的能力方面，对动量的不同解释也有不同的推测结果。基于投资者过度自信的行为解释推测，在老练投资者较多的市场上利用动量获利较少。基于信息可得性的标准解释推测，在投资者的信息可得性差异较小的市场上利用动量获利较少。基于制度结构的标准解释推测，在资金管理者和投资者（其将投资管理委托给资金管理者）利益冲突较小的市场上利用动量获利较少。

对19世纪俄国股票市场的分析，检验了这些推测。在此时期俄国不存在委托投资管理，并且1893年出现的监管变动降低了信息可得性差异。结果发现在1893年前后，俄国股市的动量效应在大小上与现代市场类似，并且1893年后要强于1893年前，这支持了对动量的过度自信型行为解释。[44]

❑ **早期的行为资产定价模型**

CAPM模型面临的挑战不仅激发尤金·法玛和肯尼斯·弗兰奇提出了三因子模型，也激发赫什·谢夫林和迈尔·斯塔特曼在1994年提出了早期的行为资产定价模型。这些挑战包括，股票历史收益率与市场因子贝塔之间弱关联、股票历史收益率与总市值和账面市值比之间强关联。[45]

在该模型中，起作用的是认知型错误，但非情绪型错误或想获得表达性和情感性收益的欲望。模型中的认知型错误表现为代表性错误，反映在下述倾向中：通过外推历史收益率或预期发生反转来形成收益率预期。易犯代表性这种认知型错误的倾向在第3章"认知型捷径与错误"中进行了介绍。

模型认为投资资产的价格是两类交易者像司机一样争夺价格"方向盘"的结果，其中一类为"信息型司机"，另一类为"噪声型司机"。信息型司机是理性的司机，不会犯认知型错误；而噪声型司机是普通司机，易犯认知型错误。

在所有司机都是信息型司机的市场上，证券价格等于其内在价值。此外，在这种市场上，市场资产组合位于均值-方差前沿上。但在某些司机是噪声型司机的市场上，价格会偏离内在价值，他们会沿着其认知型错误的方向引导价格。在此种市场上，市场资产组合不再位于均值-方差前沿上。相反，均值-方差前沿资产组合会向小型和价值型股票倾斜。具体而言，在均值-方差前沿资产组合中，小型和价值型股票的配置比例要超过其在市场资产组合中的配置比例。相反，大型和成长型股票的配置比例要小于其在市场资产组合中的配置比例。

日渐明显的是，投资者对收益率的预期会在引导价格方面发挥重要作用。经济学家尼古拉斯·巴尔贝里斯、罗宾·格林伍德（Robin Greenwood）、劳伦斯·金（Lawrence Jin）和安德烈·施莱弗融合投资者对收益率的预期，提出了 X-CAPM 资产定价模型。与谢夫林和斯塔特曼的模型相似，该模型也显示非外推型的理性投资者和普通的外推型投资者之间存在相互影响。[46]

特别地，利好消息（例如，意料之外的高盈利）会提高股票内在价值，进而推动股价上涨。趋势外推者预期股价会进一步上涨，进而购买股票并推动股价超出内在价值。非趋势外推者了解趋势外推者的交易的影响，并正确地预期未来价格会较低，但是，他们不能或不愿进行充分套利（套利会压低股价直到与其内在价值相等）。随着利好消息的影响逐渐变小、利空消息的出现以及趋势外推者售出股票，被抬高的价格最终会下降。

然而，行为资产定价模型要考虑的，必须超越投资者的认知型错误。情绪、心境、情感也很重要，它们会以情绪型错误或情感性收益和成本的形式产生影响。例如，足球、板球、英式橄榄球、篮球比赛失利会导致人们产生负面情绪并影响股价变动。足球世界杯淘汰赛阶段，平均而言，每场比赛会导致第二天的超额收益率达到 –0.49%。[47]

情绪、心境和情感对股价的影响还明显体现在以下观察上：在传统新年所属月份，股票倾向于产生特别高的收益率。一项研究对 10 个主要国家的股票进行了考察，它们分别庆祝 4 个不同的传统新年假日（都不在 1 月 1 日进行），结果发现证据与下述假设最为相符：投资者在庆祝节假日时的振奋心情导致看涨情绪，进而股价上升。在传统新年所属月份，股票平均月收益率要比除 1 月外的其他月份高出 1—3 个百分点。另外，相比其他股票，有大量个体投资者参与的股票明显会产生更高的收益率。[48] 最后，除了功利性收益，行为资产定价模型还必须考虑投资者想要获得表达性和情感性收益的欲望。

》行为资产定价模型

类似于标准资产定价模型，行为资产定价模型也是因子或特质模型，要么以关于因子或特质的理论依据为起点，又或者要努力找到实证发现的因子或特质背后的理论依据。然而，在理论依据的广度上，行为资产定价模型与标准资产定价模型有所不同。行为资产定价模型的理论依据涉及想要获得功利性、表达性和情感性收益的欲望，并且存在认知型和情绪型错误；而标准资产定价模型的理论依据仅局限于想要获得功利性收益的欲望，并且投资者会免于认知型和情绪型错误。

我们可以通过下述例子来阐明行为资产定价模型：在市场、小-大、价值-增长和动量因子四因子资产定价模型基础上，增加两个社会责任因子。第一个因子反映了认知型错误，为"高-低"因子，即按五项社会责任标准排名较高与较低公司的股票收益率之差异。这五项因子是：社区关系（例如慷慨捐赠、住房支持）、多元化（例如女性与少数族裔晋升、丰厚的家庭福利）、劳资关系（牢固的工会关系、利润分享）、环境（例如污染防治、循环利用）与产品（例如，产品质量与安全、为经济困难者提供产品）。

第二个因子反映了想要获得表达性和情感性收益的欲望，是"接受-回避"因子，即对有社会责任感的投资者而言，被普遍接受和回避公司的股票收益率之差异。被回避的股票包括：酒类、烟草、博彩、枪械、军事和核工业。[49]

低估无形资本（例如，体现在良好的劳资和社区关系上的无形资本）是一种非常易犯的认知型错误，因为无形资本的成本会立即体现在较低的当前收益上，而其体现在未来的收益并不明显。[50]我们知道，按五项社会责任标准整体排名较高公司的股票收益率较高；并且我们认为这种高收益和高-低因子背后的认知型错误是对无形资本的低估。[51]

气候变化和股价之间的关系是一个很好的例子。气候变化看似与金融毫不相关并且无形无象，因而有可能被投资者低估。一项研究考察了干旱（其对农作物而言是最具破坏性的自然灾害）与食品公司现金流之间的关系。结果发现，某国一场持续性干旱——通过帕尔默干旱强度指数（Palmer Drought Severity）测度——预示着该国食品公司的股票收益率会较低。研究者们认为其发现提高了人们对低估气候风险问题的关注，并要求披露公司面临的此种风险。[52]

对于有社会责任感的投资者而言，投资酒类、烟草、博彩、枪械、军事和核工业公司股票，会增加表达性和情感性成本，因为这些行业违反了社会规范。[53] 一项对被回避和被接受公司股票相对收益率的研究发现，被回避公司的股票要比被接受公司的产生更高的收益率，这符合下述论点：持有被回避公司的股票会产生表达性和情感性成本，在行为资产定价模型中，接受－回避因子背后的理由在于想要避免此种成本。[54]

许多投资者都知道在不同欲望之间存在权衡取舍；为了避免投资被回避公司的股票，某些投资者愿意用功利性期望收益换取上述表达性和情感性收益。基督教友爱会的财务经理说，其教会成员经常询问，他们是否通过拒绝购买被回避公司股票牺牲了收益率。接受捐赠和遗赠的教堂会众代表也经常被这样询问。从个人立场来看，代表们或许会同意拒绝购买被回避公司股票，但作为受托人，他们必须考虑投资收益率与坚守教会价值观之间的权衡取舍。[55]

通过 MSCI-ESG（摩根士丹利国际资本——环境、社会与治理）数据可以构建社会责任因子。MSCI-ESG 的员工们根据社会责任的各项标准（社区关系、多元化、劳资关系、环境与产品），分析与公司优势相关的信息以及公司对这些标准的关注度。对于标准列表中的某项指标（例如，慈善捐赠），若公司展现出优势则赋予 1 分，否则赋予 0 分。若公司档案记录提起了其对列表中某项指标的关注（例如，投资争议），则赋予 1 分，否则赋予 0 分。

要构建两个社会责任因子，首先要计算各公司在某年年末的高－低与接受－回避得分。将这些得分与随后 12 个月的股票月度收益率进行匹配。根据五项社会责任标准，评分位于前 1/3 的公司股票构成的资产组合为"高"资产组合，评分位于后 1/3 的公司股票构成的资产组合为"低"资产组合。高－低因子是上述两资产组合月度收益率之差。

类似地，"被接受"资产组合由被接受公司组成，而"被回避"资产组合由被回避公司组成。被接受－被回避因子是指上述两资产组合收益率之差。在包括市场、小－大、价值－增长和动量的四因子资产定价模型上，会加上这两个社会责任因子，作为第五个和第六个因子。

对于 Barrier 基金和 Vanguard 500 基金的六因子模型，表 10-4 对其进行了并排比较。[56] Barrier 基金的被接受－被回避因子的贝塔值为 -0.40，表明其不倾向于选择被接受公司股票，符合其偏向被回避公司股票的特征。Vanguard

500 基金无此种偏好，这体现在其可忽略不计的被接受 – 被回避因子贝塔值 0.01 上。Barrier 基金的高 – 低因子的贝塔值为 –0.05，表明其不倾向于选择"高"类公司股票；Vanguard 500 基金该因子的贝塔值为 0.03。两者该因子的贝塔值差异不像接受 – 回避因子的贝塔值差异那么大。

表 10-4 Barrier 基金和 Vanguard 500 基金的六因子模型比较

	Barrier 基金	Vanguard 500 基金
阿尔法（年化）	1.48%	–0.68%
市场因子的贝塔	0.87	0.98
小 – 大因子的贝塔	0.15	–0.16
价值 – 增长因子的贝塔	–0.11	0.01
动量因子的贝塔	0.11	0.00
高 – 低因子的贝塔	–0.05	0.03
被接受 – 被回避因子的贝塔	–0.40	0.01

Barrier 基金市场因子的贝塔值低于 Vanguard 500 基金，这表明当股市的收益率上下波动时，其收益率上下波动的幅度要小于 Vanguard 500 基金。Barrier 基金的小 – 大因子贝塔值为正，表明其偏向于选择小盘股，而 Vanguard 500 基金的小 – 大因子贝塔值为负，表明其偏向于选择大盘股。Barrier 基金的动量因子贝塔值为正，表明其偏向于选择动量股票，而 Vanguard 500 基金的动量因子贝塔值近乎为 0，表明其无此种偏向。

Barrier 基金的超额收益率（阿尔法）为正，表明其实现的收益率超过了六因子模型所预期的收益率。而 Vanguard 500 基金的超额收益率为负，表明其实现的收益率低于六因子模型预期获得的收益率。

经济学家罗伯特·斯坦博（Robert Stambaugh）和余元（Yu Yuan）提出的四因子模型为行为资产定价模型提供了另一种阐释。[57] 他们注意到前期研究确定了很多异象，在这些异象中实现的收益率要高于或低于三因子模型的预期。构成这些异象背后的理由很可能是行为的。

基于 11 项他们认为是由情绪驱动的重要异象（这些异象与净股票发行量、净营业资产、资产增长、动量和总盈利能力等有关），斯坦博和余元构建了两个因子。他们将这两个因子与市场因子以及小－大因子组合在一起建立了四因子模型。

相比替代模型，斯坦博和余元发现其四因子模型（两个情绪因子加市场与小－大因子）能够更好地解释上组11个异象。他们指出，不管期望收益率反映的是标准的风险理由，还是行为的情绪理由，该因子模型都很有用。标准和行为的理由或许一起构成了资产定价模型中因子或特质的基础。

❑ 资产定价模型中的因子和特质

因子资产定价模型较容易估计。共同基金收益率的因子模型仅需要基金以及因子的收益率来估计因子的贝塔值。但是在因子模型中，因子的贝塔值或许是对特质的有偏测度。特质资产定价模型是因子资产定价模型的替代模型，其用公司或股票特质（例如，某公司是被接受的还是被回避的）来替换诸如被接受－被回避等因子。

考虑拉斯维加斯的赌场，其属于被回避公司组。其被接受－被回避因子贝塔值的符号有可能为负，而其收益率倾向于较高。现在考虑位于这些赌场附近的一个超市。当赌场收益率较高时，超市的收益率也可能较高，因为赌场顾客也可能是超市顾客。临近赌场或许导致超市的被接受－被回避因子贝塔值为负（与赌场的一样），这意味着超市属于被回避组。然而，其特质或许很可能是被接受公司特质。

然而，相比因子模型，特质模型很难估计。要测度某股票型共同基金的特质，要求我们"打开"基金并测度其所持各股票的特质。设想我们"打开"了某股票型共同基金。对于基金在某季度持有的每一只股票，按五项社会责任标准对其进行评级，级别为高、中、低。例如，若按劳资关系公司排名前1/3，则公司股票在劳资关系上获得 +1 分，若排名后 1/3 则得 −1 分，若排名在中间 1/3 则得 0 分。在社区关系、环境保护、多元化和产品其他四项标准上对各股票进行类似评级。若股票在五项标准上都得 +1 分，则其在高－低特质上得到最大分数 +5 分；而股票的最低得分为 −5 分。基金在高－低特质上的得分为其持有股票在该特质上得分的平均值。

共同基金的被接受－被回避特质得分的计算方法类似。若公司属于被接受组,则股票得分为 +1;若公司属于被回避组,例如,烟草、军工、博彩以及类似行业,则得 –1 分。基金的接受 – 回避特质得分是其持有股票得分的平均值。

因子的贝塔值有时与特质得分相一致。Parnassus Workplace 基金有相对较高的高 – 低特质得分,并对应着较高的高 – 低因子贝塔值。LKCM Aquinas Small Cap 基金的高 – 低特质得分为负,并对应着负的高 – 低因子贝塔值。

然而,有时因子与特质却不相一致。对于 Barrier 基金,因子模型得出的被接受 – 被回避因子贝塔值为负;对于 Vanguard 500 基金其被接受 – 被回避因子贝塔值为较小的正数。该结果意味着 Barrier 基金不倾向于持有被接受公司的股票,而 Vanguard 500 基金并非如此。对于 Barrier 基金,其被接受 – 被回避特质得分相应为负,而 Vanguard 500 基金的被接受 – 被回避特质得分相应为正。然而,对于高 – 低因子的贝塔,虽然 Barrier 基金和 Vanguard 500 基金的因子模型表明两者相似,但它们的高 – 低特质得分却差异很大,Barrier 基金的得分要远远低于 Vanguard 500 基金。

▶ "聪明的贝塔"与资产定价模型

CAPM 模型中市场因子所指的资产组合是市场资产组合。它是所有资产以各自市值加权的资产组合,其中,各资产的权重为其市值占所有资产总市值的比例。根据 CAPM 理论,以市值加权的资产组合不仅位于均值 – 方差前沿上,而且若同时允许借贷,其还提供了期望收益率与标准差的最佳组合。实际上,该市场资产组合也是所有因子模型中市场因子所指的资产组合。

但是,如果市场资产组合位于均值 – 方差前沿下方,会怎么样呢?若位于均值 – 方差前沿上的资产组合,偏向于小盘股和价值股,以至于它们在均值 – 方差有效前沿资产组合中的比例超过了其在市场资产组合中的比例,结果会怎样呢?若位于均值 – 方差前沿上的资产组合带有获得超额收益这种额外目标(例如,倾向于动量股票),导致其进一步偏离市场资产组合的构成比例,结果又会怎样呢?

"聪明的贝塔"资产组合是指资产比例偏离了市场资产组合构成比例的

资产组合，其目标是使所获期望收益率与标准差之比高于市场资产组合。[58]偏向小盘股和价值股的资产组合是聪明的贝塔资产组合；不仅偏向于小盘股和价值股，同时偏向动量股以及其他能带来正超额收益的股票特质，这样的资产组合也是聪明的贝塔资产组合。

我们可以这样认为，聪明的贝塔资产组合或指数反映了行为资产定价模型。模型中资产组合期望收益率之间的差异不仅取决于其市场因子的贝塔，同时还取决于其他因子的贝塔。这些因子包括小－大因子、价值－增长因子、动量因子、高－低因子、被接受－被回避因子和其他将高期望收益资产组合与低期望收益资产组合区分开的因子。

AQR 是一家大型投资公司，在其聪明的贝塔资产组合中，它在市场因子基础上额外选定了四个因子。它们是价值因子，反映了相对"便宜"资产的业绩好于相对"昂贵"资产业绩的倾向；动量因子，反映了资产近期的相对表现会持续到较近的未来的倾向；承载因子，反映了高收益资产比低收益资产产生更高回报率的倾向；防御因子，反映了低风险且高质量的资产会产生更高的风险调整收益的倾向。[59]

》结 论

和标准资产定价模型一样，行为资产定价模型也是因子或特质模型，要么以关于因子和特质的理论依据为起点，要么努力发现实证得到的因子和特质背后的理论依据。行为资产定价模型与标准资产定价模型在理论依据的广度上存在差异。行为资产定价模型的理论依据涉及想要获得功利性、表达性和情感性收益的欲望，并且存在认知型和情绪型错误；但标准资产定价模型的理论依据仅局限于想要获得功利性收益的欲望。

金融学上的行为和标准资产定价模型两者实际上都处在发展过程中，这体现在两方面。首先，随着仅由市场因子构成的单因子模型扩展为包括市场、小－大、价值－增长因子的三因子模型，然后进一步扩展并包括了动量因子，且目前该因子列表仍处于扩充状态中。其次，发现的因子背后的理论依据并未一锤定音。对于小－大、价值－增长因子背后的理论依据，其可以是想获得低风险带来的功利性收益的欲望（这符合标准资产定价模型），也可以是想获得功利性、表达性和情感性收益的欲望和同时出现的认知型和情绪型错误（这符合行为资产定价模型）。

实际上，处于演进状态的基于因子的行为资产定价模型与同样处于演进状态的基于因子的标准资产定价模型两者看起来非常相似。例如，若我们得出结论：小－大与价值－增长因子背后的理由是想获得低风险带来的功利性收益的欲望，则我们可以将三因子资产定价模型归类为标准资产定价模型；若我们得出结论：两因子背后的理由是欲望与认知型和情绪型错误，则我们可以将上述三因子模型归类为行为资产定价模型。若我们得出结论：因子背后的理由有可能是行为的也有可能是标准的，我们就可以让两类模型争出高下。

如果我们要区分想获得功利性收益的欲望、想获得表达性和情感性收益的欲望以及认知型和情绪型错误，我们还必须知道更多。然而，要区分由特定欲望和错误导致的选择，其在概念上的重要性要远大于实践上。错误和欲望一样，都可持续存在——投资者受认知型和情绪型错误驱动进行交易，进而对资产价格产生影响。该影响与其他投资者受功利性或表达性与情感性收益欲望驱动对价格造成的影响，并没有什么不同。

行为资产定价模型可以包含多少因子呢？较长的因子清单会使模型更全面但也更难以处理。较短的因子清单会使模型较易处理但不够全面。随着我们对全面性模型的优点与缺点进行权衡取舍，行为资产定价模型会随着时间的推移而演进。随着实证证据和理论支持加入或删除某些因子，行为资产定价模型也会随着时间的推移而演进。

CHAPTER 11
Behavioral Efficient Markets

第 11 章
行为有效市场

诺贝尔奖委员会决定将 2013 年诺贝尔经济学奖同时授予尤金·法玛和罗伯特·席勒,这让许多人感到困惑。华尔街的金融家兼评论员史蒂芬·拉特纳(Steven Rattner)写道:"如果你想知道是否有可能经常性地战胜股票市场,那么今年你不会从诺贝尔奖委员会那里得到任何启示。"[1]

拉特纳将席勒放在一端,说他"主张市场经常是非理性的,进而是可被战胜的。"他将法玛放在对立端,并将他描述为"市场是有效的这种观点之父",他的"追随者们相信,尝试战胜市场的投资者注定会失败"。

有效市场假说是标准金融学的核心,而许多人认为行为金融学推翻了该假说。确实,许多人认为推翻有效市场假说是行为金融学最重要的贡献。然而,若不区分两种类型的有效市场及相应的有效市场假说——价格等于价值型市场假说与难以战胜型市场假说,那么讨论将都是空泛的。若不能解释为什么那么多投资者相信市场能够被战胜,则这些讨论也是有所欠缺的。

行为金融学提供的证据不符合价格等于价值型市场假说,但总体上符合难以战胜型市场假说。在市场实际上难以战胜的情况下,行为金融学也解释了为什么那么多投资者相信市场能够被战胜。

价格等于价值型市场是指投资价格总是等于其内在价值的市场,价格等于价值型市场假说认为投资价格总是等于其内在价值。难以战胜型市场是指某些投资者能够战胜市场并持续获得超额收益率,但是大部分投资者却无法做到。超额收益率通常是指超出平均的收益率。更确切地说,根据正确的资产定价模型预期会获得某个收益率,而超额收益率是指超出该收益率的收益率。

价格等于价值型市场是不可能被战胜的，因为获得超额收益要利用价格与内在价值之间的差额，而该差额在价格等于价值型市场中并不存在。但是难以战胜型市场未必是价格等于价值型市场，价格或许会极大地偏离内在价值，远离价格等于价值型效率，但偏离很难被及时识别，或很难利用它来获取超额收益。换言之，市场或许会丧失理智，但认识到这一点并不能让你成为精神病医生。

标准金融学的理性投资者知道市场难以战胜，但行为金融学描述的普通投资者却相信市场容易被战胜。实际上，大部分尝试战胜市场的投资者最终都被市场战胜了。此类投资者被认知型和情绪型错误所误导，或者愿意牺牲收益率或功利性收益来换取表达性收益（由"主动型"而非"被动型"投资者的形象带来）和情感性收益（由有希望击败市场带来）。

经济学家肯尼斯·弗兰奇估计，如果主动型投资者（那些努力战胜市场的投资者）抑制自己不去尝试战胜市场，而是选择被动型的、保持与市场持平的低成本指数型基金，则他们本可以平均每年节省其投资总额的0.67%。[2] 约翰·博格尔（vanguard集团的创始人）估计的可能节省的比例甚至更高。[3]

弗兰奇问："为什么主动型投资者会持续不断地进行负和博弈呢？"他从行为金融学中找到了答案。部分答案是无知。许多投资者未注意到主动型投资者的收益率平均而言要低于被动型投资者。

部分答案是金融公司或媒体有意或无意地利用投资者的认知型和情绪型错误。常见的是利用易得性错误。有一小撮金融公司看好被动型而非主动型基金，但其透露的总体信息是用主动型基金打败市场很容易。该信息被金融媒体进一步强化，它们会撰写关于股价背离价值以及基金经理利用这种背离战胜市场的故事。

利用交易者的过度自信错误也很常见。过度自信导致过度交易。此外，过度相信自己在战胜市场方面有超过平均水平能力的交易者，即使知道频繁交易者的平均收益率要低于购买后就持有的被动型投资者，也不太可能会气馁。

还有部分答案在于获得表达性和情感性收益的欲望。某些投资者愿意牺牲更高的期望收益率带来的功利性收益，以换取战胜市场所带来的表达性和情感性收益。其他投资者愿意牺牲被动型共同基金的低成本和分散化特征所带来的功利性收益，以换取拥有属于自己的独立账户所带来的表达性和情感性收益。

表 11-1 是两种版本的有效市场和两种与之对应的有效市场假说。

表 11-1　两种版本的有效市场和两种与之相对应的有效市场假说

1. 价格等于价值型市场——投资价格总是等于其内在价值的市场
2. 难以战胜型市场——某些投资者能够战胜市场，但是，大部分投资者却难以战胜市场

❏ 内在价值

约翰·博尔·威廉姆斯（John Burr Williams）1938 年在其原本很严肃的专著《投资价值理论》（*the Theory of Investment Value*）中用一首歌谣阐释了内在价值。[4] 他比较了股票与鸡和奶牛。

"养牛是为了挤奶，
养鸡是为了下蛋，
买股票，见鬼，却是为了它的红利。"

一头奶牛的内在价值是其生命期所产牛奶以及生命期结束后所产牛肉的预期净收入的净现值。理性的农夫所关心的仅是这些净收入，在购买奶牛时，愿意支付的价格不会超过其内在价值。在价格等于价值型的奶牛市场上，奶牛的价格总是等于其内在价值。类似地，股票的内在价值是其生命期内预期红利的现值，并且理性投资者关注的仅是这些。在价格等于价值型的股票市场上，股票的价格总是等于其内在价值。

股票的内在价值由公司生命期内的预期红利决定，包括在其生命期结束时所获预期红利（若破产则为零，若被另一家公司收购则可能为数十亿）。红利是在许多年里分期获得的。货币的时间价值与下述观察相关联，即未来所获金钱（即使数量确定）的价值要比今天所获金钱的价值更低。我们要对未来预期红利进行折现,以考虑股票所要求的收益率,该收益率要由正确的资产定价模型确定。该模型要考虑功利性收益与成本,例如,风险成本,还要考虑表达性和情感性成本与收益。要求的收益率也被称为期望收益率或权益成本。股票的内在价值是在公司的预期生命期内,按股票要求的收益折现后的预期红利之和。理性的投资者绝不会购买价格超过内在价值的股票。

❑ **价格等于价值型市场和难以战胜型市场**

拉特纳将自己描述成"整个职业生涯都集中于投资经理人评价的人",他支持席勒的看法,因为他曾"见过许多持续战胜市场的投资者",其中包括沃伦·巴菲特。

沃伦·巴菲特阐明了价格等于价值型市场与难以战胜型市场之间的区别,以及将两者一起归为有效市场时所引发的困惑。巴菲特正在考虑购买公民保险(Citizens Insurance)债券,其由佛罗里达州政府创立,并由政府税收支持,承保范围涉及飓风灾害。巴菲特所属伯克希尔–哈撒韦公司从公民保险债券销售者那里收到了三种报价:一种报价收益为11.33%,一种为9.87%,一种为6%。巴菲特说:"都是同样的债券,在同样的时间,相同的承销商。并且都是大宗发行。这并不是什么微不足道的异象,学术圈每次发现与其有效市场理论不符的现象时,都喜欢这样说。"[5]

巴菲特提到了"有效市场",其实,用价格等于价值型市场这个术语或许更为确切。如巴菲特所说,公民保险债券的故事是一种异象,违反了这些债券市场是价格等于价值型市场的论断。每张公民保险债券的内在价值与其他任何公民保险债券的内在价值都是相同的,因为他们在所有特征上都相同。这些债券以不同价格销售的事实违反了其市场是价格等于价值型市场的论断,因为,三种不同的价格不可能都等于其内在价值。两种价格(甚或是三种价格)必定偏离了内在价值。

然而,难以战胜型市场不同于价格等于价值型市场。在价格等于价值型市场上,价格总是等于内在价值,而在难以战胜型市场上,价格有时会偏离内在价值。如果大部分投资者发现难以持续获得超额收益,则市场就是难以战胜的。

巴菲特警告投资者，不要因为有证据表明市场不是价格等于价值型市场，就草率得出市场是容易战胜的结论。当被问及："你给非职业投资者的建议是什么？"巴菲特说："嗯，如果他们不打算成为主动型投资者——不应有太多人尝试这样做——则他们应该仅投资指数型基金，可以是任何低成本的指数型基金……在选择适当的价格和适当的时点方面，他们不会过于才华出众。"

2008年1月1日，巴菲特下了大约32万美元的赌注，赌Vanguard 500的一个基金类别Admiral Shares（其是一个追踪S&P 500指数的共同基金），在未来10年会战胜对冲基金选出的资产组合。赌局的另一方是对冲基金公司Protégé Partners，其也下相同数量的赌注，赌其选出的对冲基金会打败Vanguard 500基金。双方用全部赌资购买零息债券，这些债券到2017年12月31日会增长到100万美元，该笔资金将用于慈善——若Protégé获胜捐给Absolute Returns for Kids，若巴菲特获胜则捐给Girls Inc.。

Protégé主张"有能力去芜存菁的（对冲）基金所获收益，足以补偿客户支付的额外费用"，并提到Paulson & Co.对冲基金也是其投资对象。约翰·保尔森通过做空与次级贷有关的投资为其公司赚了数十亿美元利润。但巴菲特说："在投资市场上，许多异常聪明的人尝试努力做到超越平均水平。他们可以被称为主动型（战胜市场型）投资者。与之对立的是被动型（指数型）投资者，根据定义其会做到平均水平。"但是，对冲基金投资者不太可能战胜其成本。巴菲特得出结论说："平均而言，随着时间推移，投资者投资低成本的指数型基金会好于投资一组对冲基金。"[6]

2014年年末，10年赌约过去了7年，Vanguard 500基金的收益率为63.5%，而Protégé对冲基金的收益率为19.6%。Protégé的泰德·赛德斯说："现在的机会在于，我们需要看到一波严重的市场萎缩行情，以使我们的分类账户实现巨幅回调。"[7]Protégé的机会在2015年有所改善，其基金获得1.70%的收益，而Vanguard 500基金仅获得了1.36%。但从十年来看，机会仍然对Vanguard 500基金有利。[8]

Palm Pilot从母公司3Com的剥离进一步阐明了，价格等于价值型市场与难以战胜型市场之间的区别。该剥离发生在2000年年初互联网热潮顶峰时期。[9]最初，Palm Pilot仅向投资者出售了5%的股份，另外95%仍由3Com保有。

投资者对 Palm Pilot 股票的购买热情如此之高，以至于使其价格暴涨，仍由 3Com 持有的那 95% 的 Palm Pilot 股票的总市值大大超过了 3Com 股票的总市值，这意味着一个令人啼笑皆非的结论：3Com 的其他业务价值为负。而更有可能的结论是，3Com 股票的价格远低于其内在价值，或者 Palm Pilot 股票的价格远超其内在价值，或者两者同时存在。

Palm Pilot 和 3Com 股票的价格不符合价格等于价值型市场假说，然而，却符合难以战胜型市场假说，因为，投资者不能通过套利战胜市场，进而在此过程中消除价格与内在价值之间的差距。

套利本可以如此进行，即卖空 Palm Pilot 股票（其价格高于内在价值），并同时买进 3Com 股票（其价格低于内在价值）。然而，人们却无法这样执行套利，因为，卖空 Palm Pilot 的股票要求从拥有该股票的投资者处借入股票，然而，没有足够多的 Palm Pilot 股票用来出借，因为，几乎所有的股票都由 3Com 拥有。最终，随着 3Com 售出更多 Palm Pilot 股票，其价格开始跌向其内在价值。

如果投资者想要的只不过是战胜市场，则他们或许不太关心市场是否是价格等于价值型的。但是，每个人都应关心市场是否是价格等于价值型的，因为，此类市场对于经济中资源（不管是劳动力还是资本）的正确配置至关重要。而经济中资源的正确配置对所有人都有好处。

设想在某股票市场中，一软件公司的股价为 100 美元每股，超过了其 60 美元的内在价值。该公司的管理层选择以 100 美元每股的价格售出 1 万股股票，总计 100 万美元，并使用相应收入购买设备并雇用员工，扩展其业务。若售出 1 万股股票仅能获得 60 万美元，他们就会放弃扩展业务。

现在设想某生物科技公司，其每股价格为 60 美元，低于其 100 美元的内在价值。该公司的管理层选择放弃扩展业务，因为售出 1 万股股票仅能获得 60 万美元；若每股价格为 100 美元，售得 100 万美元，则他们会选择扩展业务。

这是一个资源未被正确配置的例子。资源以设备和人员的形式配置给了软件公司，但如果它们配置给生物科技公司，则总体上会对我们更有益。

❑ **价格等于价值型市场假说**

价格等于价值型市场假说认为所有投资的价格始终等于其内在价值。很难直接检验该假说,因为估计投资的内在价值是困难的。该问题导致人们常常用难以战胜型市场假说来代替价格等于价值型市场假说,但是,通常又不会言明,即隐含假设为两假说是相同的。然而,两者是有差异的。价格等于价值型市场不可能被战胜,而难以战胜型市场未必是价格等于价值型市场。

价格等于价值型市场假说隐含着的一个推论是:价格的变动等于内在价值的变动,即价格变动等于价值变动型市场假说。该假说较容易检验。泰坦尼克号的故事对价格变动等于价值变动型市场假说进行了例证,而且总体上该故事与该假说相符。1912年5月10日泰坦尼克号驶离英格兰的南汉普顿开往纽约,5月14日晚与巨大冰山相撞。5月15日清晨,泰坦尼克号与其2 207名乘客中的1 503名乘客一起葬身大西洋海底。泰坦尼克号由IMM公司所拥有,其股票在纽交所进行交易。随着泰坦尼克号的沉没,IMM的内在价值会如何变动呢?当消息传来时,其股票价格又会如何变动呢?

泰坦尼克号的建造成本为750万美元,由劳埃德保险公司承保了500万美元。因此,如果假定不出现进一步的损失(例如,未来业务损失),泰坦尼克号沉没导致的内在价值净损失为250万美元。如果IMM股票所在的市场是价格变动等于价值变动型市场,则泰坦尼克号的消息一经传来,IMM股票的总值会立即下降250万美元。结果是在5月15日和16日,即泰坦尼克号的灾难发生后两天,IMM股票的总值下降了260.45万美元。价格变动稍高于内在价值的变动,但两者非常接近,足以支持以下论断——IMM股票所在市场是价格变动等于价值变动型市场。[10]

空难故事也对价格变动等于价值变动型市场假说给出了例证,但该类故事通常与该假说不相符合。平均而言,空难发生后公司内在价值下降不超过10亿美元,但相应的股价下跌损失平均超过600亿美元。[11]

经济学家雷·费尔(Ray Fair)找到了一些案例,例子中S&P 500指数出现大幅变动,但却没有发生与内在价值变动可能相关的事件,这不符合价格变动等于价值变动型市场假说。他写道:"结果……表明股票价格的决定是复杂的。许多大幅的价格变动并无对应的明确事件，因而，许多大幅变动似乎无法轻易解释。在1982年到1999年出现了成百上千次异常相似的公告，其中，只有少数导致了大幅价格变动……为什么有些公告会导致大幅价格变动而有些不会，这似乎很难解释。"[12]

经济学家理查德·罗尔（Richard Roll）也发现了一些不符合价格变动等于价值变动型市场假说的证据。[13] 他通过计算 R^2 得出以下结论：当使用月度收益率时，R^2 的平均值仅为0.35，而使用日收益率时其仅为0.20，其中，R^2 为关于股票内在价值变动的新闻能够解释的股票收益率方差的比例。若只有关于内在价值变动的新闻才会导致股价变动，则 R^2 应该为1.00。经济学家雅各布·布杜克（Jacob Boudoukh）及其合作者指出，相比罗尔的发现，新闻解释了更多的股价方差，这为价格变动等于价值变动型市场假说提供更多支持。[14] 罗尔使用报纸报道来识别新闻，而布杜克及其合作者使用先进的文本分析法，能够按照类别和基调识别新闻。一旦新闻按照此种方式被正确识别，则证据显示新闻和股价变动之间存在更强烈的关系，但两者之间的关系也难称完美。

在1979年和1981年发表的文章中，罗伯特·席勒更早提供了不符合价格变动等于价值变动型市场假说的证据。[15] 他发现债券和股票价格的变动要大大超过仅根据内在价值变动所预期的结果，并且认为投资者心理对该差异给出了最佳解释。他写到，感知和嗜好的变动会影响人们对股票和债券的选择，这就像其会影响食品、服装、健康和政治的选择一样。一些早期研究对席勒的实证检验提出了质疑，但是，其结论经受住了时间的考验。

❏ 难以战胜型市场假说的形式

难以战胜型市场假说的三种形式（参见表11-2）分别为单独可得信息形式、部分人可得信息形式和广泛可得信息形式。单独可得信息形式认为，即使拥有单独可得信息的投资者也不能战胜市场。部分人可得信息形式认为，拥有单独可得信息的投资者能够战胜市场，但是，仅拥有部分人可得信息的投资者不能战胜市场。广泛可得信息形式认为，拥有单独或部分人可得信息的投资者能够战胜市场，但是，仅拥有广泛可得信息的投资者不能战胜市场。

表 11-2　三种形式的难以战胜型市场假说

单独可得信息形式的难以战胜型市场假说认为，即使拥有单独可得信息的投资者也不能战胜市场。
部分人可得信息形式的难以战胜型市场假说认为，拥有单独可得信息的投资者能够战胜市场，但是，仅拥有部分人可得信息的投资者不能战胜市场。
广泛可得信息形式的难以战胜型市场假说认为，拥有单独或部分人可得信息的投资者能够战胜市场，但是，仅拥有广泛可得信息的投资者不能战胜市场。

单独可得信息是只有单人可得的信息，例如，公司 CEO。部分人可得信息是仅有少数人可得的信息，例如，公司高管层、追踪该公司的分析师、受众为少量专业人士的出版物的读者。《自然》杂志就是一个例子，其面向的是科研人员。广泛可得信息，包括受众广泛的主要报纸刊载的信息，例如，《纽约时报》。信息的层级还能分得更细，例如，区分部分人可得信息和少部分人可得信息。

尤金·法玛将有效市场假说分成三种形式：强、中强和弱。强形式认为，即使拥有私人信息的投资者也不能战胜市场。中强形式认为，拥有私人信息的投资者能够战胜市场，但是，仅仅拥有公共信息的投资者不能战胜市场。弱形势认为仅仅拥有部分公共信息（过去的股票价格和交易量）的投资者不能战胜市场。[16]

接着法玛将有效市场描述为"价格总是'充分反映'可得信息"的市场。然而"可得信息"是一个模糊的术语，"公共信息"和"私人信息"两个术语同样如此。发表在《自然》上、刊登在《纽约时报》头版上都使得信息公共可得。然而，刊登在《纽约时报》头版上使得信息广泛可得，而发表在《自然》上甚或刊登在《纽约时报》的内页上，仅仅使得信息部分人可得。仅单人可知的信息是私人信息，仅少数人可知的信息也是私人信息，但是，前者属于单独可得信息，而后者属于部分人可得信息。

在某些方面，难以战胜型市场假说的三种形式与法玛的三种形式类似，但是，在其他方面又有所不同。考虑生物科技公司 EntreMed（简称 ENMD）的例子，经济学家古尔·休伯曼（Gur Huberman）和托马尔·雷格夫（Tomer Regev）对该公司行了研究。[17] 在 1998 年 5 月 3 日周日版的头版上，《纽约时报》

报道了一项癌症研究的突破性进展,并提到了 ENMD 公司对该突破拥有特许权。[18] 报道过后,ENMD 股票的价格巨幅上涨,然而,该信息早在 5 个多月之前就已经在《自然》上发表过。[19] 此外,《纽约时报》在 1997 年 11 月也刊载过该信息,只不过是在内页刊登,而不是像 1998 年 5 月那样在头版刊登。[20]

休伯曼和雷格夫将该发现解读为,其不符合中强有效市场假说,因为 ENMD 股票的价格是在 1998 年 5 月《纽约时报》头版报道过后才发生变动的,这时并未出现新信息。该信息 1997 年在《自然》上成为公共信息,相同的信息在 1997 年的《纽约时报》内页上、在 1998 年 5 月《纽约时报》头版上成为公共信息。他们写道:"1998 年 5 月《纽约时报》的故事根本就不包含新的信息。"然而,《自然》和《纽约时报》内页上的信息是部分人可得的,而 1998 年 5 月在《纽约时报》头版刊登使之广泛可得。

在 1998 年 5 月被《纽约时报》报道后,ENMD 的股票价格立即上涨,但此后一个月价格未再上涨,该事实符合广泛可得信息形式的难以战胜型市场假说。《纽约时报》的读者无法通过下述方法战胜市场,即在 1998 年 5 月《纽约时报》头版刊载之前以低价买入 ENMD 股票,之后以更高的价格售出。但是,当信息在 1998 年 5 月被《纽约时报》头版刊载进而变得广泛可得后,ENMD 股票的价格上涨了,该事实却不符合部分人可得信息形式的难以战胜型市场假说。在《自然》或者《纽约时报》内页上读过 ENMD 故事的人,若在 1997 年当信息为部分人可得时购买股票,确实可以战胜市场,即 1998 年 5 月当信息在《纽约时报》头版变得广泛可得时,其会因为股价上涨而获利。

》 是谁战胜了难以战胜型市场?

难以战胜型市场并非不可能被战胜。拥有单独可得信息的投资者会发现很容易战胜市场,而拥有部分人可得信息的投资者会发现较难战胜市场,但是,战胜市场也并非不可能。然而,平均而言,仅仅拥有广泛可得信息的投资者会发现不可能战胜市场,此类投资者更多时候被市场所战胜。实际上,通过掏光那些尝试仅靠广泛可得信息战胜市场的投资者的口袋,拥有单独可得和部分人可得信息的投资者会获得超过市场的收益率。

拥有单独可得信息的投资者会战胜市场，这不符合单独可得信息形式的难以战胜型市场假说以及强形式的有效市场假说。证据表明，拥有单独可得和部分人可得信息的公司高管会战胜市场。高管们会赚取超额收益，因为他们会在价格上涨前购入本公司股票并且在价格下跌前售出。此外，相比无法接触部分人可得信息的低级管理人员，可获取单独可得或少部分人可得信息的高管，例如，董事会主席，能够以更高的利润率战胜市场。[21] 内部人在 21 天内平均获得的超额收益率大约为 35%，越接近初始信息源的人获得的超额收益率就越高。[22]

交易中利用单独可得和部分人可得信息是违法的，为内部人交易法规所禁止。对冲基金 SAC 资本的马修·马托马（Mathew Martoma）因利用内幕信息避免了高达 2.76 亿美元的损失而被判有罪。[23] 陪审团得出的结论是，马托马从神经学家悉尼·吉尔曼那里获得了内幕消息，显示 Elan 和惠氏（Wyeth）正在开发的药物无法抑制老年痴呆症的病情发展。在发布公告使该信息广泛可得之前，SAC 通过售出自己拥有的这两公司股票，同时进一步卖空，战胜了市场。

在与外部人进行的交易竞赛中，内部人早已展现出了战胜对方的能力。内部人的"机会主义型"交易可能是由单独或部分人可得信息驱动的，这不同于"日常"交易。最为机会主义的内部人通常是当地的、在地域上集聚于非管理层内部人周围的、监管较差公司的人员。由于在与外部人针锋相对的交易中占据上风，他们每年赚得近 10 个百分点的超额收益。[24]

Body Central 公司的创始人杰罗尔德·罗森鲍姆（Jerrold Rosenbaum）和他的女儿贝斯·安吉洛（Beth Angelo）是机会主义型内部人。他们在 2012 年 5 月 1 日、5 月 2 日和 5 月 3 日早间售出了合计 290 万美元的 Body Central 股票，稍后不久，该公司在 5 月 3 日当天降低了其 2012 年的盈利预估，并且股价大幅跳水 48.5%。[25]

证券交易委员会（SEC）要求内部人报告其交易情况。这些报告文件进一步阐明了单独可得信息变成广泛可得信息的过程。SEC 通过披露这些报告扩大了信息的可得性，使之不再局限于一小撮局内人。但是，信息仍然是部分人可得的，因为从 SEC 档案中挖掘内部人交易信息要比从报纸中获取信息花更多的精力。媒体会对SEC档案中的信息进行传播，这提高了信息的易得性，而在信息为部分人可得时就获得信息的投资者，会在信息变得广泛可得时战胜市场。[26]

资金管理者通过挖掘单独或部分人可得信息来战胜市场。某些参议员的支持对平价医疗法案（奥巴马医疗法案）有举足轻重作用，维京全球投资和Karsch资本管理的经理人们，通过这些参议员的会议挖掘关于法案进展的部分人可得信息。当这些经理人们得知不会立法通过由政府运营的保险计划时，便开始购买健康保险公司的股票（若政府运营的保险计划立法通过，则其利润会受损）。当信息变得广泛可得时，他们战胜了市场。[27]

资金管理者也会通过私下与公司管理人员见面，来挖掘部分人可得信息。尽管监管法规禁止在私人会议上透露重要的非公开信息，但上市公司的高层仍将大量时间花在会晤资金管理者上。管理层分享部分人可得信息有利于资金管理者做出更明智的交易决策并战胜市场。[28]

关系（例如，人们在上名校时形成的关系）也是获得部分人可得信息的渠道。一项研究考察了与IPO（首次公开发行）承销商关系良好的基金经理人，发现他们战胜了市场，但这仅仅发生在其关系承销商进行IPO的月份。这表明是关系而非名校教育经历奠定了其获得超过市场的收益率的基础。此外，关系基金会从有利的IPO配置（尤其是市场火爆时IPO明显偏低的售价）中获利。[29]

在拥有部分人可得信息的资金管理者中，对冲基金经理人是一个重要组成部分。两个证券公司庭外和解了一项法律指控，指控其在向公众公开信息之前将之披露给受到优待的对冲基金。受优待对冲基金使用部分人可得信息战胜了市场，利用股票提升评级的信息每年获得了9.96%的超额收益，并利用股票降低评级信息避免了每年11.28%的超额亏损。相反，对冲基金交易的其他股票的超额收益几乎为0。[30]

对冲基金经理人通过改善与游说者的关系也会获得战胜市场的优势。因为游说者会例行公事地与立法者交换信息并且许多人自己以前就是立法者，他们会接触到部分人可得信息，例如，关于政府正在采取或即将采取的行动信息。通过游说者，对冲基金经理人可以接触到该信息。

在 2012 年以前，对冲基金从国会获得部分人可得信息，并据此进行交易并不违反内幕交易法。《禁止利用国会信息交易（STOCK）法案》在 2012 年 5 月被签署成为法律，要求政府官员履行诚实与保密义务，使得对冲基金有可能承担内幕交易违法责任。

对 1999—2012 年间对冲基金股票持有与游说者关联的分析显示，当与游说者关系良好时，对冲基金在持有的与政治相关的股票上会获得大量超额收益。在 STOCK 法案生效后，此类超额收益显著下降。[31]

券商雇用的分析师经常会在公开信息之前，向机构客户透露部分人可得信息。随着机构客户"在流言出现时买入，在公布真相时卖出"，他们战胜了市场。业余投资者大部分是散户，分析师不太可能向他们透露消息。他们只有在信息变得广泛可得时才会买卖，因而不能战胜市场。[32]

对冲基金会隐瞒给予其战胜市场优势的那些部分人可得信息。对冲基金会秘密持有某些股票很长时间，然后才披露所持有股票。实际上保密的主要目的就是要隐瞒部分人可得信息。持有的此类股票绝大部分与信息敏感事件有关，例如，兼并与收购。此外，在长达 12 个月的典型保密期限内，秘密持有的股票都可产生超过市场的收益率，这表明存在非常有价值的部分人可得信息。[33]

某些拥有单独可得或部分人可得信息的交易者特别擅长掩饰信息，例如，通过子女的账户进行交易。同样，某些父母在为其子女账户挑选股票时会非常成功。此外，父母还倾向于将最佳交易转到其子女账户上进行，尤其是在重要盈利公告发布前不久、大幅价格变动前不久、兼并公告发布前不久。[34]

拥有单独可得或部分人可得信息的交易者也会通过策略性交易来提高其战胜市场的能力。他们会暗中将大笔股票分成小笔，并随着时间推移逐渐进行交易。[35] 这样做可以先行防止同行在观察到大笔交易后引起警觉，进而防止他们也来分一杯羹。

类似于 18 世纪七八十年代英国证券在荷兰的市场，拥有单独可得或部分人可得信息的交易者总是会悄悄采取行动。阿姆斯特丹英国证券在两个帆船抵岸日之间价格的变动明显体现了这种行事方式，当时来自伦敦的信息由抵岸帆船传递。而其价格变动速度主要依拥有单独或部分人可得信息的交易者预期其信息变成广泛可得信息所花费的时间而定。[36]

今天的交易者为获取信息不再需要等候帆船抵岸,然而,若 SEC 在向公众发布证券档案前,错误地将之发给了一小撮私人投资者,则在此期间,上述旧模式仍然有效。消息灵通的交易者通过交易让股价体现这些部分人可得信息仍然要花几分钟(而非几秒钟)的时间。[37]

拥有单独和部分人可得信息的人,并非仅局限于专业投资人士。一些业余投资者也拥有此类信息。主动型业余投资者在瑞典基金型养老金上的业绩要好于被动型投资者,并且他们选出的基金的业绩要好于其放弃的基金。[38]

将自己筛选的股票提交给 CAPS 网站(该网站由 Motley Fool 公司运营)的业余投资者也战胜了市场。成功大部分是由卖空推荐导致的,而买入推荐仅能产生平均的收益率。[39] 研究结果发现卖空有可能是由单独或部分人可得信息促发的,而且还发现卖空之后股票的收益率通常会变得较低,此发现进一步支持了前述发现。[40]

然而,有更多的证据指出,业余投资者在战胜市场方面是失败的,这表明他们所拥有的只不过是广泛可得信息。平均而言,相比购入并持有型的投资者,频繁进行交易的美国投资者获得的收益率要低 7 个百分点。[41] 瑞典频繁交易者的亏损平均每年高达其总金融财富的近 4%。[42] 中国台湾地区短线交易者的收益率差别极大,在扣除费用后,顶级短线交易者每天赚得 0.38% 的收益,而垫底的短线交易者要损失 0.29%。然而,能够持续赚得超额收益的短线交易者少于 1%。[43]

许多投资者在伊斯坦布尔交易所进行交易,该交易所位于土耳其的伊斯坦布尔,那里是世界上股票换手率最高的地方之一。然而,真正成功的交易者很少。几乎有 3/4 的交易者的收益率落后于不进行交易的投资者。那些交易最频繁的交易者落后于大部分人。男性比女性交易更频繁,年轻人比老年人交易更频繁,而年轻男性的收益率落后于大部分人,这符合以前的发现,即年轻男性是最为过度自信的交易者。[44]

牛市增强投资者的信心而熊市减弱信心。相比熊市,中国的业余投资者在牛市表现出更高程度的过度自信,这明显反映在牛市更加频繁的交易上。业余人士在牛市购入的股票产生的收益要低于他们售出的股票,这使得他们在买卖两个方向上都成为输家。熊市的信心减弱对业余投资者有利,因为其交易减少了。[45]

因为倾向于买高卖低(颠倒了买低卖高的交易箴言),频繁交易者会进一步落后于购买并持有型投资者。19个主要国际股票市场的频繁交易者平均每年落后购买并持有型投资者1.5个百分点。[46]频繁转换共同基金的投资者落后于购买并持有共同基金的投资者,若频繁转换的是美国股票型基金,则每年落后0.84个百分点;若是国际股票型基金,则落后1.24个百分点;若是应税债券型基金,则落后2.05个百分点。[47]

技术分析师通常也被称为图表分析师,他们尝试根据广泛可得的历史价格图表(例如,移动平均价格图表)预测未来价格,进而战胜市场。许多德国业余投资者在进行交易时,使用移动平均价格图表。当移动平均规则预示交易有利可图时,交易量增加了30%,但是,这些交易未产生超额收益。[48]

一些业余投资者也会接触到关于本地公司的部分人可得信息,进而拥有某些潜在交易优势。通过对业余投资者发布在Twitter上的关于美国公司的帖子进行考察,研究者发现平均而言投资者倾向于选择产生负超额收益的股票,但是,当地投资者表现得更好。本土优势集中在没有被公共新闻报道的公司,以及具有较高信息不对称特性的公司,这表明本土优势是由当地投资者接触到部分人可得和单独可得信息产生的。[49]然而,另一项研究表明,民间智慧——"投资你所了解的"——产生不了多少收益。业余投资者偏爱本土股票,但是,这些股票并不会产生超额收益。[50]

人们之所以模仿同侪的行为,要么是因为他们想要通过"追上左邻右舍"来维持其地位,要么是希望通过观察向同侪学习。人们在邻居开始投资股市时也投资股市,并且购买邻居们购买的股票。对在同一场所工作的人们的股票持有情况进行研究,结果发现社会交往导致他们向"社会标准"趋同。相比同事,在股票上配置较少的人倾向于增加其配置,而配置较多的人倾向于减少其配置。此外,股票收益率在上一季度低于其同事的人倾向于增加其股票配置,而高于其同事的人不会减少其股票配置。[51]

社会交往有可能会改善投资业绩,但是,也并非总是如此。以色列资本市场曾进行过一场大刀阔斧的改革,将投资的选择权利从雇主手中移交给了雇员。在改革后的第一年,有 7% 的雇员转移了其资金,但是,转移并未改善投资业绩。转移受到了同种族同事和外行同事的强烈影响。[52]

社会交往也有可能通过分散化降低投资风险,来改善投资俱乐部的投资业绩,然而,许多投资俱乐部仍然会构建非分散化的投资组合。当俱乐部追求意见一致的决策时,其资产组合包含的股票很少。此外,当俱乐部遵循的决策过程妨碍分散化时,其资产组合中的股票数量也会减少。[53]

》为什么拥有广泛可得信息的投资者会努力尝试战胜市场?欲望与错误的作用

将股票市场博弈看成一场网球比赛。如果不参加,获利 100 美元。如果参加并赢得比赛,获利 150 美元。如果参加但输掉比赛,获利 50 美元。如果你的欲望是:避免低于平均水平的利润,你会参加比赛吗?

想与市场持平的投资者会选择不参加比赛。他们会购入并持有低成本的、分散化的股票市场指数型共同基金,以实现和市场持平,获得 100 美元的平均利润。然而,想要战胜市场的投资者会选择参加比赛,购入非分散化的一小撮股票,并频繁进行交易,若赢得比赛获得 150 美元,输掉比赛获得 50 美元。

将想要战胜市场的参赛者分为两类:仅仅拥有广泛可得信息的业余投资者以及拥有单独或部分人可得信息的职业投资者。我们假设两者的数量相同。在这个比喻中,若面对球网的两方都是职业投资者时,则职业投资者有 50% 的机会赢得比赛,他们平均而言每场比赛获得 100 美元。当面对球网的一方是业余投资者,一方是职业投资者时,职业投资者总是赢得比赛,他们每场比赛获得 150 美元。两种情况职业投资者平均获得 125 美元。

当对手为业余投资者时,业余投资者有一半的机会赢得比赛,平均每场比赛获得 100 美元。当面对职业投资者时,业余投资者会输掉所有比赛,每场获得 50 美元。两种情况业余投资者平均获得 75 美元。

为什么那么多仅拥有广泛可得信息的投资者会耗费精力尝试战胜市场呢?这时其平均利润为 75 美元,低于仅袖手旁观就会获得的 100 美元利润。当他们更有可能被职业投资者击败而非战胜职业投资者时,为什么还有那么多业余投资者进行交易呢？仅仅拥有广泛可得信息的有知型投资者会拒绝进行交易，使得拥有单独或部分人可得信息的投资者没有机会与之交易并获胜。那么，为什么会有如此之多的交易呢？这就是所谓的交易谜团。

费希尔·布莱克在他的美国金融协会主席演说中，用"噪声"来描述交易谜团。他写道："拥有个体公司信息或者对某些公司有深入了解的人会希望进行交易，但是，他们也会意识到只有拥有信息或有深入了解的人才会成为他们的交易对手方。若将对手方的信息考虑进来，还值得进行交易吗？对了解交易双方所知信息的人而言，交易双方必有一方犯了错误。如果犯错的一方不进行交易，就不会再有根据信息进行的交易了。"[54]

布莱克区分了"信息交易者"和"噪声交易者"。我们可以将信息交易者看做想要进行交易的且拥有单独或部分人可得信息的交易者，以及避免进行交易的仅拥有广泛可得信息的交易者。而将噪声交易者看做想要进行交易但仅拥有广泛可得信息的交易者。

布莱克认为噪声交易者是解决交易谜团的关键。"基于噪声进行交易的人愿意进行交易，虽然客观上来看不进行交易对其有利。"一些噪声交易者的交易是由无知——对其认知型和情绪型错误的无知驱动的。布莱克写道："他们或许认为他们进行交易所依据的噪声是信息。"而其他噪声交易者的交易是由欲望驱动的，"他们或许仅仅是因为喜欢交易"。

一些想战胜市场的投资者是一切靠自己型的投资者，他们自己选择有望战胜市场的投资。其他人聘用尝试战胜市场的投资专业人士，例如，"主动型"的共同基金或对冲基金。相反，想与市场持平的投资者购买并持有"被动型"的低成本分散化指数型基金。指数型基金管理者收取较低的每年0.05%左右的费用，而战胜市场型的管理者会收取较高费用。

如果基金管理者收取的费用等于或超过了其所获得的超额收益，则即使他们战胜了市场，持有战胜市场型基金的投资者也未能战胜市场。经济学家乔纳森·伯克（Jonathan Berk）和朱尔斯·范·宾斯伯根（Jules van Binsbergen）发现战胜市场型共同基金管理者的每只基金平均每年产生320万美元的超额收益。然而，他们还发现基金管理者将全部320万美元作为费用拿走了，平均而言，给予其基金投资者的收益率仅相当于与市场持平的指数型基金的收益率。[55]

这一发现提出了一个问题。与市场持平的指数型基金投资者所获收益率等于市场平均收益率,而根据伯克和范·宾斯伯根的研究,平均而言战胜市场型基金投资者也是如此。那么,是谁的收益率落后于市场收益率呢?伯克和范·宾斯伯根得出的结论认为,这些人大部分是一切靠自己型的想战胜市场的投资者,例如,那些购入一小撮股票并频繁交易的投资者。

然而,也有人认为战胜市场型基金的管理者收取的一部分费用是在其投资者身上榨取的,他们仅给予其投资者低于指数型基金的收益率。经济学家伯顿·麦基尔(Burton Malkiel)——撰写《漫步华尔街》(*Random Walk down Wall Street*)的知名作家,写道:"在同等风险条件下,构成广泛的指数型基金的业绩通常要好于管理型基金。"[56] 尤金·法玛和肯尼斯·弗兰奇发现,"对投资者而言,主动型管理的高成本使之整体表现为较低的收益率。"[57]

早期对对冲基金业绩的研究得出下述结论:即使扣除费用后,其投资者仍然战胜了市场,平均每年给予其投资者3个到5个百分点的超额收益率。[58] 然而,近期的研究发现,随着时间的推移,对冲基金给予其投资者超额收益率的能力逐渐消失了。一项研究发现对冲基金比共同基金获得的毛收益率更高,但是,该较高收益在分发给投资者的过程中消失了,被对冲基金的费用消耗掉了。[59] 另一项研究仅找到有限且零星的证据,证明投资一组对冲基金的基金战胜了市场。[60] 而另一项研究发现,即使在列算费用之前,对冲基金经理人也未能战胜市场,而且,对冲基金投资者业绩表现糟糕的一个特别原因是:他们倾向于在高收益期过后才购买基金。对冲基金投资者的收益率低于S&P 500指数的收益率,仅仅稍高于无风险利率。[61]

汤姆·托尔斯(Tom Toles)是《华盛顿邮报》的漫画家,他在一个描写对冲基金经理人的四格漫画中对其状态进行了形象描述。

我之所以一年挣10亿美元是因为我比每个人都聪明。

确实,我的基金今年未能兑现向投资者的承诺,但是,我仍然挣了10亿美元奖金。

这如何能证明我比每个人都聪明呢?

这当然是显而易见的。[62]

金融学教授拥有有用的金融事实类知识，但是他们不太可能拥有单独或部分人可得信息。这些教授们了解分散化的好处、过度交易的弊端以及战胜市场的困难。但是，一些教授们缺乏关键的关于认知型和情绪型错误的人类行为类知识，而一些教授们的欲望超越了功利性收益。

大部分金融学教授的信念确实反映了金融事实类知识。他们大部分相信市场不是价格等于价值型市场，因此，证券价格有时会偏离内在价值。但是，他们也相信缺乏单独或部分人可得信息的投资者非常有可能无法战胜市场。金融学教授的投资总体上与其信念相一致，因为他们有 2/3 是想与市场持平的指数型投资者，该比例要大大高于总体中想与市场持平的投资者比例。然而并非所有的金融学教授都是想与市场持平的投资者，某些金融学教授会屈从于认知型和情绪型错误，某些除了追求高期望收益和低风险带来的功利性收益外，还会追求战胜市场型投资带来的表达性和情感性收益。[63]

框定型错误是一种关键的认知型错误。错误框定的后果明显体现在投资者在 CEO 们接受美国消费者新闻与商业频道采访后所进行的交易上。[64] 考虑购买 CEO 们推销的公司股票的有知型投资者知道他们不是唯一观看采访的人。他们也知道如果缺乏单独或部分人可得信息，则在交易竞赛中他们属于跑得慢的人，因此，他们会避免进行交易。然而，许多不了解此类信息的投资者却会进行交易。在 CEO 采访结束后立即购买股票的投资者通常会亏损，在高价购买后不久价格就跌落到采访前的水平以下。此外，引起广泛关注的采访也会招致更多的卖空行为，这表明拥有人类行为和金融事实类知识，并且可能拥有单独或部分人可得信息的投资者预期到了缺乏此类知识的投资者的行为，赢得了与其进行的交易竞赛。

错误框定的后果还体现在发布错误信息的垃圾邮件发送者进行的交易上。反应快的垃圾邮件发送者在与反应慢的受害者的交易竞赛中获得了胜利，后者阅读那些表面可信的信息（这些信息引自以前发布的公司新闻稿）后，会提高目标的预测价格。群发垃圾邮件之后，相关股票的交易量增多而且垃圾邮件发送者的利润也相应提高。[65]

第 11 章 行为有效市场

金融事实类和人类行为类知识的不足使人无法看清交易劣势。此类劣势在不透明的市场上尤其显著，例如，外汇和债券市场。在出售给投资者之前，债券通常会在一系列的经销商之间转手。由于在出售给投资者之前，经销商要进行利润提成，因而债券价格会提高。[66] 为了使债券价格更加透明，证券交易委员会前主席玛丽·乔·怀特（Mary Jo White）在2014年提出了一个计划。《华尔街日报》写道："怀特女士费尽心力进行的计划削弱了一些大型交易商享有、而普通投资者不能获得的交易优势。"[67]

2014年的一篇彭博资讯文章报告说，对于不够老练的外汇交易客户，经纪公司的销售人员会索以高价。[68] 当销售人员在收到此类客户的外汇买入指令时（通常通过电子邮件），他们会买入，然后观察外汇价格在当天是否变动。如果变动，则会索取较高的那个价格。有经验的外汇交易客户通过电话下单，并且在下单时坚决要求不挂断电话，这样就能听到其订单所执行的价格。

即使在被认为是透明的市场上（例如，股票市场），交易劣势也会使投资者受损。某些证券公司会将其客户的交易指令发送给支付更多回扣的交易所，即使此种下单途径有损客户利益。[69] 在美国参议院委员会前作证时，某证券公司总裁承认公司去年获得了8 000万美元此种回扣。[70]

金融事实类和人类行为类知识的不足是显而易见的，甚至体现在同类指数型基金的选择上。所有的S&P 500指数型基金都是相同的，因为它们追踪的都是S&P 500指数。然而，由于费用收取高低不同，它们带给投资者的收益率也各不相同。投资者们容易进行错误框定——根据历史收益率而非费用率对S&P 500指数型基金进行排序，即使聪明的投资者也会如此。基金的投资成功程度看上去会有所不同，因为其收益率会随基金发起日期以及基金说明书发布日期的不同而不同。

有知型投资者根据费用框定S&P 500指数型基金，并选择费用最低的。然而，无知型投资者根据历史收益率框定。给大学本科生、研究生以及职员关于S&P 500指数型基金的历史收益率和费用信息。每10个职员和本科生中有9个选择了高费用基金，每10个研究生中有8个选择了高费用基金。职员和学生选择了收益率较高的基金，说明他们并不了解不同的历史收益率仅仅是由说明书发布日期不同导致的。此外，在选择基金时，职员将费用排为11

项因素中第五重要的影响因素，而学生将其排为第八。职员选择的基金年费率平均比最低费率高 2 个百分点，而学生选择的基金要高出 1 个百分点。[71]

然而，并非所有投资者都会犯框定型错误。避免进行交易的、仅拥有广泛可得信息的投资者或许不会犯框定型错误。但是，避免了框定型错误的投资者仍然可能会进行交易，因为，他们会犯过度定位型错误（其是过度自信型错误的一个类型）。他们知道球网对面的网球运动员或许是排名第一的诺瓦克·乔科维奇（Novak Djokovic），交易的对手方或许是某个有部分人可得信息的内部人，但是，他们过度相信自己拥有战胜对手的技能。他们说，我不是在和乔科维奇比赛，因此，我获胜的机会必定为 50%。前面提到的对业余交易者的调查发现，62% 的人预期自己在随后 12 个月里会战胜市场，29% 的人预期会与市场持平。该调查未说明剩余 9% 是预期自己会落后于市场还是未回答该问题。[72]

交易者还容易受易得性错误的影响。相对于不频繁交易的分散化投资者，非分散化并频繁进行交易的投资者有可能会获得或高或低的极端收益。相比获得较低收益，获得较高收益的非分散化频繁交易者更有可能在社交网络上让他人知道自己的成功。易得性错误误导投资同行错误认为非分散化与频繁交易会产生高收益，因为相比更常见但不易想起的非分散化-频繁交易与低收益这种组合，人们更容易想起非分散化-频繁交易与高收益这种组合。[73]

媒体倾向于重点报道高收益的基金经理人，使得人们更容易想起此种高收益，进而使投资者犯易得性错误。耶鲁大学捐赠基金旗下的非上市股本所获高收益就是一个例子。然而，投资者很少具备耶鲁大学所具有的优势：特殊的信息获取渠道和低费用。从平均收益率上看，非上市股本并不高于上市交易股票。[74]

在形成收益率预期时，交易者会犯代表性错误。特别地，他们关注以自身近期收益率形式存在的"代表性信息"，而忽视考察以所有投资者长期平均收益率形式存在的"基础比率信息"。此外，犯代表性错误的过度自信型投资者会随股票价格的变动突然改变其预期，并进行交易。[75] 当使用技术分析时交易者也会犯代表性错误，他们会根据过去股票价格看似具代表性的模式来推断未来股票价格。荷兰交易者的交易记录显示，技术性分析使年收益率降低了超过 7 个百分点。[76]

代表性错误还反映在下述倾向中：从随机序列中看出规律，并将随机性的成功归因于技能。在一项研究中，一周内在外汇市场上获利的业余短线交易者在下一周会急剧增加交易量。然而，过去获利并不能预示未来也获利。这种效应在新手交易者身上更加明显，这与人们在早期交易阶段会进行更高强度但错误的"学习"结论相一致。[77]

对从朋友和邻居处获得的关于投资成功的代表性信息，若人们赋予其更高权重，但忽视了更广范围的关于投资成功的基础比率信息，则代表性错误会导致羊群行为。在 2008 年危机之前以及危机期间，羊群行为明显体现在美国房市的繁荣与萧条过程中。房市的许多新手投资者被左邻右舍"传染"。[78] 羊群行为还体现在庞氏骗局上，例如，伯纳德·麦道夫（Bernard Madoff）和艾伦·斯坦福（Allen Stanford）的骗局。一项对 SEC 检举的 376 项庞氏骗局的研究发现，庞氏骗局的平均持续期大约为 4 年，单个投资者的投资中位数大约为 87 800 美元。庞氏骗局倾向于以老年人为目标，当存在亲属关系，且当犯罪者对吸收受害者加入骗局的第三者提供金钱激励时，骗局尤其会盛行。[79]

另一项对大型庞氏骗局的研究说明了投资理念通过社会传染进而传播流行的方式。投资者只有通过现有成员的个人邀请才能加入骗局。骗局通过邀请者－被邀请者之间的关系传播扩散。这种社会网络结构显著不同于随机形成的网络，同时解释了（即使普通投资者不与多人共享）口口相传信息也能迅速传播的原因。[80]

受害者与犯罪实施者之间共同的社会特性使得被骗的投资者大多为容忍欺诈的同种族社会群体。这种趋势明显体现在肯尼亚内罗比证券交易所最大股票经纪商的客户身上，它曾因欺诈其 10 万名客户中的 1/4 而被交易所开除。相比其他种族成员，和经纪商种族相同的成员更有可能继续做其客户。[81]

高历史收益会导致情绪型错误，因为高历史收益会激发投资者的正向情绪，激发投资者对投资的正向情感。证券公司的交易记录以及与之匹配的月度调查显示，高历史收益与收益率预期提高、风险感知和风险厌恶下降相关。[82] 同时，股市下跌会导致恐惧与负向情绪，导致投资者对投资的负向情感，误导投资者产生低收益率且高风险的预期。对盖洛普/UBS 调查以及密歇根消费者态度调查的分析发现，认为经济表现较差的投资者会预期低收益率伴随着高风险。该结果与标准金融学观点很难彼此调和，后者认为随着风险提高，为了补偿投资者，期望收益率也会提高。[83]

投资专业人士也会受到认知型和情绪型错误以及高收益和低风险以外的欲望影响，这将导致他们战胜市场的尝试失败。认知型和情绪型错误体现在由投资专业人士组成的委员会的工作效果上。群体极化——相比个人，群体倾向于做出更加极端的决策——是一种错误。大部分委员会偏向于保守决策这个极端。超过 77% 的人同意以下观点："相比独立做出的决策，我们委员会倾向于做出更加保守的决策"，而不同意下述看法："相比独立做出的决策，我们委员会倾向于做出更加冒险的决策"。

以过度定位形式存在的过度自信，在投资委员会成员中很普遍。在一项分析中，83% 的人声称其所属委员会的集体知识要超过平均水平，有 61% 的人声称其委员会很少犯错。过度自信不仅导致经理人的高流动率，也会导致证实型错误，即委员会成员会为委员会的观点寻找证实性证据。近 4/10 的人承认其委员会犯过证实型错误。[84]

作为计划（例如，养老金计划）发起人的投资专业人士通常会聘请顾问，指导顾问们雇用好基金经理而解雇差基金经理，来帮助他们战胜市场。然而，相关证据对顾问们提升业绩的能力提出了质疑。计划发起人会聘请那些近期超额收益率较高的投资经理人，但是，此类经理人实际上不会在未来带来超额收益。若当初计划发起人不解雇那些被"炒"的投资经理人，则他们带来的收益率与新雇的经理人不会有差异。[85]

当然，相比业余投资者，投资专业人士通常更了解认知型和情绪型错误，并且能够更好地克服它们。对于持有被收购公司股票的投资专业人士而言，如果售出意味着做实亏损，则他们在收购过程中并不愿售出股票。[86] 这种不情愿意味着投资专业人士和业余人士一样，易受意向效应影响（该效应导致他们变现收益但不做实亏损）。但是相比业余投资者，投资专业人士更善于克服意向效应。[87] 类似地，经验丰富的投资专业人士会意识到其投资技能的局限性，在个人资产组合获得糟糕的业绩后，会增加其共同基金的持有量以克服这种局限性。[88]

即使不存在认知型和情绪型错误，欲望也会影响行为。许多业余投资者和某些投资专业人士选择玩战胜市场的游戏，原因是此种游戏会满足他们想获得表达性和情感性收益的欲望，就像网球赛一样——和乔科维奇比赛即使输了也很有趣。一项对荷兰投资者的调查表明，他们关心投资的表达性和情感性收益超过功利性收益。他们多数同意以下陈述："我投资是因为我喜欢分析问题、寻找创造性的新知识并学习""我投资是因为这是一种非常好的业余活动"，而不同意以下陈述："我投资是因为我想为自己的退休生活提供保障。"[89] 其他调查显示，享受投资的德国投资者的交易次数是其他类型投资者的两倍，[90] 有 1/4 的美国投资者将购买股票作为一种习惯或者因为他们喜欢购买股票。[91]

富达（Fidelity）的一项调查发现，78% 的交易者出于利润之外的原因进行交易；54% 从"狩猎的快感"中获得享受；53% 从学习新的投资技能上获得享受；超过一半从参与社交活动中获得享受——与亲朋好友分享其投资盈亏信息（然而，他们更倾向于分享盈利而非亏损信息）。富达零售经纪业务总裁詹姆斯·C.伯顿（James C. Burton）说："这些研究证实，当交易活动产生现金收益时，交易者明显从中获得满足感，但是，其也凸显了交易者的下述愿望：学习新技能、分享以及教授指导其他人。"[92]

》基金经理人迎合投资者的欲望并利用其认知型和情绪型错误

战胜市场型的基金经理人会满足其投资者的下述欲望：从高收益中获得功利性收益、从玩战胜市场的游戏并获胜中获得表达性和情感性收益。其他战胜市场型的经理人会对投资者的这种欲望及其认知型和情绪型错误加以利用。

"行为型基金"的经理人会识别投资者的普通欲望以及认知型和情绪型错误，并尝试利用它们从而使自己的投资者获利。例如，他们识别出其他投资者想要遵循传统的欲望，并尝试通过非传统性投资对其加以利用，例如，投资被大部分投资者有意回避的公司股票。一项研究考察了 16 只共同基金，这些基金要么自己认为自己是行为型的，或者被媒体确认为是行为型的。其中一些（而不是全部）基金为其投资者赚取了超额收益。但是，平均而言这些基金未能为其投资者赚取超额收益。[93]

共同基金报告的持有期收益率（例如，最近3年或5年的）依赖于加入计算的新近收益率观测值，以及从计算中剔除的旧收益率观测值。剔除负的旧收益率给人以基金收益率已提升的错误印象。被错误印象误导的投资者会投更多钱于此类基金，追求虚假的收益率。基金经理人会利用投资者行为反应的这种可预测特征，进行广告宣传，促发投资者产生基金收益率已获提升的错误印象。经理人也会利用这些机会提高费用。[94]

名称会起到框定基金的作用，表明基金的投资风格，例如，是成长型还是价值型、大盘股型还是小盘股型。寻找成长型基金的投资者不太可能考察名称中包含"价值"一词的基金。为了利用投资类型热点，共同基金经理人会改变其基金名称，例如，删除"价值"一词或者添加"增长"一词。投资者的反应是将更多钱投入改变名称的基金，然而，改变名称并不会增加收益。名称与其风格相匹配基金的资金流入量增加了，而名称改变但投资风格未改变基金的资金流入量也增加了差不多的数额。这种资金流入的相似性表明投资者确实被名称改变愚弄了。[95]

共同基金广告使人们更容易想起它们，进而增加对其资金投入量。对共同基金家族进行广告宣传会吸引更多投资者，并且广告宣传还会减缓投资者对业绩表现较差基金的赎回。[96]基金公司还可能如下行事：进一步利用易得性错误，仅宣传其业绩最佳基金的收益率，而不提其他基金的收益率。

共同基金经理人还会通过"门面粉饰"利用易得性错误。当向投资者披露信息时，他们会改变其资产组合的构成以增加其吸引力。业绩较差的经理人在快到季末时更有可能进行门面粉饰：买入在此季度价格上涨的股票而卖出价格下跌的股票。在某个季度采用此种策略的基金在下一季度业绩会较差。此外，收费较高的基金会进行更多的门面粉饰活动。[97]

对冲基金经理人也会采取谎报股票头寸的方式进行门面粉饰。他们会策略性地运用谎报来平滑其报告收益率，并推高小额负收益率到零以上。当经理人向商业性的对冲基金数据库报告其业绩时，谎报情况会更加明显，并且一旦经理人开始报告，之后的谎报频率会增加。[98]

通过赚钱的投资策略提高其基金收益率，基金经理人能够增加其投资者的财富。然而，当该种投资策略减少了其基金的资金数量时，也会减少基金经理人自身的财富。一种有可能赚钱的交易策略要求共同基金经理人进行反向投资，即投资投资者认为毫无吸引力的会产生负向情感的股票。然而，证据表明，某些共同基金经理人刻意投资投资者认为富有吸引力的会产生正向情感的股票，这些投资会产生更低的收益率。但是，更多资金会流入持有富有吸引力股票的基金，该数量要大大超过因较低收益率而流出的资金数量。[99]对冲基金会采取类似行动，利用其成功的旗舰基金推出多个基金。对于新推出的基金，对冲基金公司会收取更高的费用，设定更加烦琐的赎回条款，但会吸引更多的资金流入，进而收取更多费用。[100]

由于资金会流入高收益基金，因此当基金业绩排名靠前时，基金经理人会获得丰厚奖励。然而，位居末流遭受的惩罚要小于位列前茅所得的奖励，并且位居中流遭受的惩罚并不比位居末流遭受的惩罚少。如果经理人年中时发现自己位居中流或末流，这种奖惩的不对称性会导致他们提高其基金风险。在前半年排名居中的基金在下半年倾向于更具波动性，因为其经理人会孤注一掷以实现位列前茅的愿望。相反，在前半年排名靠前的基金在下半年倾向于波动性较小，因为其经理人会努力维持其靠前的排名。[101]

收益率排名靠后会为共同基金经理人带来职业风险。投资亏损会带来更多职业风险。出于对职业生涯的考虑，共同基金经理人会像羊群一样涌进分析师提高评级的股票以避免落后于人，也会退出被降低评级的股票以避免亏损。就分析师修正评级对羊群行为的影响而言，其对有更多职业生涯顾虑的经理人的影响更强烈，并且其在降低评级时表现更明显。[102]

对于业绩表现优于其基准资产组合的共同基金，其在下降型市场上的净资金流入量要低于在上升型市场。类似地，对于业绩表现差于其基准的共同基金，其在下降型市场上的净资金流出量要低于在上升型市场。这种趋势有可能是因为投资者是基于基金收益率的正负和大小进行投资决策的，而不是根据基金收益率相比基准收益率。经理人对投资者行为的反应是，在下降型市场上将其基金变成"秘密的指数型基金"，使其资产组合构成接近于基准资产组合，而在上升型市场上就不再使用秘密指数化。[103]

共同基金型基金是指投资独立基金的共同基金。基金型基金的经理人买入独立基金经理人想要卖出的股票，卖出独立基金经理人想要买入的股票。这会恶化共同基金型基金的收益率，但提高独立基金的收益率，因为后者在吸收流入资金时不必在高价购入股票，在抵御资金流出时不必在低价售出股票。[104]

欲望以及认知型和情绪型错误甚至会让职业投资者上基金经理人的当。在"批量交易"中，基金经理会在同一时间沿着相同的方向（或买或卖）为多个客户交易相同的股票。受到优待的客户会在卖出时获得高价，在买入时支付低价。[105]

一项对澳大利亚大型养老基金投资顾问和首席投资官的调查显示，两组人群都偏向于战胜市场型资金管理，这种倾向被竞争性的环境强化，并且一系列行为、中介、组织、文化因素都会对其产生正面影响。[106]

投资者确实能学会克服自己的错误，虽然学得较慢。就像适应性市场假说所指出的，业余人士会犯错误但是他们会学习并进行调整，而基金经理人之间的竞争也会促进适应和创新。当战胜市场型基金面对低成本指数型基金的竞争压力时，它们会收取更低的费用并创造更高的超额收益率。[107]

加州公务员退休基金（CalPERS）是美国最大的养老基金，它解除了在对冲基金上的全部40亿美元投资，这让我们看到了投资者对战胜市场型基金经理人的抵制。[108] 泰德·爱丽尔普罗斯（Ted Eliopoulos，CalPERS 的临时首席投资官）说，由于对冲基金的复杂性和高成本，其在 CalPERS 的资产组合中不值得占据一席之地。

其他投资者也会通过将资金注入低成本指数型基金（例如，Vanguard 的基金）来抵制战胜市场型基金经理人。当发现付给其长期经纪人的费用几乎占自己年储蓄的一半时，华盛顿特区的自由职业作家约翰·阿罗沃西斯（John Aravosis）将自己的个人退休金转入了先锋的指数型基金上。宾夕法尼亚蒙哥马利郡的政府官员在与约翰·博格尔进行面谈后，将其4亿7000万美元养老基金的大部分转入先锋的指数型基金上。蒙哥马利郡行政机构主席乔希·夏皮罗（Josh Shapiro）说，他经常会和其他有意转入指数型基金的养老金进行交流。[109]

通过战胜市场而使市场难以战胜

我们似乎面临一个悖论：认为难以战胜型市场假说为错的投资者，却能够使难以战胜型市场假说成真。的确如此，他们甚至能使价格等于价值型市场假说成真。若所有投资者认为市场已经是难以战胜且价格等于价值型的，则市场既不会是难以战胜型的，也不会是价格等于价值型的。一些投资者认为市场不仅不属于价格等于价值型，而且相信投资者能够战胜它，通过这些投资者，市场会向难以战胜和价格等于价值状态靠近。确实，如果缺乏战胜市场的尝试，则价格与价值之间的差额会加剧，因为没有获取上述差额信息的动机，所以也没有利用该差额获得更高收益率的交易。[110]

我们可以将推断内在价值的过程想象成推断打有马赛克的汽车车型的过程。两名投资者每人都有一个不完整的马赛克拼图，如图11-1所示。每名投资者的不完整马赛克拼图使他们难以推断该汽车的车型。然而，加总的马赛克拼图虽然无法使推断变得完美，但却能使之更加容易。

现在将某证券随时间推移的系列内在价值想象为一堆马赛克方块。投资者挖掘出包含单独可得和部分人可得信息的方块，并将它们拼入马赛克拼图中，马赛克拼图已经有了包含广泛可得信息的方块，或许还有一些包含单独和部分人可得信息的方块。投资者根据仍不完整的信息推断其内在价值是高于还是低于价格，然后，据此买入价格低于推断价值的投资，卖出价格高于推断价值的投资。

任何单个投资者都不具有完整马赛克拼图所必需的全部信息方块，以及与完整拼图对应的内在价值估计值。价格等于价值型市场假说认为，市场的能力在于其能将投资者的信息方块或部分马赛克加总成完整拼图，进而最终使价格等于内在价值。

经济学家安德鲁·罗和克雷格·麦金利（Craig MacKinlay）用引擎来比喻马赛克方块被加总以及价格趋于内在价值的过程。[111] 价格与内在价值存在差额表明市场不属于价格等于价值型，但是，这些差额是"润滑油"，它们使交易者通过努力战胜市场缩小差额的过程得以顺利进行。交易者受战胜市场带来的潜在超额收益率驱动，购买价格低于内在价值的股票。他们的购买行动

（a）投资者1的马赛克拼图

（b）投资者2的马赛克拼图

（c）投资者1和投资者2的加总马赛克拼图

图11-1　投资者1、投资者2以及两者的加总马赛克拼图

将价格推得更高，使之更加接近内在价值。同样的道理会驱动交易者售出价格高于其内在价值的股票。其售出行为将价格压得更低，使之更接近内在价值。该过程也是安德鲁·罗的适应性市场假说的核心，其中的动态适应过程不仅决定了市场的效率，同时也决定了金融机构和投资产品的盈亏，并最终决定了机构和个体的财富。[112]

在2008年金融危机前，约翰·保尔森的对冲基金在对赌次级抵押贷款证券的交易中赚了150亿美元。之后他描述了其在马赛克拼图中挖掘单独或部分人可得信息方块，并将之与广泛可得信息方块组合在一起的过程。首要的方块是房地产价格并非总是上涨（这是从其在纽约生活期间的个人经验中挖掘出来的）。相反，房地产价格经常会出现泡沫，这些泡沫最终会破灭。就像20世纪70年代、80年代早期和90年代早期那样，"纽约会定期经历房地产危机，""我并不认同房地产价格只升不降的观点。"[113]

当保尔森研究了次贷市场后，他被设定的低借款标准所震惊，进而挖掘出了额外的单独和部分人可得信息。他将此低标准与自己买房时必须满足的高标准进行了比较。"当我买房时，需要符合异常严格的担保标准。我必须提供两张工资条、两年的纳税申报单、三个月的银行对账单和各类信用卡信息。突然，我意识到那些质量最低的抵押贷款基本上不存在任何担保标准。"保尔森补充说："你找到一个漫不经心且不苟言笑的家伙，他只是填写一下表格，写明某个收入，然后说'是的，核查无误'，实际上他们并未做任何核查。此时，你得到的是质量真正糟糕的东西。"

一些证据表明，市场实际上很擅长拼合马赛克方块，一部分证据来自20世纪80年代早期以色列发布的消费价格指数。我们很可能将今天看做总体马赛克拼图的一部分，如果是这样，那么总体拼图就是中央统计局下个月要发布的CPI数字。每个人都会看到某些清晰的方块，例如牛奶或汽车价格的方块。每个人都会推断要揭示的总体马赛克拼图中的CPI是会升高还是会下降。并且每个人都会根据该推断进行交易，若推断通胀率将高于当前债券价格反映出的通胀率，则售出债券；相反则买入。如果债券市场能够完美拼合我们的方块，则我们将发现，当CPI数字被公布时，债券价格根本不会发生变化，因为在统计局公布数据之前，他们已经完美地描绘出了总体CPI的马赛克拼图。

实际上，当统计局公布 CPI 数字时，债券价格变动非常小，这符合价格等于价值型市场假说，也就是说，市场实际上很擅长将马赛克信息方块拼合在一起，其清晰程度反映了所有可得信息。[114] 另一项早期研究也得出了类似结论。评级机构的债券评级变动公告对债券价格影响很小，这意味着在评级机构进行评级并拼合信息方块之前，债券市场擅长于将其拼合成清晰的马赛克拼图。[115]

然而，近期一项对债券评级变动的研究表明，在将马赛克信息方块拼为一张图，使其清晰程度对应所有投资者总体信息方面，市场并不擅长。该研究发现相比债券评级下降的公司，评级上升公司的股票随后会有更高的收益率，这意味着当前价格并未反映所有可得信息。[116] 另一项研究发现股市不擅长汇集并加总地理上分散的信息。特别地，可以根据过去盈利和相关地理区域其他公司的现金流来预测未来公司盈利和现金流，这也意味着当前价格并未反映所有可得信息。[117]

然而，由单独和部分人可得信息驱动的交易还是能够使价格更加趋近于内在价值。有证据表明，有可能拥有这些信息的对冲基金增加股票持有量会导致价格与价值之间差额的缩小。[118] 对冲基金在缩小该差额方面的贡献要大于其他类型的机构投资者，如共同基金和银行，后者拥有单独和部分人可得信息的可能性要更小。此外，对于对冲基金持有的股票，其价格与内在价值之间有可能会出现异常大的差额，这发生在金融危机期间的 2008 年第四季度。在使用杠杆的对冲基金以及与雷曼兄弟（其在那段时间破产）有关联的对冲基金上，这种差额最为明显。

看看我们能从图 11-2 中学到些什么。横轴测度的是通过挖掘单独和部分人可得信息、组合内在价值拼图进而战胜市场所付出的总体努力程度。纵轴表示价格等于价值型市场效率指数，通过价格与内在价值之间差额的平均大小来测度。指数 100 对应着价格与价值不存在差额的市场。

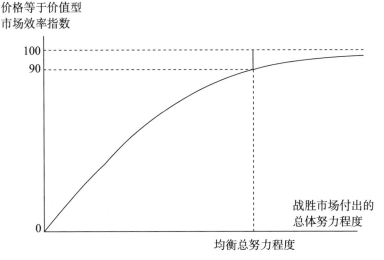

图 11-2 为战胜市场付出的均衡总努力程度与价格等于价值型市场效率水平

在所有人都相信价格总是等于内在价值的市场上，没有人会挖掘信息方块，如此，市场也不会是价格等于价值型的。设想昨天某石油公司股票的价格是 80 美元，等于昨天的内在价值，同时设想石油公司今天宣布发现了一个新的大型油田。其内在价值变为 120 美元，这反映了当石油从新油田开采出来后石油公司将拥有更高的未来股利。如果每个人都相信股票市场是价格等于价值型市场，则无人有激励挖掘关于新油田的信息方块，更别提通过花 80 美元购买价值 120 美元的股票来战胜市场了。

现在一些交易者可能会注意到，这时市场不再是价格等于价值型市场，仅仅通过在报纸或电脑上挖掘埋藏得不怎么深的信息，他们就能够轻易战胜市场。随着更多交易者竞相购买内在价值为 120 美元的股票，股票价格会上涨到 80 美元以上，缩小价格与内在价值的差额，推动价格更加接近其内在价值，使战胜市场变得更加困难。

挖掘信息方块以及进行交易的成本妨碍了价格等于价值型市场的形成。我们不能指望市场是指数为 100 的价格等于价值型市场，因为在这样的市场上，期望通过战胜市场来获得利润的交易者无法弥补其成本，这些成本不仅包括交易者挖掘信息和交易的成本，还包括交易者放弃的从事其他职业（例如，会计和工程设计）所获收入。[119] 这些成本可能非常高。这体现在 2013 年

《华尔街日报》关于 Genscape 的故事上。在美国政府公布类似信息之前，Genscape 公司通过直升机红外线侦测成像为人们提供关于储油罐储油量的单独可得信息。对于 Genscape 的独家报告，交易者每年要支付 9 万美元。[120]

设想在某个市场上，所有交易者都是理性或者中度有知的，他们仅仅关注收益率及其功利性收益。那些善于挖掘单独和部分人可得信息的交易者会战胜市场，所获收益等于或超过其成本。那些不善于挖掘信息的交易者无法获得这样的收益，会退出市场。最后，市场趋向于指数稍小于 100 的价格等于价值状态，或许是指数为 90 的价格等于价值型市场，这使价格与价值之间的差距变得很大，足以让高技能交易者战胜市场后所获收益至少等于其成本。

除了成本之外，不确定性也妨碍了价格等于价值型市场的形成。在内在价值估计方面、在价格与内在价值趋同的时点方面都存在不确定性。对于理性和中度有知的交易者而言，在估计价格与内在价值的差距时，不确定性限制了其下注量。小额下注反过来推迟了两者之间的趋同。根据 2008 年之前的信息马赛克拼图，保尔森推断次级抵押贷款市场不是价格等于价值型市场。但是，他还不能完全确定其推断是否正确。当然，他原本也不知道，在耗光资金和耐性之前，价格是否会快速下跌到他估计的内在价值水平。实际上，保尔森在前些月份是遭受了损失的。同行们认为他在对赌次级抵押贷款证券上会大败亏损。"当我们表达了自己的观点后，他们大部分人认为我们是抵押贷款市场上的新手。我们那时是极少数派。如果说 1000 对 1 的话，我们就是那个 1。即使是我们的朋友也认为我们错得离谱，对我们深表同情。"[121] 此外，一些市场缺乏投资者能够下注的证券。实际上，保尔森很早之前就想对赌次级抵押贷款证券，但是，由于缺乏对赌交易的证券，他不得不延后下注。

在某些市场上，价格与内在价值之间的差额要大于其他市场，这意味着价格等于价值型市场效率较低。之所以出现这种差异，可能是因为在某些市场上挖掘信息方块和交易的成本要高于其他市场，也可能是因为不确定性的差异所致。例如，相比大盘股和发达国家股票市场，在小盘股和发展中国家股票市场上，挖掘信息方块和交易的成本以及不确定性程度更高。这种趋势如图 11-3 所示。

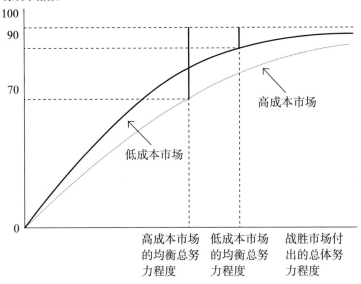

图 11-3 在高成本和低成本市场上,为战胜市场付出的均衡总努力程度与价格等于价值型效率指数

一些人推断,价格等于价值型市场效率较低也意味着难以战胜型市场效率较低,这使得小盘股和发展中国家股票市场要比大盘股和发达国家股票市场更容易被战胜。然而,该结论是毫无根据的,其中有两个原因。首先,在价格等于价值型效率较低的市场上,挖掘信息和交易的成本可能较高,抵消了在这些市场上利用价格与内在价值之间的较大差额所获得的收益。实际上,在这些市场上,价格与内在价值之间的较大差额有可能是挖掘信息方块和交易成本较高所导致的结果。其次,零和规则在所有市场上都同样成立。在小盘股和发展中国家股票市场上,指数型投资者获得市场收益率。如果某些投资者战胜了市场,获得高于市场的收益率,则其他投资者必定被市场所战胜,获得低于市场的收益率。

费雪·布莱克提到,噪声交易者——中度无知交易者进行的交易,是解决交易谜团的基础,因为在所有参与者都是理性信息交易者的市场上,不存在交易行为。好消息是噪声交易者使交易成为可能,并且高交易量能让我们经常性地观察到投资价格。坏消息是噪声交易者受认知型和情绪型错误,以及想获得表达性和情感性收益欲望的影响，在进行交易时会将噪声引入价格中。噪声增加了价格与内在价值之间的差额，驱动市场偏离价格等于价值形式。布莱克写到，在有噪声交易者活动的市场上，价格"同时反映了信息交易者交易所依赖的信息以及噪声交易者交易所依赖的噪声"。[122] 图 11-4 显示，随着噪声交易者加入信息交易者的行列，价格与内在价值之间的差额会增加。

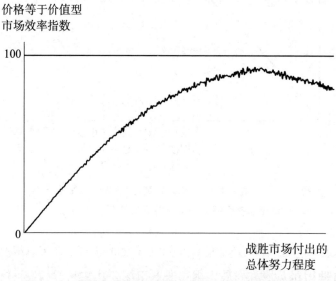

图 11-4 在噪声交易者和信息交易者同时存在的市场上，为战胜市场付出的总体努力程度与价格等于价值型市场效率指数

布莱克的推测意味着，高交易量或许说明的是噪声交易者所进行的交易（它们妨碍了价格等于价值型市场的形成），而不是信息交易者所进行的交易（它们促进了价格等于价值型市场的形成）。下述发现符合布莱克的推测：相比交易量较低的投资，高交易量投资的价格趋于其内在价值的过程更加缓慢。[123] 该证据特别具有说服力，因为它来自 TradeSports 在线交易平台，许多来自芝加哥、伦敦和纽约的职业交易者经常利用该平台的下注数千美元于体育和金融市场。

噪声交易者有可能会强行影响股票和债券价格。例如，在智利，养老基金投资的股票占可交易股票数量的 30%。在尝试"抓住市场时机"的过程中，养老金投资者经常将全部养老金账户余额在股票型和债券型基金之间进行转换。这些在不同投资者之间进行的频繁转换交易通过一个大众投资顾问公司协调。养老基金经常面临赎回要求，几天里的赎回量可达其持有股票的10%、债券的20%。这种经协调后的噪声交易会导致股票价格升降约2.5%，债券价格升降超过0.30%（债券在一个比股票市场更具流动性的市场上进行交易）。[124]

噪声交易者对价格的强烈影响还明显体现在旧新闻再次出现后价格的变动上。2002年美国联合航空公司的母公司破产的新闻，在2008年9月再次出现。噪声交易者明显认为这条新闻是新新闻，因为联合航空公司股价在几分钟内下跌了76%，之后纳斯达克股票交易所对其临时停牌。在新闻被确认为旧新闻后，价格出现反弹，但是，当天在收盘时价格仍然下降了11.2%。[125]

有时，交易者会刻意推动价格偏离内在价值，进而妨碍价格等于价值型市场效率。一些对冲基金会在关键报告日操纵股价。在季度的最后一天，对冲基金大量持有的股票价格会上升，然后第二天下降。对这些日期的交易量以及买卖指令失衡程度的分析进一步证明了操纵的存在，相比同行，基金若有更强的动机改善其排名，则其价格变动的规律性会更加明显。[126]

理性和难以战胜型市场中的泡沫

当价格超过内在价值时，市场存在"正向的"泡沫，而当价格低于内在价值时，市场存在"负向的"泡沫。泡沫不可能存在于价格等于价值型市场上，因为泡沫意味着价格偏离了内在价值。然而，在难以战胜型市场上，如果投资者不能抓住市场时机，及时识别泡沫并利用它战胜市场，则泡沫可能持续存在。投资者之所以无能为力，可能是因为挖掘单独和部分人可得信息非常困难、进行交易的成本高昂，或者由于对内在价值不能准确估计，采取行动可能会带来亏损。对于知道自己对内在价值的估计不准确的投资者而言，当他们考虑了估计错误带来的损失后，在尝试利用泡沫的过程中就不会投资太多。

即使投资者正确推断出泡沫的存在，他们也可能遭受损失。价格与内在价值之间的差额在缩小之前，可能有几个月甚至几年的时间在扩大。当投资者对内在价值的估计正确，然而价格却在较长时期内持续出错时，投资者便可能没有足够的资金或勇气来支撑其投资。就如他们所说，市场疯狂的时间可能要比投资者维持清偿能力的时间更长。

对冲基金长期资本管理公司的彻底失败就是一个例子，它的管理者很擅长利用内在价值相同的类似投资价格，即售出价格超过内在价值的证券而买入价格低于内在价值的证券。当价格与内在价值之间的差额缩小时他们获得了丰厚的利润。然而，1998年俄罗斯金融危机使差额变大，在差额缩小之前长期资本管理公司已经宣告破产。

此外，相比通过售出价格超出内在价值的投资来缩小泡沫，投资者或许会发现通过购买此类投资来扩大并利用泡沫更加有利可图。在20世纪90年代末期，一些对冲基金在泡沫扩大时利用泡沫，买入网络证券，之后成功下车，在泡沫开始变小时售出此类证券，确实获得了较好业绩。[127]

对功利性、表达性和情感性收益的追求有可能会增大泡沫。对此类收益的追求是泡沫模型的核心，在该模型中追求地位的投资者在"赶上左邻右舍"动机驱使下，为了在邻里同侪的投资表现良好时不落后于人，会购买他们已经买入的投资，这增大了泡沫。[128]

对功利性、表达性和情感性收益的追求还构成了另一种泡沫模型的基础，该模型以跟风的基金管理者为中心。较高的职业声誉不仅会带来功利性的高收入，也会因较高社会地位带来表达性和情感性收益。基金管理者们会被迫加入投资群体，因为落单且落后于群体对其职业声誉的破坏最为严重。[129] 花旗集团CEO查克·普林斯（Chuck Prince）在2008年金融危机前所说的话使我们永远无法忘记这种态度："但是只要音乐不停，你就不得不站起来与之共舞。"[130] 在20世纪90年代末，一些专门从事价值股买卖的基金经理人的行动也体现了这种态度，当时增长股（特别是网络股票）的业绩大幅上升。一些价值型投资经理人辞职或被炒，其他经理人则跟风投资增长股。

实际上，相比业余投资者，职业投资者往往能在更大程度上增大泡沫。在一个例子中，韩国业余投资者们售出价格上涨的大盘股票，进行了声势浩大的反向投资，然而，外国和国内机构投资者却买入这些股票，进一步增大了泡沫。[131]

受认知型错误误导的投资者也可能增大泡沫。代表性和证实型认知错误是反馈－交易泡沫模型的核心。快速经济增长等利好消息的出现推动投资者买入投资，提高价格。由于代表性错误会误导投资者对价格进行过度趋势外推，而证实型错误会误导他们搜寻证实其乐观主义观点的信息、忽略证伪性的数据，价格会进一步提高。在网络股泡沫期间以及期后，新闻媒体在泡沫膨胀时，报道关于网络股票的正面故事，而一旦泡沫破灭，就报道负面故事，这放大了代表性和证实型错误。[132]

对于新的、无利润的、高波动性的、未支付红利的或有财务压力的小市值公司股票，看涨或看跌情绪对其产生的影响最大。此类股票对各类情绪波动异常敏感，这出于两种原因。首先，估计此类股票的内在价值特别困难，因此估值时会放大认知型和情绪型错误的影响，使得估值错误更容易出现。其次，高昂的成本会阻止本可能抵消估值错误的套利活动。[133]

诸如卖空限制等市场结构，加剧了认知型错误对泡沫的影响。当卖空限制阻碍持悲观主义观点的交易者采取对抗行动时，价格会超过内在价值，因为价格仅反映了乐观投资者的看涨情绪。"海市蜃楼"模型体现了这种思路，在该模型中由于投资者今天在投资时支付高价，并期望明天以更高的价格售出，价格会超过内在价值。[134] 当各种乐观和悲观主义观点之间的差异较大时，该模型预测的价格就会更大程度超出内在价值。研究发现盈利预测离差较大的股票，其价格会高出内在价值特别多，这与上述预测相符。[135]

情绪的泡沫效应反映在 IPO 浪潮中，乐观的投资者将其希望建在"海市蜃楼"之上，支付高于内在价值的价格购买新公司股票，这些公司利润率较低，但是，投资者觉得它们未来有更大的增长机会。相比毛利率较高的公司，毛利率较低公司的股票在 IPO 过程中价值被高估了，后者在随后 4 年期间每年业绩要比前者低大约 12%。实际上，毛利率较低公司 IPO 的平均收益率要低于无风险收益率。[136]

情绪型错误也可能导致泡沫，对股票的正向情感和过分奢望会误导投资者相信股票会同时带来高期望收益和低风险，而对股票的负向情感和过分恐惧则会误导投资者认为股票会同时带来低期望收益和高风险。

在一项盖洛普的调查中，调查者询问投资者是否相信市场被高估或被低估，以及他们是否认为现在是金融市场投资的好时机。图 11-5 显示，大部分投资者认为，股市被高估的月份同时也是他们认为是金融市场投资好时机的月份。

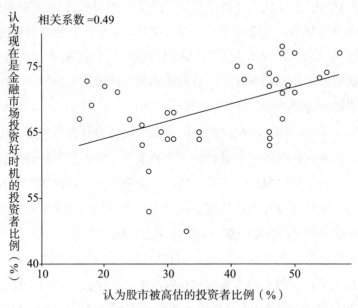

图 11-5　投资者认为股市被高估的时段也是金融市场投资的好时机
（1998 年 6 月至 2002 年 7 月）

投资者能预见泡沫并利用它们吗？

拒绝价格等于价值型市场假说未必意味着难以战胜型市场假说也是错误的。知道存在泡沫未必意味着当泡沫出现时投资者就能识别并利用它们获得超额收益。1999 年 3 月经济学家保罗·萨缪尔森说："美国市场或许开始出现泡沫了"，但是，经济学家们"还没有泡沫会持续多长时间的理论"。[137]

罗伯特·席勒认为投资者能够预见泡沫，至少在泡沫极大时是这样的。2013 年，在他获得诺贝尔经济学奖后不久，他对 *Planet Money* 的采访者说："我很有信心。那就是我对 20 世纪 90 年代末期股票市场的感觉。在我写完自己的书《非理性繁荣》第一版时……我告诉普林斯顿出版社：'请尽快出版！因为我想在股市崩盘前出版该书，而不是之后。'接着，对于 21 世纪第一个 10 年的房地产泡沫我再次有了那种感觉。"

但是 2013 年诺贝尔奖的另一名得主尤金·法玛却与席勒意见相左。他对同一位采访者说:"坦白地讲,'泡沫'一词把我逼疯了,因为我认为,没有任何统计证据表明人们能够可靠地预测价格什么时候会下跌。因此,如果你将'泡沫'一词解释为我能够预测价格什么时候会下降,那么这种预测是无法做到的。"138

证实型错误诱导我们关注泡沫(即之后会崩盘的大繁荣)。对于 20 世纪 90 年代末大繁荣过后的崩盘,2005 年前后的大繁荣在 2008 年崩盘,我们仍然记忆犹新。但是,这种关注会误导我们得出结论认为繁荣过后总会崩盘。经济学家威廉·戈茨曼用世界股票市场 20 世纪以来的收益率考察了繁荣与崩盘的频率。他对繁荣和崩盘的一个定义是:繁荣是指在某个日历年度实际价格上涨 100%,崩盘是指在某个日历年度实际价格下跌 50%。在任一日历年,繁荣出现的频率是 2.13%,崩盘出现的频率是 2.21%。繁荣过后出现崩盘的频率是 4.17%,几乎是前述整体崩盘频率 2.21% 的两倍。但是,繁荣过后出现繁荣的频率是 8.33%,几乎是前述整体繁荣频率 2.13% 的四倍。按照其他对繁荣和崩盘的定义也会得出类似的结论。戈茨曼写道:"简言之,泡沫是会破灭的繁荣,但并不是所有繁荣都会破灭。"139

在讨论泡沫时,后见之明和证实型错误误导我们认为每一个人都是过度兴奋的,都期望价格会持续上涨。但是,事实绝非如此。总是同时存在看涨和看跌的投资者,对于最终被证明是正确的投资者而言,这使得他们容易受后见之明和证实型错误的误导。

1999 年 12 月 31 日,当雅虎的股票价格达到 216.35 美元,接近其 237.50 美元的顶点时,许多投资者是看涨的。在雅虎的信息留言板上,一位看涨的投资者回应某看跌投资者的质疑道:"你没有想象力。你真的认为雅虎的经营模式在 2015 年还会像现在一样吗?进行比较时,你的全部想法基于有缺陷的假设,即雅虎未来会与现在差不多。人们看到的是,雅虎正在成为互联网的品牌,不管互联网如何改变,只要采取了正确的措施,雅虎就会处于核心地位。如果策略得当,信息、沟通、媒体、娱乐全部会经由雅虎进行。极限是不存在的。"140

在 1999 年年末,信息留言板上并非所有发帖者都是看涨的,彻底看空者与彻底看多者针锋相对。在 1999 年 12 月 26 日,家得宝公司股价接近其顶点,一位投资者发布了下述消息:"相比买入,还有更多事情可做,那就是卖出。

都听到过这个格言吧，看多者赚钱，看空者赚钱，像你一样的猪被屠宰。"[141] 另一位投资者用实际行动支持了他的空头看法，他曾是家得宝的部门经理。他写道："诚然，家得宝的加盟店数量在3年或4年后会翻番，但其市值此后会翻番吗？或应该翻番吗？或者我们是否正在进入市场泡沫状态？顾客在买一个价值5美元的工具时想要10%的折扣，但是却认为花100美元购买仅会赚5%的股票是一件正常的事。"[142]

1999年年末，许多投资者并非彻底看空者。他们小心翼翼，预期泡沫会破裂但又希望"能利用"泡沫更长一点时间。1999年12月8日，一位投资者在亚马逊的留言板上发帖子："在亚马逊进行了100/105水平测试后，会出现必要的调整。但是，真正出现财务崩溃迹象仍然需要一段时间……"[143] 对于感觉到的泡沫，其他投资者决定是时候"下车"了。1999年12月4日，一位投资者在亚马逊留言板上发帖子："昨天我第一次卖空了一只股票……我相信网络行业并且相信其潜力……然而，我认为大调整即将来临。"[144]

当我们评估自己的预测能力时，必须对后见之明型和证实型错误保持警觉。考虑经济学家努里埃尔·鲁比尼（Nouriel Roubini）的例子，他因准确预测了2008年房地产和股票市场崩盘而闻名。然而，正确评估其预测能力要求我们考察他做的所有预测以及这些预测是否成真。然而，后见之明型和证实型错误会掩盖证伪性证据。2009年3月9日，当S&P 500指数处于677点的最低点时，鲁比尼在接受Bloomberg采访时说："我的预测是其非常有可能达到600点或更低。达到500点的可能性不大，但也有一定可能。"[145]

在考虑了华尔街市场战略分析师们糟糕的预测记录后，后见之明型和证实型错误是显而易见的。2007年12月20日，《商业周刊》公布了战略分析师们对2008年年底S&P 500指数点位的预测。现在回首来看，我们知道S&P 500指数在2008年年末比2008年年初下跌超过38%。一位战略分析师却预测其在2008年会上涨22%并且推荐全股型资产组合。另一人预测其会上涨16%并且挑选出AIG的股票作为好的投资选择。而另一人预测其会上涨15%并推荐金融机构的股票。如果没有政府的紧急援助，AIG在2008年本应破产，而金融机构的股票也受到了特别严重的打击。对S&P 500指数最为悲观的预测是下跌8%，这仍然远远小于其随后实际的下跌幅度。[146]

在 2004—2006 年，证券化操作导致对次级贷款借款人的马虎筛选，然而，从事证券化的中层经理人并未预见到房地产泡沫和即将到来的危机，这明显体现在他们个人的房产交易上。实际上，在此期间一些证券化业务经理人在购买房产时十分激进。[147]

相比从事证券化的中层经理人，金融公司的内部人士对于即将发生的金融危机也没有多少洞察力可言。在此段时期，机构投资者和金融分析师们可以说对危机还有某些先见之明，他们偏爱非金融类股票胜过金融类股票。但是，金融公司的内部人似乎毫无先见之明。在 2006—2008 年整个时段，金融公司管理人员净购入的金融公司股票超过了非金融公司管理人员。[148]

一些经济学家，其中最为著名的是约翰·坎贝尔（John Campbell）和罗伯特·席勒，曾经提出高市盈率和低红利收益警示存在泡沫。[149] 但其他经济学家，其中包括阿米特·戈亚尔（Amit Goyal）和伊沃·韦尔奇（Ivo Welch）却得出了其他结论。[150] 席勒对 1926—2015 年间的月度市盈率进行了周期性调整（CAPE 比率），其结果如图 11-6 所示。CAPE 比率中的盈利指标是 S&P 500 指数公司在前 10 年经平均通货膨胀率调整后的盈利。

图 11-6　1926—2015 年经周期性调整后的月度市盈率（CAPE 比率）

CAPE 比率的上下波动或许意味着泡沫有涨有缩,这与价格等于价值型市场假说不相符。这也可能指出了价格等于价值型市场的运作方式,其间价格的变动对应着内在价值的变动。

再考察每年的 12 月的 CAPE 比率与随后 10 年 S&P 500 指数年化收益率之间的关系(参见图 11-7)。拟合回归线显示斜率明显为负,相关系数为 0.71,表明 12 月较高的 CAPE 比率通常伴随着随后 10 年较低的收益率。负斜率似乎与价格等于价值型以及难以战胜型市场假说相矛盾。然而,拟合回归线周围各点的离散度较高,表明有时较高的 CAPE 比率伴随着较高而非较低的收益率。

我们可以用下述交易规则指导交易:当 CAPE 比率较高时从股票转向国债,而当该比率较低时再转回股票。通过考察该规则的成功程度,可以探究 CAPE 比率在战胜市场方面的效果,如图 11-8 所示。但是,较高的 CAPE 比率是多少?是超过其中位数吗?是超过 25% 分位数吗?

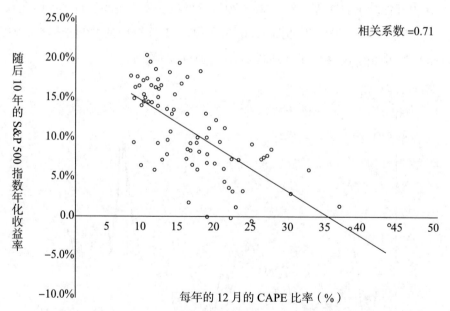

图 11-7 每年 12 月的 CAPE 比率与随后 10 年 S&P 500 指数年化收益率

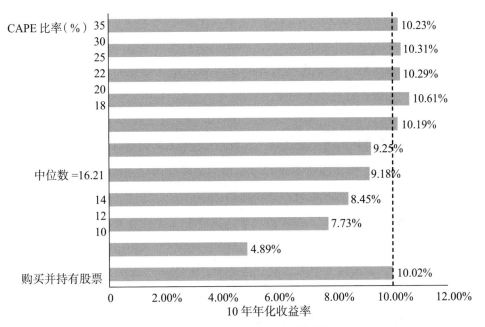

图 11-8 基于 CAPE 比率交易规则所获收益率

在 1926—2015 年间购买并持续持有 S&P 500 指数会获得 10.02% 的年化收益率。这些年的 12 月的 CAPE 比率中位数为 16.21。考虑下述交易规则：如果去年 12 月的 CAPE 比率高于该中位数，则在今年 1 月初将股票转为国库券，并在整个年度持有国库券；如果今年 12 月的 CAPE 比率低于中位数水平，则第二年 1 月初再转回股票；如果今年 12 月的 CAPE 比率仍然高于中位数水平，则继续保有国库券。该交易规则会产生较低的收益率，年化收益率为 9.18%。

接着考虑"进行转换的 CAPE 比率"为 18% 的交易规则，即如果 CAPE 比率超过 18% 则从股票转为国库券，若低于 18% 则再次转回股票。该交易规则会产生 9.21% 的年化收益率，[1] 仍然低于购买并持有股票所获得的 10.02% 的年化收益率。将 CAPE 转换比率设定得更高，例如 22%，产生的年化收益率为 10.61%，超过了购买并持有股票所获收益率。更高的 CAPE 转换比率产生的收益率也要高于购买并持有股票所获收益，但会低于 CAPE 转换比率设定为 22% 时所获得的 10.61% 的年化收益率。例如，当 CAPE 转换比率设

---

[1] 译者注：疑有误，图 11-8 中该规则的收益率为 9.25%。

定为 25% 时，年化收益率为 10.29%，当其被设定为 35% 时，年化收益率为 10.23%。

席勒非常了解 CAPE 比率远非一个可靠的市场时机筛选工具，在接受 NPR 采访时，他进行过相关论述：

采访者：法玛说如果你能连续 10 次预测泡沫他就相信存在泡沫。

席勒：是的，但是我活不了那么长时间。你知道这些大泡沫很少是持续几年就会结束的。它们可能持续很长时间。

采访者：如果活得足够长你认为自己能够实现法玛的要求，连续 10 次预测泡沫吗？

席勒：如果我活得足够长，我认为是的。

采访者：你真的这样认为吗？

席勒：嗯，我确实这样认为。是的，我还不是最自信的人。

当信心经下述几个原因调整后，大部分投资者可能不会再尝试识别并利用泡沫。首先，通过识别并利用泡沫找到能提供收益率优势的交易规则在事后要比事前容易，而错误的交易规则或许会带来损失而非收益。其次，即使交易规则能成功识别可利用泡沫，其所带来的年度期望收益率优势也非常小，并且，这种优势从长达几十年的期间来看或许不会出现。最后，投资者持有国库券的时期或许会长达几年，而在此期间股市已提前暴涨，例如，20 世纪 90 年代末。在股市恰恰要崩盘之前（例如，1999 年年末），投资者很容易匆忙从国库券转向股票。

》联合假说：市场有效性、资产定价与"聪明贝塔"

有效市场假说，不管是哪个版本——价格等于价值型市场假说还是难以战胜型市场假说，都无法对其单独进行检验。如尤金·法玛指出，该假说必须与某个资产定价模型一起进行检验，例如，CAPM 或三因子模型。[151] 当用 CAPM 模型度量时，小盘股与价值股的超额收益可能表明市场无效，也可能表明 CAPM 是错误的期望收益率模型。

要理解联合假说的本质，我们可以设想在当地的杂货店购买一袋糖。商店货架上的每一袋糖都标明重 5 磅，价格均为 3.60 美元。你将一袋糖放在货架旁边的秤上，秤的指针指向 5 磅。而当你将另一袋糖放上去，指针指向 6 磅。

一种可能的原因是袋糖市场不是价格等于价值型市场。如果 5 磅重袋糖的价值等于其价格 3.60 美元，则 6 磅重袋糖的价值不可能等于其价格 3.60 美元；至少有一袋糖的价格与价值之间存在差额。此外，该市场也不是难以战胜型市场。你能够轻易以 5 磅重袋糖的价格购买 6 磅袋糖，获得 1 磅的"超额收益"。该 1 磅超额收益是一种异象，表明市场是无效的，说明价格等于价值条件或难以战胜条件都不成立。

事实上，还有另一种可能，即两袋糖都重 5 磅。在此情况下，袋糖市场是有效的，同时符合价格等于价值型市场以及难以战胜型市场，但是秤是有问题的，当放上 5 磅重的袋糖时，它有时指向 5 磅，而有时指向 6 磅。有问题的秤类似于有缺陷的资产定价模型。

同时检验市场有效性和资产定价模型的困难是，我们需要用一个方程来确定两个变量。要克服联合假说难题，我们可以先假定某个变量，然后再确定另一个。我们可以假定市场是有效的，进而确定资产定价模型。或者我们也可以假定某个资产定价模型为真，进而确定市场是否有效。

只要 CAPM 模型有利于证明市场是有效的（即市场是难以战胜的，也可能体现出了价格等于价值），则标准金融学的提倡者很乐意将其作为金融学的资产定价模型。但是，当 CAPM 似乎表明市场不是有效时，他们放弃了该模型，转而支持三因子模型。在 2008 年的采访中，法玛说："在 20 世纪 70 年代早期，当对金融学的研究热情达到顶峰时……CAPM 看似非常不错，市场看似也很有效。然而，此后在资产定价方面，事情开始变得乱七八糟……结果表明 CAPM 模型从未真正奏效。我们只是从未足够认真地审视它。"

当三因子模型不能解释与动量因子相关的超额收益时，它被四因子模型所取代。接着，当通过四因子模型测度存在超额收益时，其又被能够解释该超额收益的因子模型所取代。这些模型能够解释与下述因素相关的超额收益：意外盈余、公司特质波动、财务压力、净股票发行、复合发行、投资与盈利能力、各种其他因素等。[152]

实际上，三因子模型以及随后的实证资产定价模型代表着一种克服联合假说问题的选择，即假设市场是有效的，并使用该假设来确定好的资产定价模型，也就是能够消除超额收益的模型。与其他市场（不管是手表、汽车还是餐饮市场）一样，在资产投资市场，这是一种合理的选择。

当我们观察到豪华餐厅和中档餐厅每卡路里食物的价格不同时，我们不会匆忙得出结论：餐饮市场不是有效市场。相反，我们或明或暗地假设餐饮市场是有效的，然后进一步推断餐饮定价模型由哪些因子构成。检验我们是否忘记了在模型中加入味道因子，是否加入了美学因子，是否加入了声望因子……

对"聪明贝塔"的讨论也体现了联合假说问题。聪明贝塔策略的核心是资产组合并不依据市值大小进行配置。在某个资产组合中，若按股票的相对市值进行配置，某价值股的配置比例或许是0.5%。但是，在聪明贝塔资产组合中，其配置比例或许为2%，对该价值股的配置比例超过了按其相对市值确定的配置比例。对于聪明贝塔策略获得的超额收益，我们可以将其看做投资市场无效的证据。我们也可以将聪明贝塔策略看做资产定价模型的表现形式，该模型考虑了市场因子、小－大因子、价值－增长因子，以及其他资产定价模型因子。

《机构投资者杂志》在一次网络广播中对聪明贝塔的讨论阐明了联合假说问题。该讨论以三名分析师为特约嘉宾：黑石的安德鲁·昂（Andrew Ang）、AQR的克利福德·阿斯尼斯（Clifford Asness）以及道富全球投资的珍妮弗·本德（Jennifer Bender）。本德认为聪明贝塔策略反映的是资产定价模型，而非市场无效。她说："实行聪明贝塔策略时，对于自己认为会长期持续存在的某些因子，终端投资者决定是否冒风险，并通过一种被动的、透明的、基于规则的方式贯彻其意图。这有别于传统的定量型管理者，他们也会利用因子，但利用方式是动态的、酌情行事的，目的是要获得能战胜市场的阿尔法。"本德补充说，归因于战胜了无效市场的大部分超额收益更多的应归因于资产定价模型。"在多数实证研究中，相当部分的主动策略收益都可以由非常简单的、基于规则的因子资产组合来解释。总体来说，它确实对主动型投资提出了挑战。"[153]

结 论

若未区分价格等于价值型市场假说和难以战胜型市场假说，则金融学对市场有效性的讨论是空泛的。在市场实际上难以被战胜时，若不能解释为什么那么多投资者还相信市场容易被战胜，则讨论仍然有所欠缺。行为金融学区分了价格等于价值型市场假说和难以战胜型市场假说，解释了在市场实际上难以战胜的情况下，为什么还有那么多投资者相信市场容易被战胜，因而对于这些讨论做出了有益贡献。

行为金融学得出的结论是，市场并非价格等于价值型市场，但是，对于缺乏部分人可得或单独可得信息的投资者而言，其很难被战胜。并且，行为金融学阐释了各种认知型和情绪型错误，它们误导仅仅拥有广泛可得信息的投资者相信市场容易被战胜。

对于史蒂芬·拉特纳提出的问题："是否有可能经常性地战胜股票市场"，诺贝尔奖委员会同时授予尤金·法玛和罗伯特·席勒诺贝尔奖的决定给我们提供了有益指导。诺贝尔奖委员会实际上说的是，拥有部分人可得和单独可得信息的沃伦·巴菲特和其他人能够持续战胜市场，但是，仅仅拥有广泛可得信息的普通投资者不能战胜市场。

最终，拉特纳也得出了相同的结论，建议非专家型投资者选择低成本的指数型基金。他写道："非专家型投资者应该将其资金放在这种基金上。就像广告所说的那样，当要进行主动性投资时，不要在家里尝试。"[154]

CHAPTER 12
Lessons of Behavioral Finance

第 12 章
行为金融学的启示

几年前,我与学术界同行乘巴士去吃会议晚餐。我尝试说服刚刚遇到的邻座乘客,让他相信当我们选择汽车时,想要的不仅是功利性收益。邻座乘客不同意我的看法,坚持说自己仅是由于功利性收益才选择汽车。他坐在我们后面的同事,咯咯笑了起来。结果是我的邻座是位昂贵跑车迷,他非常愿意放弃功利性的低价格,来换取表达性的声望以及情感性的兴奋感。

并不是只有我的邻座对自己的欲望视而不见。我们都需要一面镜子来看到真正的自己。通过这本书,我希望你能看清你自己,并学会识别你的欲望、纠正你的错误、改善你的金融行为。

无论是金融专业人士还是业余者,行为金融学都给我们很多金融上的启示。实际上,金融专业人士之所以不同于业余人士就在于其了解金融学给予我们的启示。业余人士在担任储蓄者、消费者和投资者的角色时会遇到金融问题。金融专业人士在担任投资经理人、公司管理者和财务咨询师的角色时也会遇到这些问题。

行为金融学的启示指导我们了解自己的欲望。它还教授我们关于金融事实和人类行为的知识,其中包括采用认知型和情绪型捷径并会犯相应的错误。而且,在我们满足自身欲望的过程中,它还指导我们平衡自身欲望并纠正认知型和情绪型错误。

这些启示利用了我们对自己(一个普通人)的了解,其中包括我们的欲望、认知和情绪,也使这些因素在下述理论中发挥作用:行为资产组合理论、行为生命周期理论、行为资产定价理论和行为市场有效性等方面。

启示1：了解自身欲望

我们想要从所有的产品和服务中（包括金融产品和服务）获得三种类型的收益：功利性、表达性和情感性收益。功利性收益回答下述问题：对我和我的钱包，某事物做了什么？表达性收益回答下述问题：关于自身，某事物向他人和自己说了些什么？情感性收益回答下述问题：某事物让自己感觉如何？

对于汽车，我们的欲望包括安全带来的功利性收益，例如，沃尔沃汽车；高社会地位带来的表达性收益，例如，劳斯莱斯；兴奋带来的情感性收益，例如，法拉利。对于投资，人们的欲望包括安全带来的功利性收益，例如，有保险的银行存款；高社会地位带来的表达性收益，例如，对冲基金；兴奋带来的情感性收益，例如，成功的首次公开发行。

2015年年底，汽车制造商法拉利首次公开发行股票。发行价设定得较高，并且，首发日当天价格进一步暴涨。菲亚特-克莱斯勒汽车是法拉利汽车的拥有者，其CEO塞尔吉奥·马尔基翁内（Sergio Marchionne）并未将法拉利定位成汽车制造商，而是将其定位成高社会地位的象征，类似于爱马仕制作的铂金手袋和布鲁奈罗·库奇内利（Brunello Cucinelli，意大利奢侈品服装公司）制造的羊绒毛衣。[1]

铂金手袋要花近万美元，库奇内利羊绒毛衣要花几千美元，但是，相比价值200美元的非名牌手袋以及100美元的非名牌毛衣，它们带来的功利性收益并不高。手袋都是用来装东西的，毛衣都是用来保暖的。但是，铂金手袋和库奇内利毛衣满足了某些非名牌手袋和毛衣无法满足的表达性和情感性欲望。

价值6位数的法拉利汽车提供的功利性收益并不比价值5位数的丰田汽车高，两者都是用来上班和回家的。实际上，法拉利汽车提供的功利性收益要低于丰田汽车，其功利性成本更高，因为法拉利更耗油，保险更贵，并且更吸引发超速罚单的高速公路巡警的眼球。但是，法拉利满足了丰田无法满足的表达性和情感性欲望。一位开丰田车的80岁老人很老，但是，开法拉利的80岁老人感觉很年轻。

对冲基金带来的功利性收益并不比指数型基金所带来的更高。实际上，对冲基金带来的功利性收益有可能更低，因为其给予投资者的收益率更低，而其费用率更高。但是，对冲基金还向投资者提供高社会地位所带来的表达性和情感性收益，因为对冲基金只向富人开放，而指数型基金几乎所有人都可以购买。类似地，首次公开发行的股票所带来的功利性收益并不高于现有上市公司股票，实际上有可能更低，因为其收益率有可能更低。但是，首次公开发行的股票会通过希望和激动带来情感性收益，而这些收益现有上市公司的股票无法提供。

》启示2：了解金融事实

行为资产定价模型的知识是一部分金融事实知识。汽车的行为定价模型按照特征、成本和收益（包括功利性、表达性和情感性收益）来分解其价格。基本款的丰田凯美瑞价值22 970美元。自动防眩目后视镜会使价格提高329美元，车库门发射器会使价格提高329美元，电动天窗会使价格进一步提高915美元。

类似地，投资的行为资产定价模型也按特征、成本和收益对期望收益率进行分解。典型的低风险股票的期望收益率或许是6%。更高的风险特征增加了功利性成本，要求期望收益率增加2个百分点来补偿。公司（例如，苹果、Alphabet和Facebook等）的受赞誉特征，增加了其股票带来的表达性和情感性收益，会受到扣减1个百分点的处罚。而公司的"罪恶"特征，增加了公司股票的表达性和情感性成本，要求增加1.5个百分点进行补偿。

关于两种版本的有效市场（价格等于价值型有效市场和难以战胜型有效市场）的知识是另一部分金融事实知识。在汽车市场上，价格等于价值型市场有效意味着电动天窗的价值等于其915美元的价格。难以战胜型市场有效意味着，虽然有可能找到低于915美元价格的电动天窗，但是，找到是非常困难的，要求我们花费很多精力，例如，在网上搜寻、与经销商进行协商等。

在投资市场上，价格等于价值意味着，当我们避免罪恶公司股票时，我们获得的表达性和情感性收益的价值等于期望收益所减少的那1.5个百分点。

难以战胜型市场有效意味着，在不扣减 1.5 个百分点的期望收益率条件下，也有可能构建不包括罪恶公司股票的资产组合，但做到这样是非常困难的，要求我们花费很多精力，例如，挖掘单独或部分人可得信息。

金融专业和业余人士通常认为：观察到市场并非价格等于价值型有效也意味着它们不是难以战胜的。然而，很多人未能区分两种版本的有效市场，而且，许多人不了解投资市场的零和特性。

将个股想象为大烩菜的各种原料，从收益率上看，一些较"肥"，一些较"瘦"。现在将股票市场想象为一大锅混合均匀的烩菜，包含所有股票。指数型投资者将勺子放进烩菜中，舀出的烩菜的肥瘦原料比例与锅中原料的比例相同。战胜市场型投资者尽量让其盛出烩菜的较"肥"原料比例高于锅中比例。但是，让所有战胜市场型投资者都成功是不可能的，因为，这个盛菜游戏是一种零和博弈，而市场游戏也是零和博弈。相比市场这个大锅的肥瘦原料比例，如果某些战胜市场型投资者的勺子中盛出了更多较"肥"原料，则其他战胜市场型投资者盛出的较"肥"原料必定较少。

有证据表明投资市场不具备价格等于价值型效率，但是，其具有难以战胜型效率。对专业人士的启示是，可以通过挖掘单独或部分人可得信息尝试战胜市场。然而，他们应该了解，其战胜市场的尝试是成本高昂的，而且，通常会失败。对业余人士的启示是，要避免尝试战胜市场，应选择低成本的指数型基金。他们还应该知道，尝试靠自己战胜市场的成本十分高昂且绝大多数情况会失败。通过雇用战胜市场型的专业人士来战胜市场也有可能会失败，因为，他们收取的费用可能过高。

关于分散化的收益和成本的知识也是一种金融事实类知识。由少数股票构成的非分散化资产组合能够使投资者暴富，带来功利性、表达性和情感性收益，也可导致其一贫如洗，造成高昂的成本。相反，分散化的资产组合有可能使投资者中度富裕，带来收益，也可使投资者中度贫困，造成成本。

Motif 是一个在线券商，它提供的非分散化主题资产组合由不超过 30 只的股票构成，其 2015 年 11 月 18 日的电子邮件体现了分散化的收益和成本。其逢低买进主题在当月的收益率是 10.7%，在线广告潜力股主题的收益率是 9.5%，而中国网络主题为 8.6%。

但是并非所有主题都能获得收益。当月 Motif 贵金属主题的收益率为 –18.7%，"铜博士"主题的收益率为 –16.3%，[①] 营利性大学主题的收益率为 –12.1%。由上千只股票构成的分散化的交易所交易基金 VTI 当月获得了 2.2% 的收益率，比逢低买进主题 10.7% 的收益率要小很多，但是，要大大好于贵金属主题 –18.7% 的亏损。我们应该考虑通过分散化来平衡潜在收益和潜在亏损。

启示 3：了解人类行为

多数时候，认知型和情绪型捷径引领我们走向坦途，但其也能使我们误入歧途。人类行为类知识帮助我们区分捷径与错误。代表性认知型捷径与相关的错误就是一个例子。在我们评估内奥米·苏鲁加巴（Neomi Surugaba）小姐发出的分享 2 000 万美元的电子邮件时，我们会正确使用代表性捷径。代表性信息表明这是一项划算的交易。我们只要给出自己的银行账户信息，就能从非洲某国获得 400 万美元，这笔钱是这名腐败官员的亲戚留下的。我们也会拒绝苏鲁加巴小姐的提议，因为我们不仅会考虑代表性信息，还会考虑基础比率信息。该信息告诉我们，此类由苏鲁加巴小姐提出的交易通常是骗局，只会产生损失而不会产生收益。

当我们只考虑代表性信息而未能考虑基础比率信息时，代表性捷径就会转变成代表性错误。请看以下某大宗商品经纪商的广告。

男：我真的需要进行分散化。
女：股票并不是镇上唯一可玩的游戏。我尝试了大宗商品。
男：对于五花肉，我可不怎么了解。
女：嗯，那就交易你所了解的。你了解黄金，对吧？原油呢？……对于大宗商品，你不必担心诸如 P/E 比例或者 CEO 丑闻等东西……它是单纯的价格游戏。

---

① 译者注：铜有时被投资者称为"铜博士"，因为相比拥有博士学位的专业人士，它有可能更准确地预测经济走势。

男：挺有趣……

播音员：大宗商品无处不在；你在交易什么呢？²

关于黄金和原油的代表性信息表明，它们更易于分析且能提供战胜市场的良机。但是，基础比率信息表明，相比股票市场，战胜黄金和原油市场也很不容易，因为所有投资市场都是零和市场。在黄金和原油博弈过程中，某些投资者注定要亏损，获得低于市场的收益率。失败者很可能是业余投资者，就像广告中的人士，他们关于黄金和原油的信息仅仅是从报纸和电视上看到的广泛可得信息。获胜者可能是利用单独和部分人可得信息的职业投资者。而大宗商品经纪商从赢者和输者那里获取佣金，肯定是获胜者。

与情感有关的情绪型捷径和相关错误是另外一个例子。情感是情绪或心境的一线残留。若我们发现电影的故事情节感人，电影中的人物有魅力，于是继续看这部电影，则我们正确使用了情感型捷径；若我们觉得某辆车很难看，于是不再考虑购买该汽车，则我们也正确使用了情感型捷径。

情感型捷径会正确引导我们，而情感型错误会误导我们。投资与汽车和电影一样，也会让人产生情感，或美或丑、或引人遐想或令人厌烦。在20世纪90年代末网络股泡沫期间，".com"名称使人产生了正向情感。通过换掉普通的公司名称，例如"计算机文化有限公司"，采用含有".com"的名称，例如"FatBrain.com"，公司可以提高其股价。在21世纪初网络泡沫破灭期间，".com"名称则传达了负向情感，此时公司放弃".com"名称会提升其股价。³

启示4：了解欲望之间的权衡取舍并使之平衡

当在丰田和法拉利之间进行选择时，汽车购买者会平衡其欲望。他们的评价或许是：丰田车带来的功利性收益要高于法拉利，但其带来的表达性和情感性收益更低。然而，对收益和成本的评估会因人而异，人们在平衡各种欲望时的表现也迥然不同。一些人会从法拉利中获得巨大的表达性和情感性收益（以高社会地位和兴奋的形式存在），而其他人则不会。实际上，有些人觉得开法拉利令人尴尬，而开丰田车令人自豪。此外，一些想获得法拉利带来的表达性和情感性收益的人，愿意放弃它们以换取丰田车带来的功利性收益。当人们选择投资时，例如，丰田股票还是法拉利股票，同样的道理也适用。

对于想获得法拉利轿车所带来的表达性和情感性收益的欲望，法拉利股票的购买者可以用其股票加以平衡。"我不会拥有法拉利轿车，但我能拥有法拉利股票！"但是，另一位潜在购买者由于了解法拉利股票的高 P/E 比例或许会带来较低的收益，可能不愿意放弃高股票收益率带来的功利性收益，来换取法拉利股票带来的表达性和情感性收益。"P/E 高达36？不买，谢谢。"

下一辆轿车的颜色，你应该选择银色还是白色呢？当错误选择的后果较小，并且，当通过系统 2 评估不会改善选择时，通过直觉系统 1 以及与之相关的认知型或情绪型捷径做出选择即可。相对于功利性成本，开着颜色令人愉悦的车所带来的表达性和情感性收益也可能会很大。

下一辆轿车，你应该选择法拉利还是应该选择丰田呢？由于错误选择的后果较大，这时仅凭直觉系统 1 以及与之相关的认知型和情绪型捷径做出选择并不足够。考虑表达性和情感性收益或许会使你倾向于选择法拉利而非丰田，但是在你选择之前，使用沉思系统 2 是明智的。你是否考虑过安全性和保险成本的差异？你是否进行了足够长时间的试驾来确定舒适性、操控性和噪声方面的差异？你是否读过《消费者报告》对两车的比较及其建议？

行为资产组合理论指引我们选择位于投资的行为－欲望前沿上的资产组合，这就好像它会指引我们选择位于汽车的行为－欲望前沿上的汽车一样。在上述两种情况下，行为资产组合理论开具的选择处方对我们的欲望进行了最佳平衡。投资的行为－欲望前沿反映了我们在下述欲望之间的权衡取舍：高期望收益率、低风险、高社会责任以及高社会地位等等。但是，对于各种风险、社会责任和社会地位水平，行为－欲望前沿上的资产组合提供的期望收益率最高。

行为生命周期理论指引我们在自己的生命周期里进行储蓄与支出。该理论承认欲望之间的冲突（例如是应该今天购买法拉利还是在 40 年后获得退休收入），而且，它还给出了平衡支出与储蓄的工具。这些工具包括个人工具（例如自我控制）以及公共政策工具（例如助推人们加入退休储蓄计划或者强制人们加入）。

结　论

行为金融学是写给如你我一样的普通人的金融学。我们不会特别地无知，并且，在犯认知型和情绪型错误方面也不是特别离谱。我们想获得功利性、表达性和情感性收益，例如，我们希望富有且免于对贫困的恐惧、想要扶养孩子和家人、想要玩游戏并获胜、想要坚守自己的价值观、想要获得高社会地位等，在达成这些欲望的道路上，我们有时会变得无知并犯认知型和情绪型错误。

本书为行为金融学提供了一个统一的框架结构，融合了标准金融学的某些部分，替换了其他部分，并且将理论、证据和实践联系在一起。相比行为金融学的普通人，将标准金融学的理性人放进优雅的模型中更容易。但是，模型应该顺应人，而不是用人来顺应模型。就像阿尔伯特·爱因斯坦的名言所说："如果你决心讲述真相，就把优雅留给裁缝。"普通人要比理性人更加复杂，然而，我们都是普通人——通常是中度无知的、有时是中度愚蠢的，但总是能够变成中度有知的，会提高聪明行为相对于愚蠢行为的比重的。

参考文献

各章参考文献及注释，请扫描以上二维码查看

北京大学出版社本着"教材优先、学术为本"的出版宗旨,竭诚为广大高等院校师生服务。为更有针对性地提供服务,请您按照以下步骤在微信后台提交教辅申请,我们会在 1~2 个工作日内将配套教辅资料发送到您的邮箱。

◎手机扫描下方二维码,或直接微信搜索公众号"北京大学经管书苑",进行关注;

◎点击菜单栏"在线申请"—"教辅申请",出现如右下界面:

◎将表格上的信息填写准确、完整后,点击提交;

◎信息核对无误后,教辅资源会及时发送给您;
如果填写有问题,工作人员会同您联系。

温馨提示:如果您不使用微信,您可以通过下方的联系方式(任选其一),将您的姓名、院校、邮箱及教材使用信息反馈给我们,工作人员会同您进一步联系。

我们的联系方式:

北京大学出版社经济与管理图书事业部
北京市海淀区成府路 205 号,100871
联 系 人: 周莹
电   话: 010-62767312 /62757146
电子邮件: em@pup.cn
Q Q: 5520 63295(推荐使用)
微信: 北京大学经管书苑(pupembook)
网址: www.pup.cn